Dinosaurier AG

AF074988

Martin Fritsch

Dinosaurier AG

So überleben Sie und Ihr
Unternehmen die
Digitalisierung

Martin Fritsch
Wachtberg, Deutschland

ISBN 978-3-662-59371-4   ISBN 978-3-662-59372-1 (eBook)
https://doi.org/10.1007/978-3-662-59372-1

Die Deutsche Nationalbibliothek verzeichnet diese Publikation in der Deutschen Nationalbibliografie; detaillierte bibliografische Daten sind im Internet über http://dnb.d-nb.de abrufbar.

Springer
© Springer-Verlag GmbH Deutschland, ein Teil von Springer Nature 2019
Das Werk einschließlich aller seiner Teile ist urheberrechtlich geschützt. Jede Verwertung, die nicht ausdrücklich vom Urheberrechtsgesetz zugelassen ist, bedarf der vorherigen Zustimmung des Verlags. Das gilt insbesondere für Vervielfältigungen, Bearbeitungen, Übersetzungen, Mikroverfilmungen und die Einspeicherung und Verarbeitung in elektronischen Systemen.
Die Wiedergabe von allgemein beschreibenden Bezeichnungen, Marken, Unternehmensnamen etc. in diesem Werk bedeutet nicht, dass diese frei durch jedermann benutzt werden dürfen. Die Berechtigung zur Benutzung unterliegt, auch ohne gesonderten Hinweis hierzu, den Regeln des Markenrechts. Die Rechte des jeweiligen Zeicheninhabers sind zu beachten.
Der Verlag, die Autoren und die Herausgeber gehen davon aus, dass die Angaben und Informationen in diesem Werk zum Zeitpunkt der Veröffentlichung vollständig und korrekt sind. Weder der Verlag, noch die Autoren oder die Herausgeber übernehmen, ausdrücklich oder implizit, Gewähr für den Inhalt des Werkes, etwaige Fehler oder Äußerungen. Der Verlag bleibt im Hinblick auf geografische Zuordnungen und Gebietsbezeichnungen in veröffentlichten Karten und Institutionsadressen neutral.

Springer ist ein Imprint der eingetragenen Gesellschaft Springer-Verlag GmbH, DE und ist ein Teil von Springer Nature.
Die Anschrift der Gesellschaft ist: Heidelberger Platz 3, 14197 Berlin, Germany

Vorwort

Lassen Sie mich mit einem Geständnis anfangen: Ich überspringe Vorworte zumeist und lese niemals mehr als deren erste Seite. Im Großen und Ganzen sind sie eine Verschwendung unserer wertvollsten Ressource: Zeit. Daher werde ich an dieser Stelle meiner engen und weiteren Familie nicht ausführlich danken, noch werde ich Sie mit den Hunderten und Tausenden von Interviews zu beeindrucken versuchen, die für die Erstellung dieses Buches erforderlich gewesen sein sollen.

Es gibt aber eine Sache, die Sie wissen sollten: dieses Buch kann Ihr berufliches Leben retten. Noch sind Sie sich dessen vielleicht nicht bewusst, aber es ist ernsthaft gefährdet. Einer der Homo millennials (keine Sorge, den Ausdruck erkläre ich später) könnte Ihnen Ihren Job wegnehmen oder ihn schlichtweg wegrationalisieren. Ihr Unternehmen könnte aussterben, weil es ein Dinosaurier ist, der von Dinosauriern gelenkt wird, daher der Titel. Sobald Sie das Buch gelesen haben, werden Sie wissen, wie Sie mit diesen Bedrohungen umgehen müssen.

Wissenschaftler nutzen zwei Arten von Forschungsmethoden: quantitative und qualitative. Quantitative Forschung bedeutet, dass ein großes Team hunderte und tausende Fragebögen versendet und riesige Datenmengen auswertet. Quantitative Forschung ist extrem nützlich, um festzustellen, dass die Aktienkurse von Unternehmen weniger stark ansteigen, falls im Vorraum des Vorstandsvorsitzenden ein Aquarium steht (stimmt). Dieser Ansatz ist hoffnungslos überfordert, wenn es darum geht, abrupte Änderungen wie den Zusammenbruch der Sowjetunion vorherzusagen. Dafür ist es erforderlich, qualitative Methoden anzuwenden: lange und gnadenlos ehrliche Interviews mit Experten. In meinem Fall fanden die meisten nach Mitternacht statt und führten zu horrenden Hotelbarrechnungen.

Sollten Sie wie ich zu der Sorte von Menschen gehören, für die politische Korrektheit unangenehm nahe bei langweiligen Sonntagspredigten angesiedelt ist, kann ich Sie beruhigen. Wo immer ich die Wahl zwischen prägnanter Überspitztheit und diplomatischer Korrektheit hatte, habe ich mich für die unterhaltsamere Variante entschieden.

Wachtberg   Martin Fritsch

Inhaltsverzeichnis

Teil I Der Dinosaurier in Ihnen

1 Wo liegt das Problem? 3

2 Der Homo millennial: eine neue Spezies 17

3 Die Stärken des Homo millennials 43

4 Die Schwächen des Homo millennials 69

5 Wie hoch ist Ihr Dinosaurier-Quotient? 81

6 Wie Sie Ihren Vorsprung auf die Homo millennials behalten können 99

7 Kann der Homo millennial unsere großen Herausforderungen lösen? 133

Teil II Der Dinosaurier in Ihrem Unternehmen

8 Welchen Einfluss hat Ihr Unternehmen auf
   Ihre Karriere?   177

9 Merkmale der Dinosaurier AG   193

10 Arbeiten Sie für die Dinosaurier AG?   221

11 Wird die Millennium SE die Dinosaurier AG
   verdrängen?   251

12 Kann die Dinosaurier AG das Aussterben
   vermeiden?   275

13 Zusammenfassung   309

Weiterführende Literatur   331

Teil I

Der Dinosaurier in Ihnen

1

Wo liegt das Problem?

Als Kinder faszinierten Dinosaurier die meisten von uns und voller Begeisterung hörten wir über diese ungeschlachten, gewalttätigen, prähistorischen Kreaturen, die einst die Erde beherrschten. Wir alle kennen ihr Schicksal und wissen, dass sie von einem Tag auf den anderen wegen eines Asteroiden, der mit unserem Planeten kollidierte, aussterben oder zumindest ihre Weltherrschaft verloren. Weniger bekannt ist die Tatsache, dass die Dinosaurier eine – zugegebenermaßen kleine – Chance verpasst hatten, ihrer Vernichtung zu entgehen. Zwischen dem Anblick des Blitzes, der durch den Aufprall des Himmelskörpers erzeugt wurde und dem Eintreffen des von ihm verursachten zerstörerischen Windstoßes, der alle Wirbeltiere, die größer als eine Maus waren, in einem Radius von mehreren tausend Meilen eliminierte, vergingen je nach Entfernung mehrere Minuten, da Luft sich langsamer als Licht bewegt. Hätte ihr Gehirn es den Dinosaurier erlaubt, zu analysieren, was dieser Blitz bedeutete, hätten sie möglicherweise Überlebensstrategien entwickeln können, wie die Suche nach einem Schutzraum. Ihr winziges Gehirn stand dieser Herausforderung jedoch hilflos gegenüber und das war das Ende von 170 Millionen Jahren globaler Dominanz. Für uns Menschen hatte das eine positive Seite: damals dienten unsere mausartigen Vorfahren als Futter für Babydinos; dank des Einschlags drehte sich das Spiel und wir schlagen uns heutzutage die Bäuche mit den Keulen und Brüsten der kleinformatigen Nachfahren der Dinosaurier, Hühnern und sonstigen Vögeln, voll.

Wie ich auf den nächsten Seiten zeigen werde, sind alle Manager, die vor 1990 geboren wurden, dem Angriff einer neuen, für uns gefährlichen menschlichen Spezies ausgesetzt, dem Homo millennial, der uns Oldtimer beruflich ebenso gefährden kann, wie der Asteroid die Dinosaurier. Falls Sie ein vor 1990 geborener Millennial sind, habe ich schlechte Nachrichten für Sie: es wird Ihnen nicht viel besser gehen als uns Methusalemen, deren Geburt vor dem Jahr 1982 stattgefunden hat. Sollten Sie mir nicht glauben, erkundigen Sie sich einfach bei 29-jährigen Mathematikern oder Sprintern bezüglich ihrer Wettbewerbschancen im Konkurrenzkampf mit jüngeren Teilnehmern. Das Gesetz des Dschungels ist gnadenlos: in vielen Bereichen des Lebens schlägt jung alt. Punkt. Die Konsequenzen für Sie sind unerquicklich: Obwohl Ihr IQ den eines hochbegabten Dinosauriers um Längen übertrifft, ist Ihr berufliches Überleben ebenso unwahrscheinlich, es sei denn, Sie ändern Ihr Leben grundlegend.

Der Grund dafür findet sich in Ihrem Hirnstamm, den wir mit Krokodilen, Dinosauriern und anderen tiefschürfenden Denkern gemeinsam haben. Wenn wir vor einer Herausforderung stehen, haben wir drei mögliche Reaktionen: Wir greifen an, wir rennen weg oder wir stellen uns tot und hoffen, dass die Gefahr uns ebenso ignoriert, wie wir sie. Die meisten von uns haben eine Vorliebe für ein bestimmtes Verhaltensmuster und für viele von uns bedeutet das eine Präferenz für das Ignorieren von Gefahren. Das kann eine tolle Strategie sein, wenn man die Situation nicht ändern kann und sich nicht davon stören lassen will. Beschwerden Ihres Partners über Ihr zu niedriges Einkommen sind ein gutes Beispiel dafür. Wenn Sie Ihr Einkommen steigern könnten, hätten Sie es wahrscheinlich schon getan. Warum also sollten Sie auf diese Herausforderung reagieren, wenn Ihre Reaktion aller Wahrscheinlichkeit nach nur eine seit langer Zeit schwelende, fruchtlose Diskussion verlängern würde? Die Anwendbarkeit dieser Strategie hat offensichtliche Grenzen. Wenn Ihr Auto auf einem Bahnübergang eine Panne hat und Sie den Zug kommen hören, ist es vermutlich nicht die beste Lösung, dieses Problem zu ignorieren.

Einige von uns ziehen es vor, wegzulaufen, was das Problem des Bahnübergangs zumindest für den Davonlaufenden löst. Im Allgemeinen war das ein ausgezeichneter Vorschlag für unsere mausähnlichen Vorfahren, als Dinosaurier auf der Erde herumstreunten. Zudem hatten unsere Ahnen offen gesagt keine wirkliche Wahl. Die fehlende Überlieferung erfolgreicher Angriffe von Mäusen auf einen T. rex sollte nicht nur der lückenhaften Geschichtsschreibung der Kreidezeit angelastet werden. Sollte Ihr Big Boss einmal einen schlechten Tag haben, ist es Ihrer Karriere nicht unbedingt zuträglich, ihn bei dieser Gelegenheit endlich im Detail über all seine bisherigen Fehlentscheidungen aufzuklären. Aber falls ein Fünfjähriger mit ausgestrecktem Zeigefinger vor Ihnen auftaucht und 100 Millionen Batzillionen Euro verlangt, sollten Sie in Erwägung ziehen, diesmal nicht sofort nachzugeben.

Der Rest von uns gehört zur Kategorie der Kämpfer. Wenn Kämpfer angegriffen werden, ist es ihr erster Impuls, zurückzuschlagen. Die Vorfahren der Kämpfer lassen sich in zwei Gruppen einteilen: diejenigen, die wussten, wann sie eine Chance hatten und diejenigen, die im Magen einer unaussprechlichen Kreatur landeten. Die letztgenannte Gruppe hatte eine geringere Chance zur Fortpflanzung und deshalb sollten die Nachkommen der Mitglieder der ersten Gruppe heute in der Mehrheit sein.

Eines der bedeutendsten Geschenke der Natur an uns ist unsere Fähigkeit, unsere primären Verhaltensmuster durch bewusste Steuerung zu überwinden, sofern wir genügend Zeit zum Reagieren haben. Im Angesicht der Gefahr empfiehlt es sich zumeist, tief durchzuatmen und über die geeignete Reaktion nachzudenken, bevor Sie reagieren. Es dauert etwa 90 Sekunden, bis die Wirkung von Adrenalin, das bei Gefahr ausgeschüttet wird und diese primären Reaktionsmuster aktiviert, nachlässt. Also, welche Gefahr bedroht Sie gerade jetzt? Vielleicht sollten Sie jetzt eine 90-Sekunden-Pause einlegen und ein alkoholfreies Getränk und einen Low-Carb-Snack holen. Das Wort ‚Gefahr' ist ein perfekter Stimulus für die Ausschüttung einer Extradosis Adrenalin.

Zurück? Lassen Sie uns anfangen. Stellen Sie sich nicht tot und ignorieren Sie die Gefahr nicht, laufen Sie auch nicht weg, sondern lassen Sie uns die Bedrohung nach reiflicher Überlegung gemeinsam bekämpfen. Worum geht es also? Vermutlich beruht Ihr jetziger Erfolg auf harter Arbeit. Während Sie die Früchte Ihrer Anstrengungen durchaus auch einmal genießen können, sind Sie immer dann vorn mit dabei, wenn die Arbeit ruft und Sie werden alles tun, was nötig ist, um Ihren weiteren beruflichen Erfolg zu sichern (hoffentlich im legalen Rahmen, versteht sich). Vielleicht glauben Sie, dass soziale Netzwerke eine Modeerscheinung sind und so schnell verschwinden werden, wie sie kamen. Widerwillig haben Sie Ihren Lebenslauf auf LinkedIn oder Xing veröffentlicht, um mit den Headhuntern in Kontakt zu bleiben. Sie verfügen über kein beruflich genutztes Instagram, Twitter, Facebook und so weiter Konto und selbst falls, wird es höchstwahrscheinlich von einem bezahlten PR-Experten verwaltet. Kurz gesagt: Sie verhalten sich genauso wie jeder andere erfolgreiche Mensch, der vor 1990 geboren wurde.

Bewusst konzentrieren Sie sich darauf, Ihre Aufgaben zu erledigen und wollen Ihre Zeit nicht mit unnötigen Ablenkungen verschwenden. Und genau hier beginnt das Problem. Sobald Ihre Mitarbeiter anfangen, über ihre Work-Life-Balance zu sprechen, lächeln Sie höflich und streichen sie von der Liste der potenziellen Kandidaten für eine Beförderung. Die Pflege persönlicher Beziehungen ist für Sie eine Selbstverständlichkeit: Sie treffen Ihre Kontakte zum Abendessen, in der Kantine, bei einem Kaffee oder auf dem Golfplatz, schicken ihnen Geschenke und rufen gelegentlich an. Sie befinden sich in guter Gesellschaft: ich mache es genauso und die meisten Kollegen auf Ihrer hierarchischen Ebene vermutlich ebenfalls. Leider sind Sie und ich hoffnungslos veraltet, ein Ford T auf der Formel 1 – Rennstrecke, in die sich das moderne Management verwandelt hat.

Nehmen Sie Matthias Lorner, ja, sein Name wurde abgeändert, ich wollte Ekkehard nicht beleidigen... ups! Wie auch immer, keiner der Namen in diesem Buch ist korrekt. Manchmal habe ich die Hinweise auf bestimmte Unternehmen modifiziert, um meine Anwaltskosten im Rahmen zu halten, manchmal habe ich die tatsächlichen Ereignisse aus didaktischen Gründen angepasst, aber ich schätze, das kennen Sie von anderen Management-Ratgebern her. Matthias war Vertriebsleiter in Südwestdeutschland für einen Hersteller von elektronischen Geräten (nein, die Firma war es nicht). Einer seiner Kunden, nennen wir ihn Jürgen, war der Leiter eines lokalen Kraftwerks. Matthias hatte das Konto von seinem Vorgänger geerbt und traf Jürgen regelmäßig. Er lud ihn in teure Restaurants ein, bestellte die exklusivsten Weine und war ein allzeit charmanter Unterhalter. Jedes Jahr schickte er Jürgen und dessen Gemahlin geschmackvoll ausgewählte Weihnachtsgeschenke, deren Wert an der obersten Grenze des tolerablen Rahmens kratzte. Der Wartungsvertrag des Kraftwerks stand zur Erneuerung an und angesichts der langjährigen Geschäftsbeziehungen war Matthias zuversichtlich, zusätzlich zur Verlängerung des Servicevertrags auch den Zuschlag für eine gerade anstehende Erweiterungsinvestition zu erhalten. Der Tag der Bekanntgabe des Gewinners der Ausschreibung nahte. Jürgen verspätete sich wegen eines anderen Termins und so wartete Matthias in einem Konferenzraum zusammen mit einer jungen, schlampig gekleideten Frau, die sich als Annabella Paczynski vorstellte und ein kleines Konkurrenzunternehmen vertrat. Als Matthias ihr schreckliches Outfit sah, war er noch siegessicherer. Jürgen war einer von der alten Schule, der niemals ohne Dreiteiler und Krawatte ins Büro kam. Als Matthias endlich zu Jürgen gerufen wurde, glaubte er, in einen schlechten Traum geraten zu sein. Nicht nur hatte er den Zuschlag für die Erweiterung nicht erhalten, er hatte sogar den Wartungsvertrag verloren, den sein Unternehmen seit Errichtung des Kraftwerks innegehabt hatte. Matthias musste sich festhalten, als er diese Hiobsbotschaft erhielt. Wie sollte er bloß seinem Chef den Verlust dieses Servicevertrags erklären, den das Unternehmen sozusagen in Erbpacht besessen hatte? Letztendlich siegte seine innere Neugier und er fragte Jürgen ganz direkt. Das war dessen Antwort:

> „Sie haben den Kontakt zu Ihren Kunden verloren, Herr Lorner. Meine Frau starb vor sechs Monaten an Nierenkrebs und Sie schicken mir andauernd Theaterkarten, Schokolade und andere Geschenke für sie. Jedes Mal, wenn ich ihren Namen auf einem Umschlag lese, sehe ich ihr Gesicht vor mir und es zerreißt mir das Herz. Wenn Sie nicht einmal die grundlegendsten Dinge über mich wissen, was wissen Sie sonst noch nicht über unser Unternehmen? Das wäre Frau

Paczynski nie passiert. Sie schickte zur Beerdigung meiner Frau sogar Blumen. Das nenne ich wahre Kundennähe, in jeder Hinsicht. Kein Wunder, dass sie den Auftrag erhalten hat und Sie ihn verloren haben."

Natürlich könnte man meinen, dass Jürgen eine ungerechte Mimose war und er einfach Matthias Lorner von seinem Verlust hätte erzählen sollen. Aber das ist die typische Antwort eines Dinosauriers; am Ende hat der Kunde immer Recht. Annabella Paczynski hatte den Auftrag bekommen und war als Siegerin hervorgegangen, Matthias Lorner hatte verloren. Punkt. Sie werden vielleicht erleichtert sein zu hören, dass Matthias wegen dieses Missgeschicks nicht gefeuert wurde, aber das lag nur daran, dass seine gesamte Abteilung kurz danach ohnehin wegrationalisiert wurde.

Schauen wir uns Klara Reinsweger an, eine erfolgreiche Finanzmanagerin, die für die Debitorenbuchhaltung eines Herstellers von spezialisierten Kohlenstoffprodukten in der regionalen Niederlassung in Bochum verantwortlich war. Sie war dafür zuständig, dass Kunden rechtzeitig ihre Rechnungen bezahlten. Klara hatte ihre Abteilung in Bochum jahrzehntelang geleitet und ihr Kundenstock bestand vor allem aus Klein- und Mittelunternehmen. Sie war wirklich gut in ihrem Job und kannte den Order-to-Cash-Zyklus ihrer Pappenheimer in- und auswendig. Sie verhandelte die besten Raten mit dem lokalen Vertreter ihres Datenanbieters, ließ regelmäßig das Scoring-Modell aktualisieren und ihre Forderungsausfallrate lag konsequent unter 0,7 %, was in ihrem Kundensegment hervorragend war. Ihre Kinder waren gerade ausgezogen, um zu studieren. Zusammen mit ihrem Mann hatte sie eine schöne Doppelhaushälfte gekauft, dessen Hypothekenzinsen perfekt zu ihrem gemeinsamen Einkommen passten. Bis sie in den Ruhestand gehen würde, hätten sie die gesamte Hypothek zurückgezahlt. Klara war eine sehr gut organisierte Person, wie Sie sehen können.

Die ersten Wolken tauchten am Horizont auf, als der langjährige Leiter der deutschen Debitorenbuchhaltung in Stuttgart durch einen jungen Mann ersetzt wurde, der unmittelbar von der Universität kam. Klara hatte diesen Job sowieso nicht gewollt, da sie nicht geplant hatte, aus Bochum wegzuziehen; sie war jedoch etwas enttäuscht, nicht einmal gefragt worden zu sein. Gerüchten zufolge hatte ihr neuer Chef ein Praktikum in der Europazentrale absolviert und die Position direkt danach bekommen. Sobald sie Gelegenheit dazu hatte, wollte Klara ihm erklären, warum ihre Erfahrung für das Unternehmen entscheidend wäre.

Es kam nie dazu. Stattdessen erhielt sie einen dreiminütigen Anruf vom Chef ihres Chefs, dem Leiter des europäischen Order-to-Cash-Bereichs und in gebrochenem Deutsch entschuldigte dieser sich dafür, dass er sie zusammen mit dem Rest ihres Teams feuern müsste. Es sei nichts Persönliches; ihr frischgebackener Chef hätte gerade einen Weg gefunden, den Tätigkeitsbereich ihrer Mannschaft vollständig zu automatisieren. Glücklicherweise bekam Klara schnell einen ähnlichen Job, wenn auch mit einem etwas niedrigeren Gehalt, in einem Unternehmen, dessen Forderungsmanagement noch traditionell organisiert war.

Welche unbekannte Gewalt verwandelt harmlos aussehende Fast-noch-Jugendliche in gefährliche berufliche Gegner, die aus heiterem Himmel zuschlagen? Sie kennen Mario Grabmeyer nicht, aber Sie haben sicherlich schon jemanden getroffen, der ähnliche Fehler gemacht hat wie er. Mario war nicht alt, eigentlich in seinen besten Jahren, 40 oder so. Zudem war er stolz darauf, mit allen neuen Technologien auf Tuchfühlung zu bleiben. Mario pflegte zu sagen, dass der einzige akzeptable Grund für ihn, eine neue Technologie nicht zu verstehen, darin bestünde, einen Meter unter der Erde zu liegen.

Natürlich hatte er ein Facebook-Konto, so etwas müsse man heutzutage haben, meinte er. Mario dachte, er wüsste, wie man mit diesen Dingen umzugehen habe. Zur Sicherheit freundete sich nur mit Kerlen an, die Spaß verstanden. Er liebte es, nicht immer geschmackssichere aber dafür wirklich komische Witze zu posten. Der Erfolg gab ihm recht: er erhielt viele Likes und niemand hatte sich jemals darüber beschwert. Als begeisterter Angler teilte er zudem beeindruckende Fotos seiner größten Fänge. Er war ein geborener Alleinunterhalter und seine Kunden genossen jeden Moment seiner Besuche als Handelsvertreter für einen Kopiergerätehersteller im Allgäu. Sein Arbeitgeber ging jedoch durch harte Zeiten und es war klar, dass der Vertrieb verkleinert werden musste.

Mario war nicht allzu besorgt, obwohl man natürlich nie wusste, was passieren würde. Aber es war nicht seine erste Umstrukturierungswelle und er hatte sie alle überlebt. Sein Gehalt war vernünftig, ohne übertrieben zu sein, und er hatte eine wirklich schöne Firmenrente, die mit einem goldenen Fallschirm einherging; nun, ‚goldener' Fallschirm war vielleicht eine Übertreibung, sagen wir mal ein silberner Fallschirm, den er in Zeiten der Hochkonjunktur ausgehandelt hatte.

Seine beiden Kollegen waren viel wahrscheinlichere Opfer der Restrukturierung. Johanna Metzler hatte ihre besten Jahre schon lange hinter sich und fand es immer schwieriger, einem Drink lange vor Sonnenuntergang zu widerstehen. Sein anderer Kollege, Bernd, war ein langweiliger, blasser Junge, der bei seinen Kunden unbeliebt war. Wenn jemand die nächste Runde der Unternehmensumstrukturierung überleben sollte, war es Mario.

Mario konnte es nie beweisen, aber bis heute ist er davon überzeugt, dass es Bernd war, der ihn abschoss. Eines Tages wandte sich die Personalabteilung an Mario und sprach ihn auf die geschmacklosen Witze an, die er auf Facebook gepostet hätte. Zusammen mit einigen Bemerkungen, die sie für sexistisch hielten, schädigte das aus ihrer Sicht den Ruf des Unternehmens und setzte es Klagen wegen sexueller

Belästigung aus. Seine Freunde hatten sich nicht beschwert, das war wahr, aber Freunde von Freunden hätten das gemacht oder zumindest machen können, die Argumentation der Personalabteilung war in diesem Punkt unscharf. Sie boten ihm eine Aufhebung des Vertrages mit Zahlung der gesetzlichen Mindestabfindung, eine reduzierte Betriebsrente und drei Monate bezahlten Urlaubs bis zum Vertragsende an. Die Alternative sei eine fristlose Kündigung und der Verlust aller Rentenleistungen. Marios Anwalt war nicht sehr optimistisch und widerwillig akzeptierte Mario. Die Facebook-Katastrophe erschwerte die Suche nach einem neuen Arbeitgeber ungemein und schließlich war Mario gezwungen, einen Laden für Angelausrüstung zu eröffnen, der bis heute wenig profitabel ist. Bernd war der einzige Überlebende der Kündigungswelle und wurde in der Folge sogar hochgestuft.

Was geht hier vor? Warum werden schlecht gekleidete, langweilige Menschen befördert, während bisherige Leistungsträger ihren Job verlieren? Die Antwort ist einfach: Die Verlierer hatten sich in Dinosaurier verwandelt, ohne es zu merken, und das kostete sie ihre Karriere. Was ist ein Dinosaurier? Abgesehen von der offensichtlichen Antwort könnte ich Ihnen sagen, dass Dinosaurier nicht mit disruptiven Technologien vertraut sind und den Paradigmenwechsel ignorieren. Das ist kaum verständlich und es gibt eine viel einfachere Art, das zu erklären: Dinosaurier kapieren es einfach nicht.

Schauen wir uns Matthias an, der Grüße an die kürzlich verstorbene Frau seines Kunden geschickt hatte. Warum hätte er über ihren Tod informiert sein sollen? Man kann nicht einfach herumgehen und seine Bekannten regelmäßig fragen: „Lebt deine Frau noch? Sind deine Kindern, Eltern, etc. gerade gestorben?" Wie haben unsere Vorfahren dieses Problem gelöst? Vor sehr langer Zeit sahen wir mit unseren eigenen Augen, wenn unserem Höhlenmitbewohner etwas zustieß. Dann zogen wir in Dörfer und jeder kannte jeden. Nach der Sonntagsmesse waren wir über alle lokalen Skandale, Geburten, Tode, etc. bestens informiert. Das Problem begann erst, als wir in Städte übersiedelten. Ab einer gewissen Größe war es unmöglich, alles über alle zu wissen, sofern sie uns das nicht willentlich erzählten. Die Ankunft des Internets brachte uns Suchmaschinen und Nachrichtenagenten und wir können seitdem alle Neuigkeiten per Mausklick erhalten. Das war großartig, wenn wir etwas über ‚Xanthippe Klophardinger' wissen wollten, aber die Suche nach ‚Hans Müller' brachte zu viele Fehlmeldungen, um sinnvoll zu sein. Zudem zeigten die Familiennamen der Lebenspartner und Kinder zunehmend weniger Übereinstimmung mit unseren Kontaktpersonen. Folglich erwartete niemand mehr von uns, über das Privatleben unserer Umwelt ernsthaft im Bilde zu sein.

Dies änderte sich völlig mit der Einführung von sozialen Medien wie Facebook, WhatsApp, LinkedIn, Xing, Twitter, Instagram und so weiter. Entweder Sie posten eine Neuigkeit selbst oder jemand anderer kommentiert ein diesbezügliches Posting eines Dritten. Aber unterschätzen Sie den Aufwand nicht: Aufbau und Pflege eines digitalen Netzwerks sind zeitintensive Investitionen. Im Gegensatz zu seinem Konkurrenten hatte Matthias die falschen Prioritäten gesetzt und sich entschieden, diese Investitionen zu unterlassen und sich stattdessen auf typische Dinosaurieraktivitäten konzentriert.

Man könnte sagen, dass Mario, unser Allgäuer Handelsvertreter mit dem fragwürdigen Humor, angemessen in sein soziales Netzwerk investiert hatte. Lassen Sie uns das genauer untersuchen. Es ist wahr, dass Mario ein Facebook-Konto eröffnet hatte. Aber was machte er damit? Er veröffentlichte Angelfotos (klingt harmlos, aber nicht nur Vegetarier finden es abstoßend, Tiere als Zeitvertreib zu töten), sowie sexistische und Schwabenwitze. Hallo? Seit wann ist es ratsam, im Schwabenland Witze über Schwaben zu machen? Einige werden das witzig oder mutig finden, aber die krasse Mehrheit der lokalen Bevölkerung empfindet es als beleidigend. Und gar erst sexistisch? Das geht schon gar nicht (Leserinnen aufgepasst: Sexismus ist keine exklusiv männliche Domäne mehr). Professioneller Selbstmord, Harakiri im Allgäu.

Mario nutzte das soziale Medium, um seine privaten Interessen zu verfolgen, statt es als professionelles Werkzeug zu behandeln. Er spielte damit wie ein Teenager, der zum ersten Mal mit dem PS-starken Auto seines Vaters unterwegs ist. Seit langem gibt es keine Trennung mehr zwischen Ihrer privaten und Ihrer beruflichen Persönlichkeit. Fragen Sie einfach Ihre HR-Experten, ob sie die Facebook-Seiten ihrer Jobbewerber (und Mitarbeiter!) besuchen.

Im nächsten Kapitel werden wir uns auf die Neuankömmlinge konzentrieren und Sie werden im Detail verstehen, warum deren Stärken für Sie so gefährlich sind.

Zusammenfassung

Worum geht es also? Wenn Sie vor 1990 geboren wurden, laufen Sie Gefahr, sich in einen Dinosaurier zu verwandeln. Ein Dinosaurier ist jemand, der es einfach nicht kapiert. Dinosaurier haben in der heutigen Berufswelt keine Überlebenschancen, es fehlen ihnen grundlegende Werkzeuge und Kenntnisse; sie sind moderne Analphabeten. Wenn Sie nicht bereit sind, von den Neuankömmlingen zu lernen, die wir Homo millennial nennen, werden Sie auch bald ausgestorben sein. Und was noch schlimmer ist: Sie werden sich der Gefahr nicht einmal bewusst sein, bis es zu spät ist. Aber verzweifeln Sie nicht: Am Ende dieses Buches werden Sie den Homo millennial nicht nur eingeholt, Sie werden sogar wieder die Führung übernommen haben.

Literatur

1. Parker, S.: Dinosaurier, Weltbild (2004). Ich liebe Dino-Bücher seit meinen Kindertagen und dies ist eines der anschaulichsten in meinem Haushalt. Aber es gibt noch ein paar Tausend andere Übersichten, die für unsere Zwecke genauso geeignet sind.

2

Der Homo millennial: eine neue Spezies

Man muss kein Paläontologe sein, um von ausgestorbenen Menschenarten wie dem Homo erectus, dem Neandertaler und anderen gehört zu haben. Leider könnten auch Sie zum Gegenstand eines zukünftigen Artikels über frühere Menschenarten werden, die es dann nicht mehr geben wird. Wir machen Witze über das Schicksal der Hufschmiede nach der Einführung des Automobils, aber wir alle sitzen in einem riesigen Glashaus und werfen fahrlässig mit Steinen herum. Sie sollten besser vorsichtig sein, falls Sie glauben, dass Ihr Beruf diesem Risiko nicht ausgesetzt ist. Wenn Sie in den Ruhestand gehen – ob freiwillig oder nicht –, wird Ihre Profession sich im besten Fall bis zur Unkenntlichkeit verändert haben, im schlechtesten Fall den Pfad des Hufschmieds beschritten haben.

Das ist eine Bedrohung, ebenso wie eine Chance. Als ich nach dem Studium meinen ersten Job als Investmentbanker antrat, war dies ein Beruf, der zum Zeitpunkt meiner Geburt in meiner Heimatstadt Wien noch nicht einmal existiert hatte. Meinen nächsten Job bekam ich in einer Branche, Venture Capital, die zum Zeitpunkt meiner Geburt noch nicht einmal erfunden worden war. Sie verstehen, worauf ich hinaus will: Die Bedrohung des einen ist die – sehr gut bezahlte – Chance des anderen.

Werfen wir also einen Blick auf die Neuankömmlinge, die von neuen Trends und Technologien profitieren wollen. Die Reise beginnt genau dort, wo Sie sitzen. Legen Sie Ihr Lesegerät für einen Moment weg. Wenn Sie ein gedrucktes Buch halten, ist das übrigens ein starker Indikator für einen sehr hohen Dinosaurier Quotienten (DQ). Die Erklärung für diesen Ausdruck folgt auf den nächsten Seiten. Zuerst aber stehen Sie bitte auf und gehen zu einem Zimmer, in dem eines Ihrer Kinder über 12 Jahren chillt. Sollte das nicht der Fall sein, begleiten Sie einfach mich. Klopfen Sie höflich, öffnen Sie die Tür, ignorieren Sie alle Dämpfe (heutzutage geht es primär ohnehin um Dinge, die zu schlucken sind) und fragen Sie Ihr Kind, was es im Moment macht. Sollten Sie in der Lage sein, seine Aufmerksamkeit zu erregen (das Smartphone aus dem Fenster zu werfen hilft, reduziert aber manchmal die Kooperationsbereitschaft), versprechen Sie ihm Immunität für eingestandene Sünden und hören Sie sich die Antworten genau an. Der einzige Grund, warum ihr Kind möglicherweise nicht gerade dabei war, mit seinen Freunden über ein oder mehrere soziale Netzwerke zu kommunizieren, ist ein technischer Defekt des Smartphones. Selbst falls ihr Kind ein Computerspiel spielt, wird es wahrscheinlich mittels Skype oder anderer VoIP-Dienste mit anderen Teilnehmern chatten.

Machte die schwätzende Klasse in der Vergangenheit nur einen kleinen Teil der Bevölkerung aus, so umfasst sie heute fast die gesamte Menschheit. Selbst in Ländern, in denen Bevölkerungsteile an Unterernährung leiden, besitzen große Bevölkerungsteile Mobiltelefone. Interviews mit Flüchtlingen aus armen Regionen der Welt verweisen auf das Smartphone als ihren wichtigsten Besitz, der es ihnen ermöglicht,

2 Der Homo millennial: eine neue Spezies

mit ihren Familien in Kontakt zu bleiben und sich über Fluchtwege und Unterkunftsmöglichkeiten auf dem Laufenden zu halten. Die Penetrationsraten von Smartphones explodieren folglich auf der ganzen Welt. Bald wird das Recht auf den Besitz einer solchen Vorrichtung als vergleichbar mit dem Recht auf freie Meinungsäußerung, einem der menschlichen Grundrechte, angesehen werden.

Und das mit gutem Grund. Smartphones komprimieren das Raum-Zeit-Kontinuum mehr als ein Schwarzes Loch es könnte. Sie können auf alle Informationen zugreifen, die Sie benötigen, wo immer Sie sind und wann immer Sie wollen. In nicht allzu ferner Zukunft werden Sie jeden öffentlichen Ort (und viele private Plätze) auf dieser Erde live sehen können, ebenso wie zu jedem beliebigen Zeitpunkt in der Vergangenheit (nach 2020). Schon heute haben Sie die Möglichkeit, fast alles zu lesen und zu hören, was jemals geschrieben, gefilmt oder aufgeführt wurde. Apps können Fremdsprachen live übersetzen, während Sie das Original lesen oder hören. Und das alles zum Preis eines Hemdes (zum Zeitpunkt der Niederschrift sind neue Smartphones ohne Vertragsbindung ab 40 EUR erhältlich).

Das Smartphone ist das Leitfossil des Homo millennial. Wir könnten ihn auch Homo smartphonensis nennen, aber das klingt etwas eigentümlich. Traditionell basiert ein Gattungsname auf lateinischen oder altgriechischen Begriffen und leider kennt niemand den lateinischen oder altgriechischen Ausdruck für ‚Smartphone'. Bleiben wir also beim Homo millennial. Für die Taxonomen unter uns: Der Homo millennial unterscheidet sich organisch nicht vom Homo sapiens und die beiden Arten können sich vermischen und vermehren, so dass es richtiger wäre, ihn ‚Homo sapiens millennialensis' zu nennen. Um ihn deutlicher vom Homo sapiens dinosauris (Erklärung folgt, aber Sie können es sich ohnehin schon denken) zu unterscheiden, werde ich mich auf den ‚Homo millennial' beziehen. Das ist kürzer und cooler.

Der Begriff ‚Homo millennial' überschneidet sich teilweise mit dem der ‚Millennials', wie die Generation genannt wird, die zu Beginn des neuen Jahrtausends das 18. Lebensjahr noch nicht vollendet hatte, also nach 1982 geboren wurden. Das Schlüsselkriterium für die Einstufung als Homo millennial ist der uneingeschränkte Zugang zu einem Smartphone vor dem sechsten Geburtstag. Das würde fast alle Menschen, die vor 2000 geboren wurden, eliminieren. Der einfache Internetzugang zu Hause ist jedoch ein Teilersatz, so dass zahlreiche Menschen, die zwischen 1990 und 2000 geboren wurden, auch als ‚Homo millennials' gelten können. Bei den Millennials, deren Geburtsdatum zwischen 1982 und 1990 liegt, muss ich mich entschuldigen, die Bedeutung der Missing Links, der fehlenden Glieder, in der menschlichen Evolution wird notorisch unterschätzt.

Jetzt, da wir wissen, dass ein Homo millennial und sein Smartphone nie weit voneinander entfernt sind, ähnlich wie ein mittelalterlicher Ritter und sein Schwert, oder ein Hund und seine Lieblingsdecke, was können wir mit dieser Information anfangen? Beginnen wir mit einem Test. Sie bleiben im Zimmer Ihres Teenagers und bitten ihn, die Lösung für die heutige mathematische Hausaufgabe zu überprüfen. In Ihrer eigenen Kindheit hätten Sie wahrscheinlich einen guten Freund/in angerufen. Wenn Ihre Geburt noch länger zurückliegt, hätten Sie sich zu deren Haus begeben. Wenn Sie sehr viel älter wären, wären Sie über die Leiter zu deren Höhle hinaufgestiegen, aber in diesem Fall wäre der Ruhestand in naher Zukunft vielleicht gar nicht so schlecht für Sie.

Ihr Kind wird wahrscheinlich eine Anfrage an eine Benutzergruppe senden, die aus den meisten seiner Klassenkameraden besteht. Meistens wird jemand ein Foto oder eine Sprachnachricht veröffentlichen, welche die Antwort liefert. Beachten Sie eine wichtige Veränderung: In der Vergangenheit waren die bilateralen Beziehungen zwischen Ihnen und Ihren Freunden entscheidend. Wenn Sie mit einer

Freundin gestritten hätten, würde sie Sie die Lösung nicht abschreiben lassen. Heute ist das anders: Beziehungen sind multilateral geworden. Alice könnte Ihnen helfen, nicht weil sie Ihre gute Freundin ist, sondern weil sie Bob beeindrucken oder Carol ärgern will.

Treten Sie für einen Moment zurück und schauen Sie sich die Vorfahren des heutigen Homo sapiens dinosauris an. Genauer gesagt, lassen Sie uns deren Denkapparate untersuchen. Wissenschaftler werden immer besser darin, die Funktionen des menschlichen Gehirns zu verstehen. Wie Sie wissen, werden einige Abschnitte zum Reden verwendet, andere zum Riechen, zum Erfinden neuer Kuchenrezepte, zum Zähneputzen und so weiter. Wenn man uns mit anderen Säugetieren vergleicht, ist unser Gehirn im Verhältnis zu unserem Körper viel größer. Vor allem der Kortex, die Hirnrinde, mit seinen seltsam geformten Wellenmustern ist ausgeprägter und sieht ganz anders als der eines Nagetiers aus. Eines der wichtigsten Merkmale, das die menschliche Spezies von vergleichsweise nahen Verwandten unterscheidet, ist die Größe des für soziale Interaktionen zuständigen Bereichs.

Das bedeutet nicht, dass andere Primaten nicht in einer sehr ausgeklügelten Sozialstruktur leben können, aber menschliche Sozialstrukturen übertreffen deren Komplexität bei weitem. Denken Sie an eine einzelne Ihrer Arbeitsstunden, an Ihre sozialen Interaktionen in dieser Zeit und die Gedanken und Überlegungen, welche diese steuern. Worüber hatten Sie mit Ihrem Gesprächspartner zuletzt gesprochen, was könnte Ihr Kollege in Zukunft von Ihnen erwarten, und so weiter. Der größte Teil der Steuerungsprozesse erfolgt automatisiert und erfordert nur wenig bewusstes Eingreifen (z. B. Reaktion auf Begrüßungsfloskeln). Das ist nur möglich, weil Ihr Gehirn enorm leistungsfähig ist und zumeist problemlos alle Aspekte und Komplexitäten einer gegebenen Herausforderung bewältigt, ohne Ihr Bewusstsein zu stören.

Wissenschaftlich gesehen ist unsere soziale Intelligenz weitaus höher entwickelt als die jeder anderen Spezies. Diese Fähigkeit unterscheidet uns mehr von Tieren als jede andere, inklusive so bemerkenswerter Errungenschaften wie abstraktes Denken oder der Gebrauch unserer Hände. Bitte beachten Sie jedoch, dass wir zwar zahlreiche bilaterale Beziehungen unterhalten können, aber bei multilateralen Systemen ernsthafte Probleme haben. Das ist keine Behinderung von Ihnen oder mir, das ist schlichtweg eine Einschränkung unserer Spezies.

Um Ihnen ein Beispiel aus der physischen Welt zu geben: Denken Sie an einen hohen Kochtopf, der zu drei Viertel mit Wasser gefüllt ist. Stellen Sie nun eine zylinderförmige Kunststoffvase (Materialdichte >1), die selbst halb mit Wasser gefüllt ist, in diesen Kochtopf. Der Durchmesser der Vase beträgt 71 % des Durchmessers des Kochtopfes und die Vase schwimmt in ihm. Nun gießen Sie weiteres Wasser in die schwimmende Vase, bis sie zu drei Viertel gefüllt ist. Wie verändert sich der Wasserstand in der Vase gegenüber dem Boden des Kochtopfes und dem Wasserstand des Kochtopfes? Möglicherweise können Sie das Ergebnis ungefähr abschätzen, aber ich garantiere Ihnen, dass Sie nicht in der Lage sind, die präzise Lösung in fünf Minuten zu berechnen, selbst wenn Sie die Formeln nachschlagen. Probieren Sie es selbst aus und hören Sie bis dahin auf zu lesen, da im nächsten Absatz die Lösung des Experiments steht.

Wenn Sie das Ergebnis hören, klingt es einfach. Der Wasserstand in der Vase bleibt immer stabil gegenüber dem Wasserstand im Kochtopf, da das in die Vase gegossene Wasser die gleiche Wassermenge im Kochtopf ersetzt. Daher bleibt der Wasserstand in der Vase je nach Dichte der Vasenwände solange unter dem Kochtopfspiegel, bis sie weitgehend gefüllt ist. Wenn zusätzliches Wasser eingefüllt wird, steigt der Wasserstand des Kochtopfes, als ob keine Vase in ihm treiben würde.

Einfach, nicht wahr? Um die Wahrheit zu sagen: Ich musste ein Computermodell schreiben, um die Frage zu lösen und es dauerte erheblich länger als fünf Minuten. Während ich mir sicher bin, dass es Leser gibt, die es geschafft haben, die Berechnungen in ihrem Kopf durchzuführen, würde ich alle meine Privatjets darauf wetten, dass dies nur eine kleine Minderheit ist (Raten Sie, wie viele ich besitze …). Die Bewegung des Wasserspiegels im Kochtopf gegenüber dem in der Schwimmvase ist etwas, für das unser Gehirn einfach nicht geschaffen ist. Gleichzeitig sind wir alle hervorragend bei mathematisch viel anspruchsvolleren Berechnungen, die mehrfache Integrale und polynomiale Gleichungen erfordern und allgemein als ,Werfen eines Balls' bekannt sind. Dieser scheinbar einfache Akt erfordert die schnelle Lösung extrem komplexer Parabelgleichungen, wenn man bei Wind ein bewegliches Ziel treffen will. Tatsächlich sind unsere Gehirne so mächtig, dass die gesamte Routine des Werfens vollständig automatisiert ist und in der Regel überhaupt keine bewusste Anstrengung erfordert. Hier ist das Gegenteil der Fall: Ihr Gehirn kann die Gleichungen mühelos vollautomatisiert lösen, aber Sie werden wahrscheinlich nicht in der Lage sein, die Berechnungen auf einem Blatt Papier zu replizieren, es sei denn, Sie verdienen Ihren Lebensunterhalt mit Differenzial- und Integralrechnungen.

Erstaunlicherweise schaffte der Homo millennial innerhalb von wenigen Jahren etwas, was sein Vorgänger Homo sapiens dinosauris in 100.000 Jahren nicht erreicht hat: den erfolgreichen Umgang mit multilateralen Beziehungen. Um zu dem Kochtopfbeispiel mit der Vase zurückzukehren: Jeder weiß, dass der Wasserstand in einer Vase oder einem Kochtopf steigt, sobald man Wasser hineingießt. Ebenso klar ist, dass der Wasserstand im Kochtopf steigt, wenn man eine Vase hinein stellt. Aber nur wenige Menschen sind in der Lage, das Zusammenspiel der Systeme ,Gefüllte Vase' und ,Gefüllter Kochtopf' intuitiv mit der gleichen Genauigkeit zu berechnen, die erforderlich ist, um einen Basketball in den Korb zu werfen. Jeder kann mit bilateralen Beziehungen kompetent umgehen, nur sehr wenige können das mit multilateralen Beziehungen. Ein Ball, ein Werfer, ein Korb. Das schaffen wir. Zwei Vasen mit zwei Wasserständen sprengen die Grenzen unseres Gehirns. Der Homo sapiens dinosauris ist nichts anderes als ein halbwegs begabter Höhlenmensch.

Trommeln, Applaus und Scheinwerfer: Schicken Sie den Höhlenmensch dorthin zurück, wo er hingehört, hier kommt der Homo millennial. Im Gegensatz zu Ihnen wurde der Homo millennial mit vielen Möglichkeiten zur Entwicklung multilateraler Fähigkeiten aufgezogen. Heutzutage besitzt jedes anständige Kleinkind ein Tablet mit einer permanenten Internetverbindung, später ergänzt durch ein Smartphone. Fairerweise muss man sagen, dass noch nicht jedes Kind von diesen Geräten profitiert, aber das Einstiegsalter für Smartphones sinkt rapide, nicht zuletzt aufgrund der Tatsache, dass sie zum Preis eines Hemdes erhältlich sind. Sie sind auch süchtig machender als Heroin, wie alle Eltern bestätigen können. Wenn jemals böse Außerirdische versuchen würden, die Erde zu erobern, sollte dies am besten mit Hilfe der entsprechenden App geschehen, um ihre Bewohner zu beruhigen.

Malcolm Gladwell hat in seinem Buch „Überflieger" [4] eine Grundregel für die Ausbildung angehender Berufstätiger entdeckt: 10.000 Stunden Training in einem bestimmten Spezialbereich sind derzeit erforderlich, um damit als Erwachsener seinen Lebensunterhalt zu verdienen. Zur Klarstellung: 10.000 Stunden Training garantieren diesen Erfolg nicht, es ist einfach eine notwendige Voraussetzung, um einen Platz am Spieltisch zu haben. Die 10.000-Stunden-Regel gilt für Fußballspieler, Pianisten, mathematische Wunderkinder, aber auch für Hochschulabsolventen. Alle von ihnen müssen 10.000 Stunden trainieren, in der Regel bis sie 20 Jahre alt sind, um in ihrem Spezialbereich erfolgreich tätig sein zu können. Nehmen Sie den typischen Ausbildungsplan

2 Der Homo millennial: eine neue Spezies

eines Fußballers: 3 Einheiten pro Woche, jede davon dauert 2 Stunden, ein Spiel am Wochenende, alle im Alter von 5 bis 12 Jahren, dann viermal pro Woche 3 Stunden plus ein Spiel am Wochenende im Alter von 12 bis 16 und 4 mal sechs Stunden plus ein Spiel im Alter von 16 bis 20. Ich spreche hier nicht über von Ehrgeiz zerfressene Helikoptereltern, die ihr Kind zu absurden Höchstleistungen antreiben. Es handelt sich um das typische deutsche Jugendtraining und 25 % aller Jungen in meinem Bekanntenkreis waren irgendwann einmal Mitglied eines Fußballvereins. Selbst wenn man den Kindern vier Wochen Urlaub pro Jahr zugesteht, ergeben sich daraus 10.560 Trainingsstunden bis zum Alter von 20 Jahren. Talent alleine reicht einfach nicht mehr aus.

Vermutlich sind Sie weder ein professioneller Sportler noch ein professioneller Musiker, sondern haben einen (Hoch-)Schulabschluss und arbeiten in einem Büro. Wie viele Stunden gingen Sie zur Schule oder auf die Universität und wie viele Stunden verwendeten Sie darauf, Ihre Hausaufgaben zu machen und sich auf Tests vorzubereiten, bevor Sie 20 Jahre alt wurden? Die Antwort wird je nach Lernstil und nationalem Hintergrund sehr unterschiedlich ausfallen, aber fast immer weit über 10.000 liegen. Sie sind schließlich ein Profi und hätten mit weniger als 10.000 Stunden Training Ihre aktuelle Karrierestufe nicht erreichen können.

Besteht das Risiko des Übertrainierens oder sind 20.000 die neuen 10.000? Einige Leute werden das Risiko des Übertrainierens und der damit einhergehenden Vernachlässigung anderer Lebensbereiche betonen, aber ich würde davon abraten, diesen Aussagen Glauben zu schenken. Letztendlich ist alles ein Wettbewerb. Ja, natürlich sind die persönlichen Energievorräte und die Stunden des Tages begrenzt. Kinder brauchen 8 bis 10 Stunden Schlaf pro Tag und sie brauchen auch Ruhe und Entspannung. Das grundsätzlich zur Verfügung stehende maximale Zeitpotenzial sind 15 Stunden am Tag, 365 Tage im Jahr, 14 Jahre lang (von sechs bis zwanzig). Das Pendeln zur Schule könnte zum Abhören von Audiolektionen genutzt werden, ebenso wie die Essenszeit. Selbst wenn man einen freien Tag pro Woche zugesteht und drei Stunden Spielzeit pro Tag, ergibt das immer noch 74.880 Stunden bis zum Erreichen des 20. Geburtstages. Wenn man bedenkt, dass französische und belgische Schulen mit dem Unterricht im Alter von 3 Jahren anfangen, kann diese Zahl auf 86.112 Stunden ansteigen. Basierend auf einem maximalen Potenzial von 86.000 klingt die Zahl 10.000 nicht wie das Ende der Fahnenstange, noch nicht einmal 20.000. Es ist durchaus möglich, dass Sie und ich in hundert Jahren als Faulpelze angesehen werden, weil wir mehr als 75.000 Stunden wertvoller Trainingszeit verschwendeten, über 85 Prozent unserer Kindheit.

Falls Sie denken, dass dies Wahnsinn ist, widerspreche ich nicht. Aber wer sagt, dass das Leben nicht verrückt sein kann? Denken Sie an den Profisport und schauen Sie sich die Fähigkeiten eines Spitzensportlers an, idealerweise eines Leichtathleten, dessen Leistungen präzise messbar sind. Bis 1921 betrug der Weltrekord für den 100-Meter-Sprint bei den Herren 10,6 Sekunden, was damals ein erstaunlicher Meilenstein war, eine einsame Spitzenleistung, mit der ein Athlet bei jeder Olympiade die Goldmedaille errungen hätte. Heute reicht das gerade aus, um bei Amateur-Bezirksrennen anzutreten. Das moderne Trainingspensum ist ein wesentlicher Faktor für diese Verbesserung, wenn auch keineswegs der einzige, wie wir auf den nächsten Seiten sehen werden.

Diese Entwicklung gilt auch für den akademischen Erfolg. Unsere Kinder konzentrieren sich viel mehr als ihre Urgroßeltern auf die Schule. Ehrlich gesagt, investieren meine Kinder dafür fast zweimal so viel Zeit wie ich seinerzeit (wer behauptet, dass alle Dinos immer fleißig sind?). Für mich folgte direkt auf die Schule das Spiel mit Freunden, gelegentlich ein bisschen Hausarbeit am Abend oder ein oder zwei Stunden Vorbereitung auf einen Test.

2 Der Homo millennial: eine neue Spezies

Heutzutage verbringt die Mehrheit der Freunde meiner Kinder den ganzen Nachmittag mit zusätzlichen Arbeitseinheiten zu Hause oder bei der Nachhilfe, um in der Schule mitzukommen. Sie besuchen Musikunterricht oder trainieren für einen Sport, bis sie um 19 Uhr nach Hause kommen, um dort ihre Hausaufgaben zu machen. Das ist nicht die Ausnahme, es ist vielmehr ihr Alltag. Die Wochenenden sind weitgehend mit Vorbereitungen für Tests gefüllt.

Wenn Sie denken, dass dies unmenschlich ist, kann ich Ihnen versichern, dass dies im Vergleich zu bestimmten asiatischen Ländern harmlos ist. Sprechen Sie einfach mit einem Singapurer oder einem Japaner. Meine dort lebenden Kollegen ächzen unter der Belastung ihrer Kinder, denn ab dem 14. Lebensjahr wird jede freie Minute zur Vorbereitung auf die Aufnahmeprüfungen für die Universitäten genutzt.

Diese riesigen Investitionen unserer Kinder sind nicht umsonst. Jahr für Jahr steigt der durchschnittliche IQ der Bevölkerung weiter an. Alle zehn Jahre erhöht sich deren Intelligenz um 2–3 Punkte. Das klingt nicht bemerkenswert, also muss ich es ins rechte Licht rücken. Der Median-IQ der Bevölkerung beträgt immer 100. Das bedeutet, dass die Hälfte der Bevölkerung einen höheren IQ hat, und die andere Hälfte einen niedrigeren IQ als 100. Um 100 als Medianpunkt zu behalten, werden IQ-Tests regelmäßig kalibriert. Wenn mehr Teilnehmer mehr Fragen richtig beantworten, wird die Bewertung der Ergebnisse strenger. Mit anderen Worte: Sie müssen in diesem Fall mehr Fragen als zuvor richtig beantworten, um den gleichen IQ zu erreichen. In den letzten 100 Jahren wären die IQs um 30 Punkte gestiegen, wenn die IQ-Tests nicht angepasst worden wären. Eine Person mit durchschnittlicher Intelligenz, die in einem modernen Test einen IQ von 100 erreicht, wäre vor 100 Jahren mit einem IQ von 130 als hochbegabt angesehen worden. Ein moderner Durchschnittsmensch hätte damals zu den gescheitesten 10 % der Bevölkerung gehört. Denken Sie an das 100-Meter-Rennen: ein Bezirksmeister der Gegenwart wäre vor 100 Jahren der schnellste Läufer auf diesem Planeten gewesen. Dieses Phänomen erhielt sogar einen Namen, den ‚Flynn-Effekt', nach James R. Flynn, der es erstmals beschrieben hat.

Wie ist das möglich? Die Erklärungsansätze sind sehr unterschiedlich. Ich stehe auf der Seite derjenigen, die der Meinung sind, dass sowohl Ernährung als auch Training eine große Rolle spielen. Nehmen wir moderne Spitzensportler genauer unter die Lupe: Er oder sie wird sehr darauf achten, ausschließlich leistungsoptimierende Lebensmittel zu essen und wird definitiv einen hochspezialisierten Berater haben, der sich auf die Optimierung von Lebensmitteln konzentriert. Ebenso wird dieser Athlet einen von einem seinerseits hochspezialisierten Trainer aufgestellten Zeitplan befolgen, der aus sorgfältig abgestimmten Trainingseinheiten besteht. Mentales Training ist mittlerweile ebenfalls zu einem Muss geworden und engagierte Berater helfen den Athleten, ihr gesamtes Potenzial zum Zeitpunkt des Wettkampfes zu aktivieren. Als ich ein Kind war, rauchten Profisportler und tranken Alkohol. Heutzutage ist ein Verbot dieser Praktiken selten erforderlich, da der daraus resultierende Verlust der Wettbewerbsfähigkeit eine ausreichende Strafe darstellt. Sollte ein Spitzensportler sündigen, wird er oder sie unweigerlich zu einem ‚ziemlich guten Sportler' degradiert. Es ist einsam an der Spitze.

Ein Kleinkind mit einem professionellen Spitzenathleten, der einen spartanischen Trainingsplan verfolgt, zu vergleichen, scheint auf den ersten Blick übertrieben zu sein. Bei näherem Hinsehen zeigt sich die Berechtigung dieses Ansatzes. Das kleine Kind, das gerade sein erstes Tablet erhalten hat, weiß es noch nicht, aber sein Rennen wurde bereits gestartet. Schon längst hat das Kleinkind die Startlinie überschritten und die Konkurrenz mit den anderen Kleinkindern ist hart.

2 Der Homo millennial: eine neue Spezies

Schnell muss sich das Kind an seine computerisierte Umgebung gewöhnen und sobald wie möglich muss es ein nativer Multilateraldenker werden. Wie wir aus dem immer anspruchsvolleren Lehrplan für Schulkinder ersehen können, gibt es auch später nicht viel Zeit zu verschwenden.

Haben Sie jemals eine Fremdsprache gelernt und kennen Sie Leute, die zweisprachig aufgewachsen sind? Wie schwierig es war, in der Schule eine neue Sprache zu lernen und wie einfach es ist, wenn es in der frühen Kindheit ganz automatisch geschieht? Natürlich gibt es Grenzen, wie viele Sprachen Sie in Ihrer Kindheit lernen können, aber fast alle Kinder wären in der Lage dazu, mehr Sprachen zu beherrschen, als die, auf die sie normalerweise beschränkt werden. Es gibt zahlreiche neurologische Studien zu diesem Thema, und im Grunde läuft es darauf hinaus, dass verschiedene Regionen in unserem Gehirn für das Lernen in verschiedenen Lebensaltern verantwortlich sind.

In der frühen Kindheit sind spezifische Gehirnzentren für die essenziellen Dinge in Ihrem Leben zuständig: Stehen, Gehen, Essen auftreiben und mit anderen Menschen interagieren. Das Gehirn gibt diesen Aktivitäten absolute Priorität. Ohne ihre Beherrschung sind wir nicht in der Lage zu überleben und uns zu reproduzieren. Wenn Sie diese Grundfertigkeiten als Kind nicht erlernen, wird Ihr späteres Leben ernsthaft beeinträchtigt sein. Falls es überhaupt dazu kommt. Wissentliche oder unwissentliche Unfolgsamkeit kann katastrophale Folgen haben. Das Streicheln der samtigen, sich am Boden schlängelnden Tierchen, das Essen der großen, blauen Beeren an den Sträuchern, das Spielen mit den brummigen Zotteltieren sind alles fatale Fehlleistungen in einem fehlerintoleranten System. In der wesentlich unwirtlicheren Umgebung unserer stammesgeschichtlichen Vergangenheit hätten Kinder, die Probleme bei diesen Grundfähigkeiten gezeigt hätten, nur selten die Geschlechtsreife erreicht.

Menschen, deren Gehirn in der Lage war, diese essenziellen Fähigkeiten als Kind zu erwerben, wuchsen mit weitaus größerer Wahrscheinlichkeit auf und bekamen selbst Kinder als Menschen, deren Gehirn diese Aufgaben nicht schon in jungen Jahren erfüllte. Wer diese Fähigkeiten in den ersten Lebensjahren erlernte, vermehrte sich mit höherer Wahrscheinlichkeit als diejenigen, denen das nicht gelang. Ein klassisches Beispiel für Evolution an der Arbeit.

Leider gehen mit diesem Vorteil des frühkindlichen Lernens auch Kosten einher. Was immer Sie später in Ihrem Leben erlernen, wird aus der Sicht Ihres Gehirns als Luxus eingestuft. Wohl werden Sie neue Fertigkeiten und Kenntnisse erwerben, aber sie keineswegs so gut wie die Grundfertigkeiten beherrschen, die Sie in Ihren Kleinkinderjahren erlernt haben. Wenn Sie nicht extrem sprachbegabt sind, werden Sie sich in einer nach dem Alter von sechs Jahren erlernten Sprache nie muttersprachlich ('nativ') verständigen können. Wenn Sie etwas vor dem Alter von 6 Jahren erlernen, können Sie darin 'perfekt' werden, danach reicht es nur noch für 'sehr gut', es sei denn, Sie wären ein Genie (und wer weiß, wie gut selbst ein Genie geworden wäre, hätte er oder sie diese Fertigkeit gleich nach der Geburt erworben).

Es gibt in unserem Leben eine zweite, weniger genau definierte Weggabelung, kurz nach dem Zeitpunkt, an dem wir das traditionelle Ende der Pubertät erreichen, zwischen dem 16. und 20. Lebensjahr. Wenn Sie eine Fertigkeit nach dem Alter von sechs Jahren erlernen und bis zum 20. Geburtstag 10.000 Stunden üben, können Sie darin 'sehr gut' werden (möglicherweise sogar 'perfekt', wenn Sie noch früher damit anfingen). Egal wie viele Stunden Sie nach dem Alter von 20 Jahren damit verbringen, etwas Neues zu erlernen, Sie werden nicht in der Lage sein, ein vergleichbares Wissen zu erreichen und können sich glücklich preisen, in dieser Fertigkeit 'gut' zu werden.

2 Der Homo millennial: eine neue Spezies

Insgesamt gibt es drei Perioden, in denen wir Fähigkeiten erlernen können. Wir können native Benutzer werden, wenn wir sie vor dem Alter von sechs Jahren erwerben. Im Alter zwischen 6 und 20 Jahren können wir sehr gute Nutzer werden. Danach schließt sich das Zeitfenster und für den Rest unseres Lebens können wir bestenfalls danach streben, ambitionierte Amateure zu werden, wenn wir uns an neuen Fähigkeiten versuchen. Leider haben wir keine Chance, mit Menschen zu konkurrieren, die früher in ihrem Leben angefangen haben.

Falls Sie meinen, dass es zu früh ist, eine Fertigkeit vor dem sechsten Lebensjahr zu erlernen, dann sollten sie das noch einmal überdenken. Fast alle Top-10 Athleten starteten ihre Karriere vor dem Alter von 6 Jahren, und es ist kein Zufall, dass ein ungewöhnlich hoher Anteil von ihnen mindestens ein Elternteil hat, der selbst Spitzensportler in dieser Disziplin gewesen ist. Natürlich werden sie ihre Kinder so früh wie möglich trainieren, meist im Alter von 3 Jahren beginnend, um ihren Nachkommen den notwendigen Wettbewerbsvorteil gegenüber ihren Altersgenossen im späteren Leben zu verschaffen.

Was bedeutet das für den nativ geschulten Homo millennial und uns arme, mehrfach gehandikapte Homo sapiens dinosauris? Falls Sie Kubricks ‚2001- Odyssee im Weltall' gesehen haben, können Sie sich vermutlich an die Szene erinnern, in der unsere Vorfahren, mehr Affen als Menschen, ein riesiges schwarzes, rechteckiges Steinprisma entdeckten. Unsere Urahnen waren sichtlich schockiert, sei es wegen dieses Anblicks, sei es wegen dem mit höchster Lautstärke erklingenden Thema von ‚Also sprach Zarathustra', das die Luft erfüllte. Die Berührung dieses Objekts steigerte sowohl ihre Intelligenz als auch ihre Aggressivität und drei Filmminuten später hatten ihre Nachkommen die erste Raumstation erbaut.

Für unsere Zwecke sollten wir die menschliche Geschichtsschreibung wahrscheinlich in die Zeit vor und nach der Einführung des Smartphones (BS – Before Smartphone und AS – Anno Smartphonensi) einteilen. Geschäftsleute verwendeten schon lange vor dem Beginn dieser Ära klobige Monster, die sich zu coolen Smartphones hätten entwickeln können (denken Sie an den Nokia Communicator, den Palm und an Blackberry), hätten ihre Hersteller sich auf diesen Innovationspfad konzentriert, aber leider (für sie und ihre Aktionäre) verabsäumten sie dies. Für den Rest der Menschheit begann das neue Zeitalter erst am 29. Juni 2007, als das iPhone eingeführt wurde. Wenn ein kluger Apple-Manager dieses Buch liest, wird er vielleicht vorschlagen, die Zeiträume vor und nach dem 29. Juni 2007 als BIE und IE (Before iPhone Era und iPhone Era, vor und nach Einführung des iPhones) zu bezeichnen, und das mit einiger Berechtigung.

Obwohl es Social-Community-Sites wie Facebook schon vor dem Jahr 1 AS gegeben hatte (Facebook wurde 2004 gegründet), war ihre Wirkung bis dahin begrenzt gewesen. Ein Benutzer musste für deren Nutzung online sein, und das bedeutete in der Regel abends zu Hause. Das Smartphone ermöglichte schnell einen unbegrenzten Zugriff zu jeder Uhrzeit und es entstanden zahlreiche andere Communities (Instagram, Twitter, WhatsApp, um nur einige zu nennen). Kommunikation war in der Vergangenheit typischerweise ein bilaterales Ereignis gewesen. Man sprach mit jemandem und diese Person antwortete einem, entweder persönlich oder durch einen Brief.

Manchmal veröffentlichten Prominente offene Briefe an andere prominente Personen, die wiederum öffentlich antworteten, was zu Debatten in verschiedenen Journalen und Zeitungen Anlass gab, Gruppendiskussionen waren hingegen relativ selten. Wenn Sie an Ihre Schulzeit zurückdenken, werden Sie sich daran erinnern, dass Ihre Lehrer zumeist versuchten, Situationen zu vermeiden, in denen die ganze Klasse ihre Meinung zugleich äußerte. Gleiches gilt für private und geschäftliche Besprechungen. Produktive

Diskussionen sind auf acht bis zwölf Personen limitiert. Darüber hinaus gehende Teilnehmerzahlen beeinträchtigen die Produktivität dieser Treffen.

Innerhalb von großen Gruppierungen mit Hunderten von Teilnehmern war die Kommunikation meist unilateral. Eine Person sprach, die anderen hörten zu. Vielleicht äußerten ein zweiter und ein dritter Redner ihre Meinung, aber wie in der Unterrichtssituation war Chaos die Folge von zu vielen Sprechern. Persönliche Treffen dominierten die Menschheitsgeschichte seit der Urzeit, doch im 18. Jahrhundert begann sich dies zu ändern, Zeitschriften und Zeitungen florierten und der französische Philosoph Voltaire entwickelte das Konzept der ‚Öffentlichkeit'. Der Pluralismus in der Gesellschaft führte dazu, dass die Zahl der geäußerten Meinungen weiter zunahm. Wir verharren jedoch störrisch bei unserer Präferenz, nur einer begrenzten Gruppe von Menschen Aufmerksamkeit zu schenken. Debatten wüten in der Regel zwischen einer Handvoll Meinungsführer, im Wesentlichen nicht mehr als 12, oft weit weniger, während die meisten anderen Teilnehmer an der Diskussion die Aussagen dieser Personen geringfügig abgewandelt und an ihre Klientel angepasst wiederholen und sich niemand wirklich für ihre Beiträge interessiert. Alte Gewohnheiten sind widerstandsfähig gegen Veränderungen.

Der Homo millennial hat die Gruppendiskussionen natürlich nicht erfunden. Sogar wir Dinosaurier trainierten die soziale Interaktion in jungen Jahren durch unsere Familien. Aber Sie sind wahrscheinlich nicht in einer Familie mit zwanzig Geschwistern und Dutzenden von Großeltern und Onkeln und Nichten aufgewachsen, welche Sie die ganze Zeit umringten. Vermutlich betrug die Größe Ihres Haushalts vier bis fünf Mitglieder, möglicherweise weniger. Für die meisten von uns stand der Kindergarten oder die Schule am Anfang der intensiven Gruppeninteraktion. Wahrscheinlich haben Sie jedoch nicht mit allen Kindern in Ihrer Klasse regelmäßig interagiert. Die meisten von uns neigen dazu, Teil einer Clique von fünf bis acht Kindern zu sein, einer sehr überschaubaren Anzahl. Die innere Gruppenhaftung leidet, wenn die Anzahl der beteiligten Personen deutlich höher steigt.

Dadurch wurden wir gut im Umgang mit Gruppen von bis zu acht Personen ausgebildet. Dies spiegelt sich auch in der klassischen Unternehmensstruktur wider. Folgt man der zeitgenössischen HR-Debatte, sollten Manager für nicht mehr als acht Mitarbeiter die direkte Personalverantwortung tragen, d. h. bis zu acht Angestellte teilen sich einen direkten Chef. Bis zu acht Bosse teilen sich einen Boss der nächsten Hierarchiestufe, bis zu acht Bosse der nächsten Stufe teilen sich diesen … und so weiter. Beziehungsmuster der frühen Kindheit übersetzen sich in Unternehmensstrukturen der Großkonzerne. Speichern Sie diesen Gedanken ab, wir werden später im Buch darauf zurückkommen, wenn wir von der Betrachtung des einzelnen Homo sapiens dinosauris zur Dinosaurier AG wechseln, den Unternehmen, die von diesen modernen Reptilien geführt werden.

Was ändert sich an diesen Strukturen durch die Einführung des Smartphones? Ich lade Sie ein, eine Tarnkappe aufzusetzen und mich in das Schlafzimmer eines beliebigen Teenagers zu begleiten. Johannes, unser Teenager, hat gerade sein Frühstück beendet und hätte sich theoretisch die Zähne geputzt haben sollen. Er hat noch zehn Minuten Zeit, bevor er zur Schule gehen muss und hockt auf seinem Bett. Seine Hände halten ein Smartphone der neuesten Generation, welches das Logo eines angesagten Herstellers trägt. Er nutzt die Social-Media-App der Saison und kommuniziert intensiv mit den Jugendlichen, die er in zwanzig Minuten in der Schule sehen wird. Wir schleichen uns um ihn herum und bemerken auf seinem Bildschirm eine ziemlich große Anzahl von Einträgen. Es scheint, dass die meisten seiner Klassenkameraden an den Diskussionen teilnehmen, Jungen und Mädchen gleichermaßen.

Erinnern Sie sich, was wir über die Aufteilung der Klassen in kleinere Gruppen sagten? Johannes ist 15, ein Alter, in dem Jungen und Mädchen in weitgehend getrennten Sphären leben. Seine Klasse besteht aus zwei geschlechtsspezifischen Gruppen mit jeweils etwa 15 Mitgliedern. Jede Gruppe ist weiter in drei Cliquen unterteilt. Es gibt viele Möglichkeiten, wodurch sich diese drei Gruppen von einander abgrenzen können. Es könnten ‚gute Jungs‘, ‚böse Jungs‘ und ‚Außenseiter‘ sein. Andere Kriterien für die Trennung wären Sprache, Einkommen, Geographie, Ethnizität und so weiter. Menschen sind sehr kreativ, wenn es darum geht, sich von anderen zu unterscheiden.

Interessanterweise gilt diese Trennung in der Regel nicht für die digitale Welt. Natürlich können Sie auch in Chatrooms und Blogs gehen, wo bereits der Name auf sehr spezifische Aufnahmekriterien hinweist, aber die meisten Mainstream-Anwendungen sind durchaus inklusiv. An den WhatsApp-Gruppen von Johannes nehmen im Wesentlichen alle Kinder seiner Klasse teil. In vielen Fällen gehören sogar die Lehrer und einige Eltern zu einer Benutzergruppe der Klasse, der Gruppe mit Erwachsenen. Online chatten die Jungs mit Mädchen, mit denen sie nie in der Klasse sprechen würden. In Abhängigkeit von den gemeinsamen Aktivitäten und Sympathien werden zahlreiche digitale Untergruppierungen gebildet. Ständig kommen und gehen Gruppenmitglieder, was zu einer sich regelmäßig wiederholenden Veränderung des sozialen Gleichgewichts führt.

Ihre digitale Welt fungiert für teilnehmende Teenager als ein Non-Stopp-Hochleistungstraining, das ihre sozialen Fähigkeiten erweitert. Infolgedessen sind sie viel besser entwickelt als es meine in ihrem Alter waren. Meine

Welt bestand aus einer Bezugsgruppe mit fünf bis acht Mitgliedern und dem Rest der Menschheit, den ich im Wesentlichen ignorierte. Die Welt eines heutigen Teenagers besteht aus sechs bis acht Gruppen, die über gemeinsame Plattformen kommunizieren. Sobald Anne aus der Mädchengruppe 1 Johannes eine Nachricht sendet, muss Johannes die Beziehungen von Anne zu den anderen Mädchen in ihrer Gruppe sowie zu den übrigen Mitgliedern seiner Gruppe verstehen, um sie richtig einordnen zu können. Vielleicht behauptet sie nur deswegen, dass Taylor Swift sehr cool ist, weil es dem widerspricht, was der Freund von Johannes gesagt hat, in den zufällig das unpopulärste Mädchen einer anderen Gruppe verschossen ist. Wenn Sie denken, dass das kompliziert ist, willkommen im Club. Die Homo millennials leben in einer viel komplexeren Welt als die, in der wir Dinosaurier aufgewachsen sind. Und im nächsten Monat sind es womöglich acht neue Gruppen, mit teilweise veränderter Zusammensetzung und neuen Allianzen, die Johannes verstehen muss.

Homo millennials beschränken ihr Training nicht auf Chat-Plattformen wie WhatsApp. Sie leben auch in einer MMO-Welt. MMO steht für Massive Multiplayer Online und bezeichnet Computerspiele, die von einer sehr großen Anzahl von Teilnehmern auf einer gemeinsamen Serverplattform gleichzeitig gespielt werden. MMOs waren vor dem Smartphone auf Hardcore-Gamer-Ghettos mit einer vergleichsweise geringen Mitgliederzahl beschränkt. Ihr Durchbruch in den Mainstream erfolgte etwa zeitgleich mit Social Communities wie Facebook.

Heutzutage ist MMO-Gaming lässiger geworden, was bedeutet, dass auch sporadische Nutzer Apps und Spiele wie Minecraft oder Fortnite genießen können. Diese Spiele (die Namen ändern sich periodisch) werden von einer großen Anzahl von Spielern gespielt, die auch andere Interessen im

2 Der Homo millennial: eine neue Spezies

Leben haben, was sie von den Hardcore-Spielern unterscheidet. Die Teilnehmerzahl vor allem bei Teenagern ist sehr hoch, so dass die Casual Gaming Revolution, das lässige Spielen, einen weitaus stärkeren Einfluss auf unsere Gesellschaft hat als die frühen MMOs. Selbst die Minderheit der Nichtspieler unter den Kids sind in der Lage, Fortnite-Tänze als solche zu erkennen und diese nicht-digital aufzuführen.

Jedes Mal, wenn sie in großen Benutzergruppen interagieren, müssen die Homo millennials die sozialen Strukturen der betreffenden Gruppen im Auge behalten, die jeweils aus zahlreichen interagierenden Untergruppen bestehen. Wenn sie von einem hässlichen Ork angegriffen werden und um Hilfe bitten, müssen sie die Ork-Community sowie zahlreiche andere digitale Subkulturen in diesem Spiel verstehen, um zu wissen, von wem sie Unterstützung erwarten können und wie die Betreffenden zu motivieren sind. Diese Welten sind groß und verfügen über eine erhebliche Anzahl an Einwohnern, was die Spieler zwingt, riesige mentale Karten zu erstellen. Wenn nicht, sterben sie digital. Jedes Mal, wenn ein Kind dies praktiziert, verbessert sein Gehirn die Entscheidungsalgorithmen in seinem Repertoire. Infolgedessen können kleine Kinder diese multilateralen Interaktionen besser als ihre erwachsenen Eltern bewältigen. Das tägliche Umfeld der Kinder besteht aus zahlreichen interagierenden sozialen Gruppen, von denen jede über Dutzende von aktiven Mitgliedern verfügt, was in massivem Kontrast zu dem dumpfen Dinosaurier-Ambiente unserer Kinderzeit steht.

Die Einführung von Facebook und Casual MMOs um 2004 und die Einführung des ersten Smartphones für Privatnutzer im Jahr 2007 waren die wichtigsten Meilensteine für das Entstehen der Homo millennials. Wenn Sie 1990 geboren wurden, hatten Sie vielleicht schon vor dem kritischen Alter von 18 Jahren teilweise Zugang zu diesen Technologien. Wenn ein Kind nach dem Jahr

2000 in eine Mittelstandsfamilie in einem Industrieland geboren wurde, konnte es im Wesentlichen nicht vermeiden, ihnen ausgesetzt zu sein. In den Schulen meiner Kinder beginnt jedes Kind im Alter von sechs Jahren mit der Nutzung eines Computers. Diskussionen, warum wir Kindergartenkinder von der Verwendung von Tablets ausschließen, gewinnen schnell an Intensität. Es ist nur eine Frage von wenigen Jahren, bis fast jeder Dreijährige einen eigenen Tablet-Computer und/oder ein eigenes Smartphone haben wird.

Ich möchte die Bedeutung der potenziellen digitalen Kluft jedoch nicht kleinreden. Wenn ein Kind eine gut ausgestattete Privatschule besucht und seine wohlhabenden Eltern am Kauf der entsprechenden Ausrüstung interessiert sind, wird es mehr Möglichkeiten haben, diese neuen Fähigkeiten zu üben als ein Kind aus einem armen Elternhaus. Angesichts des drastischen Preisverfalls bei digitaler Hardware schließt sich die digitale Kluft jedoch schnell. Einkommensungleichheiten dürften den Zugang zu diesen Technologien in der Vergangenheit verzögert haben, stellen aber heutzutage kaum noch einen entscheidenden Faktor da. Dies gilt sogar für die meisten Familien außerhalb der traditionellen Industrieländer. Die Eigentumsquote von Smartphones in Afrika und den ärmeren Teilen Asiens und Lateinamerikas steigt rasant. In Afrika haben wesentlich mehr Menschen Zugang zu Mobilnetzen als zu sauberem Wasser und die digitalen Nutzer in diesen Ländern bescheinigen den digitalen Technologien, ihr Leben mehr verändert zu haben, als jede andere Innovation zuvor.

Erinnern Sie sich, was wir über native Benutzer gesagt haben? Wenn Sie vor dem Alter von sechs Jahren anfangen, eine Fertigkeit zu erlernen, können Sie darin fast jeden schlagen, der später anfängt. Die ersten Homo millennials wurden um 1990 herum geboren, seit dem Jahr 2000 sind sie sehr verbreitet und den Höhepunkt ihrer Fähigkeiten erreichten sie

2015. Die Logik ist einfach: Wer vor dem Jahr 2000 geboren wurde, war älter als sechs Jahre, als das iPhone 2007 als erstes echtes Smartphone (definiert als Telefon mit Computerprozessor, mobile Daten, Kamera, Touchscreen und Apps) vorgestellt wurde. Folglich konnten vor dem Jahr 2000 geborene Menschen keine nativen Benutzer sein. Ein paar seit 1990 geborene Kinder könnten teilweise in die Kategorie fallen, falls ihre Eltern ihnen ungewöhnlich früh Laptop Computer zur Verfügung stellten und sie darin intensiv schulten. Für im Jahr 2015 geborene Kinder waren Smartphones, Tablets, intelligente Sensoren und Internet of Things zum Zeitpunkt ihrer Geburt bereits allgegenwärtig. Sie konnten es einfach nicht vermeiden, ihnen vor dem Alter von sechs Jahren ausgesetzt zu sein und zu nativen Homo millennials zu werden.

Diejenigen von uns, die vor dem Jahr 1990 das Licht der Welt erblickt haben, gehören zu den interessierten Amateuren, die erst nach dem Alter von 20 Jahren versuchten, entscheidende Fähigkeiten zu erlernen. Wir werden sie leider nie ‚perfekt' oder auch nur ‚sehr gut' beherrschen, und können folglich nicht mit den jetzt geborenen nativen Benutzern konkurrieren. Im nächsten Kapitel werden wir einen genaueren Blick darauf werfen, welche Fähigkeiten den Homo millennial von uns armen, alten Homo sapiens dinosauris trennen. Später im Buch werde ich Ihnen zeigen, warum es keinen Grund zur Verzweiflung gibt und wie Sie dennoch die Oberhand über die Homo millennials behalten können. Aber zuerst müssen Sie die Neuankömmlinge und die Herausforderungen, die sie für Sie darstellen, verstehen.

Zusammenfassung

Nach 1990, vor allem aber nach dem Jahr 2000 geborene Kinder wurden schon früh in ihrem Leben mit Technologien wie Multiplayer-Computerspielen (MMOs) und Smartphones vertraut gemacht. Daher konnten sie bereits sehr früh beeindruckende Fähigkeiten im Umgang mit einer großen Anzahl von Menschen in Gruppen mit komplexen Beziehungsstrukturen entwickeln, während sich die intensive Erfahrung ihrer Eltern in diesem Alter weitgehend auf Gruppen mit bis zu acht Mitgliedern beschränkte. Deshalb nennen wir Kinder, die nach 1990 geboren wurden, „Homo millennial", während wir ihre Eltern als „Homo sapiens dinosauris" bezeichnen. Der Homo millennial kann komplexe, multilaterale Systeme viel besser verstehen als der Homo sapiens dinosauris. Wenn Kinder multilaterale Technologien wie Smartphones nutzen, bevor sie das sechste Lebensjahr vollendet haben, werden sie zu nativen Nutzern. Deshalb können sie im multilateralen Denken ihre Vorgängergenerationen einschließlich ihrer älteren Brüder und Schwestern bei weitem übertreffen.

Literatur

1. Brown, R.: Group Processes: Dynamics Within and Between Groups; Wiley-Blackwell 2 edition (5. März 2001). Übersicht über die Soziologie der Gruppen.
2. Edelenbos, P. / Johnstone, R. / Kubanek, A.: The main pedagogical principles underlying the teaching of languages to very young learners; Final Report of the EAC 89/04, Lot 1 study; (Oktober 2006). Beschreibung der Lehrmethoden zur Nutzung des nativen Sprachverständnisses von Kindern.
3. Flynn, J. R.: What Is Intelligence?: Beyond the Flynn Effect; Cambridge University Press Expanded edition (23. März 2009). Detaillierte Analyse des Flynn Effekts.
4. Gladwell, M. / Neubauer, J.: Überflieger: Warum manche Menschen erfolgreich sind – und andere nicht; Piper Taschenbuch (1. Oktober 2010). Von dem Mann, der die 10.000 Stunden Regel entdeckte.

5. Habermas, J.: Strukturwandel der Öffentlichkeit: Untersuchungen zu einer Kategorie der bürgerlichen Gesellschaft; Suhrkamp Taschenbuch (1990). Keine leichte Lektüre, aber die Anstrengung wert.
6. Healy, J.: Your Child's Growing Mind: Brain Development and Learning – From Birth to Adolescence; Harmony 3 edition (25 Mai 2004). Hintergrundinformationen zur Entwicklung des kindlichen Gehirns.
7. Leakey R. / Rennert, U.: Die ersten Spuren: Über den Ursprung des Menschen; Goldmann Taschenbuch (5. Juni 2000). In einigen Bereichen überholt (DNA Analysen, Denisovani), aber immer noch eine exzellente Einführung durch eine der großen Gestalten der Paläoanthropologie.

3

Die Stärken des Homo millennials

Was ist dieses ‚multilaterale Denken', und warum ist es so wichtig? Zunächst einmal wollen wir eines klarstellen: Der Homo millennial hat das multilaterale Denken nicht erfunden. Er ist einfach viel, viel besser darin. Wir Homo sapiens dinosauris haben auch den Gebrauch von Werkzeugen nicht erfunden. Viele Tiere können das. Dennoch würde ich argumentieren, dass eine Krähe, die eine Nuss von ihrem Schnabel auf den Boden fallen lässt, um sie auseinander zu brechen, nicht ganz vergleichbar ist mit Albert Einsteins Niederschrift der zwei Seiten, die seine bahnbrechende Spezielle Relativitätstheorie enthielten.

Wir Homo sapiens dinosauris sind mittlerweile so hervorragende Entwickler und Nutzer von Werkzeugen geworden, dass nicht nur religiöse Gruppierungen es für angemessen halten, uns nicht mehr als ‚Tiere' zu kategorisieren. Darüber lässt sich trefflich streiten, aber ein Faktum scheint allgemein akzeptiert zu sein: Sobald unsere Fähigkeiten einen gewissen Schwellenwert der Verbesserung überschreiten, entsteht ein qualitativer und nicht nur ein quantitativer Unterschied zu unseren Vorfahren.

Stellen Sie sich vor, Sie wären Gulliver und reisten von Insel zu Insel. Auf der ersten sind die Bewohner fünf Zentimeter kleiner als Sie. In Ihrem Tagebuch würden Sie vielleicht notieren: „Die Menschen sind etwas kleiner sind als bei uns". Auf der nächsten Insel sind sie dreißig Zentimeter kürzer: „Die Menschen sind kleinwüchsig". Als Gulliver eine Insel erreichte, auf der sie nur noch 15 Zentimeter groß waren, sprach er nicht mehr von ‚Menschen', sie gehörten nun einer anderen Kategorie an, den ‚Liliputanern'. Ebenso werden große Menschen irgendwann zu ‚Riesen'.

Die diesem Ansatz zugrunde liegende Logik ist zumindest so alt wie der Homo sapiens selbst. Um in Gruppen (natürlich mit weniger als 8 erwachsenen Mitgliedern, wie die meisten Paläoanthropologen meinen) unter schwierigen äußeren Bedingungen überleben zu können, mussten unsere Vorfahren sehr enge Verbindungen innerhalb ihrer Gruppe aufbauen. Das Überleben jedes einzelnen Mitglieds der Horde hing von ihrem Teamgeist ab, wie wir es heute nennen würden. ‚Einer für alle und alle für einen' war ein überlebenswichtiger Grundsatz, als ‚Frühstuck holen' bedeutete, Jagd auf gefährliche, große Tiere mit ekligen Zähnen und Hörnern zu machen.

Soziologen sind sich einig, dass eine der notwendigen Bedingungen für eine stabile Gruppenstruktur eine klare Definition von ‚Wir' versus ‚Die Anderen' ist. ‚Wir' haben immer gegenüber ‚Den Anderen' zusammen zu halten, was auch immer das bedeuten mag. Als wir Jäger und Sammler waren, lebten wir in kleinen Gruppen zusammen und trainierten bilaterale, nicht multilaterale Fähigkeiten. ‚Sie' waren Mitglieder anderer Clans oder Einzelgänger. Wenn eine Gruppe einen leeren Platz für eine Frau im gebärfähigen Alter oder einen ausgebildeten Jäger hätte, würde sie ein neues Mitglied aufnehmen. Wenn

3 Die Stärken des Homo millennials

nicht, würde sie etwaige Bewerber verjagen (obwohl einige von ihnen vielleicht als leicht erbeutetes Frühstück auf der Clantafel enden mochten).

Als wir Menschen uns niederließen und in Dörfern als Bauern lebten, waren ‚Die Anderen' alle, die nicht in unserem Dorf lebten. Nach Katastrophen wie Hungersnöten, Kriegen und Seuchen konnten nicht alle Funktionen des Dorflebens weiter erfüllt werden. Einige Bauernhöfe waren verlassen; manche speziellen Fähigkeiten wie Hufschmied oder Hebamme fehlten. Neuankömmlinge, die diese Lücke schließen konnten, wurden unter diesen Umständen widerwillig akzeptiert. Bis heute bewahren jedoch die meisten landwirtschaftlichen Gesellschaften lange Erinnerungen und unterscheiden deutlich zwischen vor Ort geborenen und zugereisten Mitgliedern, auch wenn die Neuankömmlinge vor 50 Jahren aus dem benachbarten Dorf kamen.

In unserer globalisierten Welt existiert die klare Unterscheidung zwischen ‚Uns' und ‚Den Anderen' weiterhin, aber immer mehr Menschen halten sie für atavistisch und dysfunktional. Was einst eine Voraussetzung für das Überleben war, wurde zu einem Hindernis für ein friedliches Zusammenleben. Es ist kein Zufall, dass der rasante Aufstieg des modernen Sports und des globalen Handels Hand in Hand gehen. Handel erfordert den Abbau der traditionellen Barrieren und Sport erfüllt diese Funktion. Wettbewerbe zwischen Land A und Land B, ein Fußballspiel zwischen Stadt C und Stadt D haben den Platz der Kriege zwischen diesen Ländern oder Städten eingenommen. Heute unterstützen ‚Die Anderen' ein anderes Sportteam als wir und die Kriege werden auf (Kunst-)Rasen ausgetragen. Zehntausende Besucher im Stadion und Millionen vor dem Fernseher, dem Handy oder jeder anderen von ihnen genutzten Plattform werden den Tag der Auseinandersetzung unbeschadet überstehen. Nur einige wenige Spieler könnten verletzt werden. Die ‚Kriege' zwischen ‚Den Anderen' und ‚Uns' sind weitgehend symbolisch geworden.

Das war nicht immer so, wie wir aus leidvoller historischer Erfahrung wissen. Wenn eine steinzeitliche Horde Land besetzte, durch das Hirsche wanderten oder dessen Boden besonders fruchtbar war, wurde sie von anderen Horden angegriffen, die versuchten, ihren Platz einzunehmen. Je ertragreicher das umstrittene Territorium, je ärmer das Umland, umso erbitterter und häufiger waren die Konflikte. Kriege waren brutal und das Töten von ‚Ihnen' ohne Überlebende oder Gefangene war eine realistische Option, um Vergeltungsmaßnahmen zu vermeiden. In modernen Zeiten fällt es schwer, bei Kriegen Gewinner und Verlierer auszumachen, da auch die Sieger einen hohen ökonomischen Preis zahlen müssen, von den Toten auf den Schlachtfeldern und unter der Zivilbevölkerung ganz zu schweigen. In jenen Tagen hatten Kriege nicht nur Verlierer, sondern auch Gewinner. Einen Krieg zu beginnen machte Sinn, wenn man stärker war oder den Feind überraschen konnte. In Anbetracht der Alternative des Verhungerns war es eine vollkommen rationale Idee, sein Leben im Kampf zu riskieren.

Während es früher einfach war, ‚Uns' und ‚Die Anderen' zu definieren, ist dies im Zeitalter der Globalisierung fast unmöglich geworden. Als Student machte ich eine Reise nach Indonesien und nach einer mehrstündigen Fahrt über unbefestigte Straßen im tiefsten Dschungel erreichten wir einen verlassenen, fast vergessenen Tempel. Wir waren viele Stunden von den Stromnetzen und allen Annehmlichkeiten der modernen Zivilisation entfernt. Einer der Dorfbewohner kam in seiner lokalen, exotischen Kleidung vorbei. Dumm und naiv wie ich war, fühlte ich mich wie Stanley (nein, nicht Morgan, der andere), der im Afrika des 19. Jahrhunderts nach dem verschollenen Forscher Livingstone suchte. Wenn ich mich recht erinnere, wollte ich den Mann nach der Richtung fragen und näherte mich ich ihm. Wahrscheinlich hielt ich ihn sogar für einen ‚Eingeborenen', tief aus dem indonesischen Dschungel. Er war ein Paradebeispiel für ‚Die Anderen'.

Zu meinem Schock antwortete er auf meine Frage nicht in Pidgin-Englisch, sondern in einem breiten, schwäbischen Dialekt. Es stellte sich heraus, dass er zwar indonesisch aussah, aber im Allgäu geboren und aufgewachsen war, nur wenige Kilometer von meinem eigenen Geburtsort Kaufbeuren entfernt. Aber während ich schon als Neugeborener weggezogen war, war er dort geblieben und sprach Allgäuerisch um Klassen besser als ich. Innerhalb von wenigen Sekunden war er einer von ‚Uns' geworden, mehr als ich selbst, um ehrlich zu sein. Das war der Tag, an dem ich zum letzten Mal an jemanden als ‚Eingeborenen' dachte. Es ist kein Zufall, dass Homo millennials mit Karl May-Romanen nichts anfangen können.

Der Homo sapiens dinosauris versucht in Anbetracht der Komplexität des modernen Lebens, diese möglichst zu reduzieren. Wir wenden alle möglichen unsinnigen Faustregeln an, um zwischen ‚Ihnen' und ‚Uns' zu unterscheiden. Wir gruppieren die Menschen nach wahrgenommener Ethnie, Akzenten, Glaubensrichtungen, Bildung, Wohnvierteln, Berufen und so weiter. Offen gesagt, scheitern wir sehr oft, so wie es mir in Indonesien passierte. Das moderne Leben, moderne soziale Strukturen, sogar moderne Familienstrukturen sind viel zu komplex für einfache binäre Entscheidungen. Wer ist Teil einer Patchwork Familie und wer nicht? Uns fehlen sogar die passenden Bezeichnungen. Wie nennen die Kinder einer Frau den Mann, mit dem ihre Mutter zusammen war, nachdem sie sich von ihrem leiblichen Vater scheiden ließ, mit dem sie aber nicht mehr zusammen ist? Die simplifizierende familiäre Bindung aufgrund statischer, angeborener Beziehungen ist schon lange passé. Unsere heutigen Familienstrukturen sind dynamisch und ändern sich im Lauf der Jahre.

Vielleicht ist dies jedoch nur ein modernes Klischee, und wir Homo sapiens dinosauris standen der Komplexität des Lebens immer hilflos gegenüber. Patchwork-Familien sind keineswegs eine neue Einrichtung, wenn Sie an die hohen Sterblichkeitsraten der Vergangenheit denken. Eine Vorfahrin von mir aus dem 17. Jahrhundert war fünffach verwitwet und auch ihre fünf Ehemänner, waren ihrerseits fast alle mehrfach verheiratet gewesen. Möglicherweise träumt unser überlasteter Verstand auch nur von der imaginären Klarheit der Beziehungsverhältnisse während der Steinzeit, einem Garten Eden der sozialen Strukturen, aus dem wir vertrieben wurden.

In Wirklichkeit haben wir uns emotional vermutlich nicht wirklich entwickelt und sind eher einem Höhlenmenschen vergleichbar, der sich mitten auf der ‚Kö' in Düsseldorf wiederfindet und nach der nächsten schützenden Kalksteinhöhle sucht. Die Welt ist nicht einfach, und unsere Versuche, kindergartentaugliche Erklärungen für die Fragen von Hochschulabsolventen zu finden, sind von vornherein zum Scheitern verurteilt. Kurz gesagt: Der Homo sapiens dinosauris hat ein anachronistisches und dysfunktionales Weltbild. Dass er bis heute noch nicht ausgestorben ist, kann als ein Volltreffer in der evolutionären Lotterie betrachtet werden. Aber was ist so besonders an dem Neuankömmling, dem Homo millennial?

Denken Sie daran, was wir über den Homo millennial und seine native Nutzung von Technologien gesagt haben, die das multilaterale Denken fördern. Für uns Dinosaurier ist die Welt gespalten in ‚Uns' und ‚Sie', ‚Gut' und ‚Böse'. Bestenfalls sind wir bereit zu akzeptieren, dass es mehrere Dimensionen gibt, in denen ‚Wir' und ‚Sie' definiert werden können. Wir katalogisieren in viele anscheinend konträre Dinosaurier-Gruppierungen: Linke gegen Rechte, Arbeiter gegen Angestellte, Angestellte gegen Arbeitslose, Häuptlinge gegen Indianer und so fort. Wir Dinosaurier bevorzugen die

3 Die Stärken des Homo millennials

einfachen Schwarz-Weiß Töne des Stummfilms gegenüber dem verwirrenden Farbspektrum der Realität.

Homo millennials hingegen gehören zu zahlreichen, sich teilweise überlappenden Gruppen. Wir Dinosaurier bevorzugen es, wenn unsere Gruppen leicht zu unterscheiden sind. Das Konzept eines konservativen Homosexuellen, eines kommunistischen Unternehmers oder eines atheistischen Theologen macht uns Angst. Diese Kategorien vermischen sich in unserer Welt traditionell nicht. Für den Homo millennial ist es kein Problem, eine große Anzahl von Themen auszubalancieren und zahlreiche Facetten einer gegebenen Situation zu betrachten. Wir Dinosaurier sind Jongleure, die nur mit zwei Bällen umgehen können (,Wir' und ,Sie'), während die Millennials vier oder mehr Bälle gleichzeitig in der Luft halten können. Wir sind Amateure, sie sind Profis, darauf trainiert, mehreren potenziell widersprüchlichen Gruppen anzugehören.

Betrachten wir die einfachste Struktur, eine Schulklasse. Es gibt eine WhatsApp-Gruppe, an der jeder teilnehmen kann, einschließlich Lehrer, eine weitere für alle coolen Kinder, die nächste für die sportlichen Jungs, eine weitere für die Mädchen aus dem gleichen Wohnviertel, und so weiter. Außerdem gibt es außerschulische Gruppen, wie die Fußballmannschaft, Nachbarn, Straßenbanden, etc.

Versetzen Sie sich in die Lage eines Teenagers, der zu mehreren dieser Gruppen gehört. Er oder sie muss wissen, wer Teil welcher Gruppe ist, welche Interessen und Kenntnisse über andere Gruppenmitglieder hat und wer einen Beitrag wie kommentieren könnte. Die Situation ist sehr unbeständig. Allianzen ändern sich ständig, Gruppenmitglieder steigern oder senken ihre Aktivität in bestimmten Gruppen, wechseln Gruppen, verletzen Geheimnisse, kopieren die falschen Leute, schließen neue Freundschaften und Feindschaften, beginnen und beenden Beziehungen. Es ist ein komplexes Labyrinth, in dem diese Teenager leben. Ähnlich wie bei anderen Fähigkeiten verbessern wir unsere intellektuellen und emotionalen Kompetenzen, wenn wir über unsere bestehenden Grenzen hinaus gefordert werden. Unsere Kinder merken es nicht, aber sie durchlaufen bis zum Alter von 20 Jahren eine 17-jährige Intensivausbildung im multilateralen Denken. Erstaunlicherweise beherrschen die meisten von ihnen tatsächlich die Kunst, dieses sich ständig verändernde Netz von Allianzen und Beziehungen zu managen.

Erinnern Sie sich bitte an Ihre eigene Jugend. Wie wir im letzten Kapitel sagten, gehörten Sie in Ihrer Klasse wahrscheinlich zu einer Gruppe von weniger als 8 Kindern, mit denen Sie zusammen waren. Möglicherweise hatten Sie ein oder zwei andere familienfremde Referenzgruppen außerhalb der Schule (z. B. Sport, Pfadfinder, Musik, Religion). Sofern Sie nicht in einem kleinen Dorf aufwuchsen, überschnitt sich vermutlich keine der Referenzgruppen in nennenswertem Ausmaß. Ihr Sozialleben war verhältnismäßig einfach strukturiert: Sie gehörten zu bis zu drei Gruppen mit weniger als zehn Mitgliedern, mit denen Sie intensiv verkehrten. Sie mussten sich keine nennenswerten Sorgen um die Interaktionen zwischen diesen Gruppen machen, da diese fast nicht existierten.

Vergleichen Sie das mit den heutigen Teenagern: Sie sind immer online, Gruppen können sich schnell überschneiden und Nachrichten reisen sehr schnell in unvorhersehbarer Weise. Erinnern Sie sich an die Geschichte einer Frau, die kurz vor dem Einsteigen in ein Flugzeug für eine Reise von London nach Südafrika einen umstrittenen Tweet veröffentlicht hatte? Als sie landete, hatte sie Zehntausende von Antworten, die PR-Abteilung ihres Arbeitgebers hatte ein Kommuniqué herausgegeben, in dem sie sich von ihren Worten distanzierte und die Personalabteilung hatte sie suspendiert. Vorbei sind die Zeiten, in denen ein schlampiger Wortlaut übersehen werden konnte.

3 Die Stärken des Homo millennials

Nachdem sie dieses Ausbildungslager überlebt haben, sind moderne Teenager diplomierte multilaterale Experten. Sie haben ein Qualifikationsniveau erreicht, das selbst ihre talentiertesten Eltern erst im Alter von 40 Jahren nach einer langjährigen Ausbildung in der traditionellen multilateralen Akademie, dem Büro, erreicht hatten. Aber im Gegensatz zu den Dinosauriern ist der Homo millennial ein nativer multilateraler Denker, dessen Training im Alter von drei Jahren begann. Sobald sie das Alter von 40 Jahren erreicht haben werden, wird ihre Expertise weit über die ihrer Dinosauriereltern hinausgehen.

Wozu dient multilaterales Denken noch, abgesehen davon, dass Sie damit die richtige Menge Wasser in treibende Vasen füllen können, eine Fähigkeit, die Sie in Ihrem bisherigen Leben wahrscheinlich nicht allzu sehr vermisst haben? Lassen Sie mich mit einem Beispiel für ein gescheitertes Projekt beginnen, dessen tragischer Held in diesem Fall ein absoluter Verlierer war, ein Homo sapiens dinosauris aus dem Bilderbuch. Peinlicherweise geht es in dieser Geschichte um mich.

Zu Beginn meiner Karriere war ich als Investmentbanker tätig. Einer unserer Kunden war ein Unternehmen aus – sagen wir – Taiwan, das meinen Arbeitgeber beauftragt hatte, sie bei der Übernahme eines tschechischen Unternehmens zu beraten. Unser Kunde hatte nicht genug Bargeld, war aber höchst profitabel und wuchs schnell. Daher plante er, die Transaktion durch die Ausgabe von Aktien an der lokalen Börse seines Landes zu finanzieren. Monatelang campierte ich im einzigen, ziemlich heruntergekommenen Hotel einer Provinzstadt in der Tschechischen Republik, von der ich noch nie zuvor gehört hatte, und versuchte, den Wert des Unternehmens, das unser Kunde erwerben wollte, zu berechnen. Tag und Nacht entwickelte ich mit dem Käufer Geschäftspläne, erstellte komplexe Restrukturierungsszenarien und verabschiedete mich für diesen Zeitraum von Freunden und Familie.

Irgendwann während dieses äußerst arbeitsintensiven Projekts nahm ich unterschwellig wahr, dass der Wert des mexikanischen Pesos stark gesunken war, kümmerte mich aber nicht wirklich um diese Tatsache. Ich besaß weder Kunden noch persönliche Investitionen in Lateinamerika und meine Transaktion hatte auch nichts mit Mexiko zu tun. Dachte ich. Um die Wahrheit zu sagen: Ich verhielt mich wie ein Dinosaurier, der weiterhin seine Blätter kaut, nachdem er den durch den Meteoriteneinschlag verursachten Blitz gesehen hat. Der Deal war bereits tot, aber noch hatte uns niemand darüber informiert und als Dinosaurier waren wir Anfänger in der Kunst des multilateralen Denkens. Was als Nächstes geschah, klingt im Nachhinein logisch, überraschte uns Dinosaurier damals aber komplett.

Mehrere US-Investoren, die mexikanische Peso-Anleihen besessen hatten, verloren viel Geld, weil die mexikanische Währung gegenüber dem Dollar nachgab. Eine Investition in Mexiko von 100 Dollar war plötzlich nur noch 80 Dollar wert. Außerdem war die mexikanische Regierung überschuldet, und die Gläubiger waren zunehmend besorgt, dass Mexiko mit seinen Krediten in Verzug geraten könnte. Warum sollte in dieser Situation eine vernünftige Person der mexikanischen Regierung neues Geld zur Verfügung stellen und riskieren, es zu verlieren?

So verkauften die Investoren sowohl mexikanische Staatsanleihen als auch mexikanische Pesos, um weitere Verluste zu vermeiden. Obwohl in der realen Welt noch nichts passiert war, veranlasste der Rückgang der mexikanischen Anleihe- und Devisenkurse andere Besitzer von lateinamerikanischen Anleihen und Währungen, diese ebenfalls zu verkaufen, um ihrerseits mögliche Verluste zu vermeiden. Eine perfekte Todesspirale begann und bald hielten es einige vorsichtige Investoren für ratsam, alle ihre Vermögenswerte aus den Schwellenländern abzustoßen. Der Abwärtsstrudel beschleunigte sich und bald waren die Finanzwerte aller Schwellenländer dem

Untergang geweiht. Wie sich herausstellte, wurde Taiwan, das fast ein geografischer Antipode Mexikos ist, als Teil der riskanten Schwellenländer betrachtet. Die taiwanesische Währung verlor an Wert, einige Nachbarländer gingen fast in Konkurs und die lokalen Börsenkurse kollabierten.

Zu Beginn des Projekts waren viele Investoren daran interessiert gewesen, in ein wachstumsstarkes taiwanesisches Unternehmen wie unseren Kunden zu investieren, um die Transaktion zu finanzieren, an der ich gerade arbeitete. Plötzlich mieden alle Geldgeber den Begriff ‚Schwellenland' wie eine hochansteckende, tödliche Krankheit. Die Kapitalerhöhung unseres Kunden war dem Untergang geweiht und damit die Akquisition, an der ich monatelang rund um die Uhr gearbeitet hatte.

Hätte ich dieses Ergebnis vermeiden können, wenn ich ein Homo millennial gewesen wäre? Nein, nichts in meiner Macht stehende hätte den Zusammenbruch der Schwellenländer verhindern können. Aber ich hätte mehrere Wochen meines Lebens weiser nutzen können, wie z. B. mit der Akquisition eines anderen, vielversprechenderen Projektes.

Sie könnten argumentieren, dass dies ein einmaliges Ereignis war, einfach nur Pech. In dem Fall sollten Sie sich besser schnell umdrehen und wahrscheinlich werden Sie aus Ihrem Augenwinkel noch die Reste eines Dinosaurier-Schwanzes sehen, der sich verstecken möchte. In Wahrheit ist dies nicht nur keine Ausnahme; es ist zur Regel für unsere schöne, neue Welt geworden, in der wir leben. Es gibt andere Ausdrücke dafür, wie z. B. den Schmetterlingseffekt, aber der ist aus verschiedenen Gründen unpassend. Lassen Sie es mich den ‚Titanic-Effekt' nennen und den Unterschied erklären.

Beim ‚Schmetterlingseffekt' führt eine kleine Aktion zu einer etwas größeren Aktion, die eine noch größere Aktion verursacht und so weiter, bis das Erdbeben Kalifornien zerstört. Offen gesagt ist das kompletter Unsinn. Der ‚Schmetterlingseffekt' ist ein Gedankenexperiment und außerhalb des Labors ohne jegliche Bedeutung. Ohne zu sehr auf die Details der System- und Chaostheorie einzugehen (und ich muss hier die Werke von Charles Perrow [3] erwähnen, der die Thematik hervorragend beschrieben hat), möchte ich nur einen Punkt betonen: Unsere Umgebung ist extrem fehlertolerant. Sie muss es sein, denn täglich schlagen viele Millionen Schmetterlinge mit ihren Flügeln und das machen sie seit vielen Millionen Jahren. Würde der Schmetterlingseffekt existieren, lebten wir in einer vollständig zerstörten Welt, in der bereits alle Katastrophen mehrfach eingetreten wären, die durch Schmetterlinge (und vergleichbare Faktoren) hätten verursacht werden können (Abb. 3.1).

Sehen wir uns ein paar Beispiele für fehlertolerante Systeme an: Die Wände eines typischen Gebäudes sind stark genug, um das Drei- bis Vierfache des Gewichts dieses Gebäudes zu tragen. Jeder Aufzug kann mehr als das Doppelte seines maximalen Lastgewichts tragen, und so weiter und so fort. Als Menschen wissen wir, dass Fehler passieren. Wir wollen nicht in einer Welt leben, in der ein einziger Fehler eine Katastrophe verursachen könnte. Folglich sind wir paranoid, wenn es darum geht, alles so zu konstruieren, dass es narrensicher ist. Das gilt besonders für wirklich gefährliche Geräte wie Flugzeuge, Züge und Kernkraftwerke.

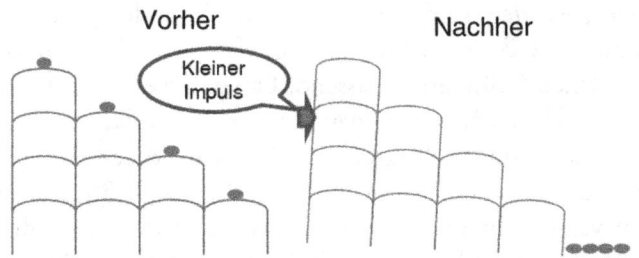

Abb. 3.1 Schmetterlingseffekt – Theorie

3 Die Stärken des Homo millennials 55

Unsere Gesellschaft macht da keinen Unterschied. Denken Sie nur an die Kontrollmechanismen, die im deutschen Grundgesetz und den Verfassungen so ziemlich aller westlichen Demokratien eingebaut sind. Es kommt immer das gleiche Prinzip zur Anwendung: eine Vielzahl fehlertoleranter Systeme sind nur lose miteinander verzahnt. Selbst wenn einzelne Subsysteme versagen, stabilisieren die weiterhin funktionierenden anderen Komponenten das Gesamtsystem (Abb. 3.2). Wenn Sie mir einen Fall nennen können, in dem der Schmetterlingseffekt tatsächlich eine Katastrophe verursacht hat, schicke ich Ihnen als Belohnung ein kostenloses Buch zu (ein Werk meiner Wahl versteht sich; leider keine Originalausgabe der Gutenberg-Bibel).

Um bei der Schmetterlingsanalogie zu bleiben: wir Menschen bemühen uns, unsere Welt so zu gestalten, dass sie aus einer riesigen Menge geschlossener Kartons besteht. Jede Box ist ein fehlertolerantes System mit einem oder mehreren Schmetterlingen darin. Die Schmetterlinge können den Deckel ihrer Kiste nicht öffnen. Folglich sind Schmetterlinge

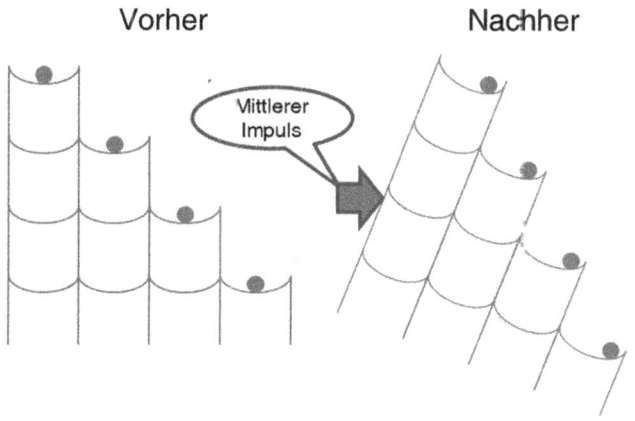

Abb. 3.2 Schmetterlingseffekt – Realität

nicht in der Lage, außerhalb ihrer unmittelbaren Umgebung für größere Aufregung zu sorgen.

Betrachten wir unser Beispiel der Abwertung des mexikanischen Pesos. War das kein Schmetterling? Nun, ich weiß nicht, wie es Ihnen geht, aber ich würde einen Fondsmanager, der mexikanische Anleihen im Wert von vielen Milliarden Euro verkauft, nicht als Schmetterling beschreiben. Eine Milliarde ist viel Geld, es reicht aus, um den Deckel zumindest einer Schachtel zu öffnen. Mit anderen Worten: Es ist ein Beispiel für den ‚Titanic-Effekt'.

Jeder kennt die traurige Geschichte der Titanic, die kurz vor Ausbruch des Ersten Weltkriegs unterging, was den Tod von 1500 Menschen zur Folge hatte. In den zahlreichen Verfilmungen geht es meist um den menschlichen Faktor, die individuellen Tragödien, die sich abspielten, während wir uns hier auf die Ursachen dieses Unfalls konzentrieren wollen. Wie Sie vielleicht wissen, kollidierte die Titanic im Nordatlantik während der Dunkelheit mit einem Eisberg. Fahrten im Dunkeln waren damals Routine und selbstverständlich war ein Ausguck positioniert, dessen einzige Aufgabe es war, vor Hindernissen zu warnen. Der Eisberg, kaum als Schmetterling zu bezeichnen, trieb weiter südlich als üblich, was regelmäßig vorkommt und für sich genommen keine Probleme hätte verursachen sollen. Entgegen der landläufigen Meinung fuhr das Schiff auch nicht zu schnell, um einen Geschwindigkeitsrekord – das Blaue Band – zu brechen. Die Titanic war brandneu, sie war sogar – ob Sie es glauben oder nicht – das sicherste bis dahin gebaute Schiff, und die Mannschaft war erfahren. Die Katastrophe hätte aus vielen Gründen vermieden werden können. Wie konnte sie dennoch eintreten?

- Hauptfaktor Eins, der die Katastrophe verursachte: Der Kapitän versuchte zu spät, das Schiff zu wenden, um die Kollision zu vermeiden, obwohl der Ausguck – wenn auch verspätet – Meldung gegeben hatte.

3 Die Stärken des Homo millennials 57

- Hauptfaktor Zwei: Es war ein verpfuschtes Manöver, da der Kapitän befohlen hatte, die Motoren zu stoppen, wodurch das Steuerruder seine Wirkung weitgehend verlor. Die Titanic wurde an ihrer Längsseite unter der Oberfläche aufgerissen, da sie dem Eisberg nicht ausweichen konnte.
- Hauptfaktor Drei: Die Idee, das Schiff zu wenden, war wahrscheinlich falsch, da der Bug des Schiffes viel robuster war als seine Seite. Einen Frontalzusammenstoß hätte die Titanic überstehen können.
- Hauptfaktor Vier: Der Schiffsrumpf war topmodern und bestand aus zwei Schichten, einem Doppelrumpf. Wenn die äußere Schicht beschädigt wurde, sollte die innere Schicht verhindern, dass Wasser das Schiff überflutete. Nicht nur das, der Rumpf hatte sogar Abteile: Wenn der Rumpf beschädigt wurde, würde nur der beschädigte Teil des Schiffs geflutet werden. Die restlichen Abteile des Rumpfes würden trocken bleiben und das Schiff könnte seine Reise fortsetzen. Leider riss der Eisberg beide Schichten auf und das Abteil war oben nicht geschlossen. Wenn genügend Wasser eindrang, füllte sich zuerst ein Abteil und sobald das Wasser dessen Oberkante überstieg, drang es in andere Abteile ein und flutete diese ebenfalls. Wir werden auf das Thema der oben geöffneten Abteile an einer anderen Stelle übrigens noch einmal zurückkommen.
- Hauptfaktor Fünf: Es waren 2300 Menschen an Bord, aber es gab nur Rettungsboote für 1178. Dies überstieg übrigens bereits die damaligen Sicherheitsvorschriften.
- Hauptfaktor Sechs: Der Kapitän wartete zu lange, um die Evakuierung anzuordnen, und nur Frauen und Kinder durften in die Boote einsteigen. Es dauerte sehr lange, die Passagiere nach Geschlecht zu trennen, da die Familien zusammenbleiben wollten und die Zeit knapp wurde. Folglich befanden sich beim Absenken der Boote nur 700 Personen in ihnen, obwohl sie Platz für 1178 Menschen boten.

Insgesamt ergibt sich das Bild eines unwahrscheinlichen, aber nicht unmöglichen Unfalls, der einem sehr fehlertoleranten System, der Titanic, zustieß. Die Kollision eines riesigen Schiffes mit einem ebenso riesigen Eisberg ist kaum mit dem Schlag eines Schmetterlingsflügels zu vergleichen. Es war ein gewaltiges Ereignis. Der Verlust von Menschenleben hätte jedoch vollständig vermieden oder zumindest sehr stark reduziert werden können, wenn nicht alle sechs Hauptfaktoren eingetreten wären. Diese Hauptfaktoren waren notwendige Voraussetzungen für das Gesamtausmaß der Tragödie. Der Titanic-Effekt kann als katastrophaler Impuls beschrieben werden, dessen Wirkung durch mehrere Hauptfaktoren verstärkt wird, von denen jeder für das Eintreten der Gesamtkatastrophe notwendig ist (Abb. 3.3).

Der Katastrophale Impuls bestand darin, dass der Eisberg weiter südlich als sonst trieb und zu spät im Dunkeln gesehen wurde. Hätte die Besatzung das Schiff schneller (Hauptfaktor Eins) oder mit laufendem Motor (Hauptfaktor Zwei) oder gar nicht (Hauptfaktor Drei) gedreht, wäre die Kollision entweder nicht eingetreten (Hauptfaktoren Eins und Zwei) oder hätte vermutlich nicht zu viel Schaden

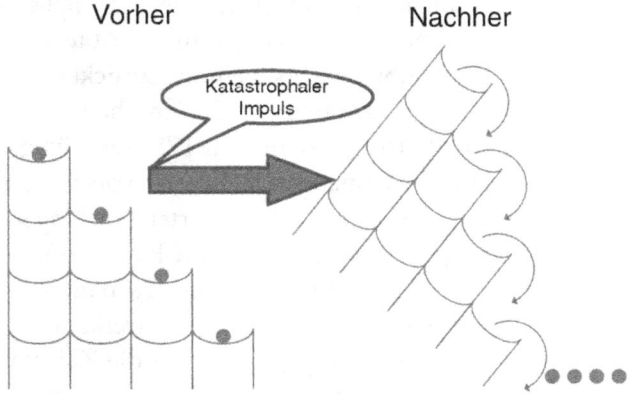

Abb. 3.3 Titanic-Effekt – Katastrophaler Impuls

verursacht (Hauptfaktor Drei). Wären die Abteile oben geschlossen gewesen, wäre das Schiff nicht geflutet worden (Hauptfaktor Vier). Wenn es genügend Rettungsboote gegeben hätte, hätten alle Passagiere und Besatzungsmitglieder überleben können (Hauptfaktor Fünf). Wenn die Evakuierung effizienter abgelaufen wäre, hätten 500 weitere Menschen gerettet werden können (Hauptfaktor Sechs). Die Hauptfaktoren Eins bis Fünf hätten jeder für sich die Katastrophe vollständig verhindern können; Hauptfaktor Sechs (eventuell auch Fünf, falls die Zeit zu knapp geworden wäre) hätte andernfalls die Auswirkungen reduziert.

Der Titanic-Effekt ist typisch für jede von Menschen verursachte Katastrophe (9/11, Three Miles Island, Fukujima, Tschernobyl, etc.). Es wäre jedoch ungerecht, zu behaupten, dass die Besatzung des Schiffes oder seine Ingenieure inkompetent gewesen seien. Die Titanic stellte den modernsten Stand der Technik ihrer Zeit dar; sie war eines der besten Schiffe, das bis dahin gebaut worden war (die anderen hatten in der Regel keine Rettungsboote, doppelte Hülle oder Rumpfabteile). Die Mannschaft war redlich bemüht, alle Frauen und Kinder zu retten (oft retteten andere Mannschaften zuerst sich selbst). Nur der Kapitän erhält in der Regel keine positiven Bewertungen.

Seien wir ehrlich: Der Homo sapiens dinosauris versteht zwar ziemlich gut, was in der Vergangenheit passiert ist und warum; aber er ist eine totale Niete im Vorhersagen der Zukunft. Wir können mit dem Titanic-Effekt schlichtweg nicht umgehen. Niemand war in der Lage, die Kette der Ereignisse vorherzusagen, die dazu führten, dass die Titanic unterging. Immer wieder ereignen sich ähnliche Katastrophen, weil wir nicht über die nötige Voraussicht verfügen.

Weil wir so schrecklich darin sind, den Titanic-Effekt intuitiv zu verstehen, bauen wir absurde Sicherheitsreserven ein. Stellen Sie sich einen Koch vor, der immer doppelt so viele Portionen wie im Mittelwert erforderlich sind vorbereitet und nie darüber nachdenkt, wie viele Gäste kommen werden. Dies führt zu enormen Kostensteigerungen und kaum einer Risikominderung (bei einer Hochzeit oder einem Feiertag reicht die doppelte Menge nicht aus). Unser Problem als Dinos besteht darin, dass wir nicht vorhersagen können, welche Faktoren zu einem echten Problem führen werden und welche nicht. Wir können die Hauptfaktoren nicht von allen anderen Faktoren unterscheiden.

Die Problematik steigert sich exponentiell, wenn es um den Betrieb gefährlicher, komplexer Geräte geht. Falls Sie die Hauptfaktoren des Fliegens nicht verstehen, d. h. was ein Flugzeug zum Absturz bringen kann, brauchen Sie für alles Ersatzkomponenten. Sie brauchen doppelt so viele Motoren, Tragflächen, Räder, Kraftstoffpumpen, Lichter, Computer, Radios, Piloten und so weiter. Wenn Sie wirklich auf der sicheren Seite sein wollen, werden Sie sogar dreimal so große Kapazitäten verwenden, wie für die grundlegende Bedienung erforderlich sind. Das Ergebnis ist ein teures Flugzeug mit geringer Nutzlast, da fast seine gesamte Transportkapazität für redundante Ausrüstung genutzt wird. Möglicherweise heben Sie mit einem supersicheren Flugzeug nicht einmal vom Boden ab, weil es zu schwer ist. Das Wissen um die wichtigsten Faktoren ermöglicht es Ihnen, sich auf die wahren Gefahren des Fliegens zu konzentrieren und ein viel effizienteres Flugzeug zu bauen.

Oder nehmen wir den Gesundheitssektor. Wir alle wollen so alt wie möglich werden und leben daher so gesund wie möglich. Zumindest behaupten wir das. In Wirklichkeit verhält sich der Homo sapiens dinosauris in Sachen Gesundheit völlig falsch. Wir geben Milliarden für Forschung aus, um Lebensmittelkomponenten zu eliminieren, die uns mit einer Gesamtwahrscheinlichkeit von weniger als 1 % krank machen, anstatt uns an leicht verständliche, kostenlose Konzepte zu halten, die unsere Gesundheit und Lebenserwartung zu über 80 % bestimmen, wie weniger

Essen, mehr Bewegung und keine Drogen (dazu gehören auch Alkohol, Koffein und Nikotin).

An der Universität lernen Studenten im ersten Jahr, wie eine ABC-Analyse durchzuführen ist. Wenn Sie Komponenten für Ihre Produktion kaufen, geben Sie 80 % Ihres Geldes für weniger als 10 % der erworbenen Artikel aus (z. B. Eisenerz und Kohle im Falle eines Stahlwerks). Das sind die A-Artikel. Sie geben 15 % Ihres Geldes für 15 % der Artikel (Schmierstoffe, Beleuchtungssysteme), die B-Artikel, aus. Die restlichen 5 % Ihres Geldes werden für den Kauf von 80 % Ihrer Artikel, Kleinigkeiten wie Büroklammern, Kaffeetassen und Geschirrspülmittel, ausgegeben: die C-Artikel.

Die Hauptfaktoren bei der Gesundheit sind die A-Artikel wie körperliche Betätigung und (über-)mäßiges Essen. Lebensmittelzusatzstoffe, die im Falle der unmäßigen Konsumation der Gesundheit unter bestimmten Umständen abträglich sein können, wie die beim Backen auftretenden Acrylamide, sind die C-Artikel unseres Lebens. Der Homo sapiens dinosauris hat eine bemerkenswerte Fähigkeit, von C-Artikeln besessen zu sein. Die Verunreinigung eines Fruchtjoghurts mit Spurenelementen von Spülmittel konkurriert mit der neuesten Liebesaffäre eines Reality-Soap Stars um Schlagzeilen. Unsere Fähigkeit zum Setzen von Prioritäten im Bereich Ernährung untertrifft die einer minderbegabten Laborratte.

Dabei sind Lebensgewohnheiten und deren Einfluss auf unsere Gesundheit sogar wirklich gut erforscht. Unser Problem ist nicht das intellektuelle Verständnis noch die Fähigkeit, die Konsequenzen unserer Handlungen vorherzusagen. Die mittlere Lebenserwartung eines fettsüchtigen, alkoholkranken Kettenrauchers, der bewegungslos in seiner Wohnung sitzt, ist ziemlich präzise abschätzbar. Unser Problem ist die praktische Umsetzung dieser Erkenntnisse.

Wenn wir bereits auf riesige Schwierigkeiten stoßen, gut verstandene Wirkungsprinzipien anzuwenden, wie steht es dann mit komplexeren Fragestellungen? Oft sind wir recht geschickt darin, die Auswirkungen einzelner Faktoren zu verstehen. Unser wahres Problem liegt in der Kombination dieser Elemente. Wir wissen überraschend wenig darüber, wie sich zum Beispiel mehrere Medikamente gegenseitig beeinflussen. Unser Gehirn ist zu limitiert in seinen Fähigkeiten, um mehrere Einflussgrößen problemlos zu kombinieren. Wir sind sehr gut im Verständnis der Auswirkungen einzelner Umstände auf vergangene Ereignisse, aber wir sind schrecklich in der Vorhersage der Auswirkungen mehrerer Faktoren auf zukünftige Ereignisse. Denken Sie nur an die im Kochtopf treibende Vase.

Was haben treibende Vasen mit Katastrophen wie dem Untergang der Titanic gemeinsam? Es ist die Kombination mehrerer scheinbar unzusammenhängender Ereignisse wie Konstruktionsdetails von Schiffsrümpfen und Prozeduren für Notfallmaßnahmen, die zusammen genommen Katastrophen verursachen. Für unsere Vorfahren in der Höhle hingen Leben und Tod in erster Linie von einzelnen Elementen ab, wie z. B. ob das Mammut oder sie selbst schneller laufen konnten. Heute sehen wir uns komplexen Systemen gegenüber, die nur gemeistert werden können, wenn wir multilateral denken. Kurz gesagt: Wir müssen verstehen, wie mehrere scheinbar unzusammenhängende Dinge zusammenwirken. Der Homo sapiens dinosauris plagt sich damit ab; der Homo millennial ist ein nativer multilateraler Denker. Der Homo sapiens dinosauris fällt regelmäßig dem Titanic-Effekt zum Opfer; der Homo millennial erfüllt die notwendigen Voraussetzungen, den Titanic-Effekt zu beherrschen.

Inzwischen haben wir verstanden, dass sich der Homo millennial durch mehrere besondere Fähigkeiten gegenüber dem Homo dinosauris auszeichnet, nämlich 1) *durch den Umgang mit mehreren großen Gruppen*, was ihm 2) hilft, sein *multilaterales Denken* zu verbessern. Dies sind die beiden offensichtlichsten Änderungen, aber keineswegs die einzigen. Im Alter von 6 Jahren sind viele Kinder heutzutage in der Lage, Fernseher, Spielkonsolen, Tablets und Smartphones zu benutzen. Zum Vergleich: Jedes einzelne dieser Geräte verfügt über mehr Rechenleistung als einem kompletten DAX-Großunternehmen im Jahr 1970 zur Verfügung standen. Selbst der ‚dumme' Fernseher hat beträchtlich aufgeholt und bei meinem letzten Kauf eines solchen Geräts war dessen Betriebssystem der ausschlaggebende Faktor für mich. Da heutige Kinder bereits sehr früh Zugang zu diesen Technologien haben, verbringen sie in der Regel erheblich mehr als 10.000 Stunden mit Computern und ähnlichen Geräten, bevor sie das Alter von 20 Jahren erreichen. Kurz gesagt: Sie können es fast nicht vermeiden, Technologieprofis zu werden. Infolgedessen können sie 3) *native Nutzer* fortgeschrittener Technologien werden. Das bedeutet nicht, dass frühere Generationen in ihrer Kindheit keinen Zugang zu Technologien hatten, aber es war die Ausnahme, nicht die Regel.

Jede Generation hat ein Vorbild, das ihre Zielvorstellungen dominiert. In den 1950er-Jahren waren gut angepasste, elegant gekleidete, erfolgreiche Angestellte modern, wobei sich eine Minderheit für den proletarisch rebellischen Marlon Brando mit Lederjacke entschied. In den späten 1960er-Jahren bis in die 1970er-Jahre hinein dominierten sensible, Hasch rauchende Stereotypen, gefolgt von Koks schnupfenden Yuppies, Heroin spritzendem Grunge und Pillen schluckenden bärtigen Beanies. Seit Beginn des neuen Jahrtausends hat ein neuer Stereotyp eine hervorragende Karriere in seiner Nische hingelegt. In der Vergangenheit verlacht, ist der mit den neuesten technologischen Spielzeugen bewaffnete Nerd zum modernen Helden geworden. Seit den spektakulären Erfolgen der von ihren Gründern geführten Startup-Technologieunternehmen in den 90ern, die mit den schlanken, extrovertierten Yuppies der 1980er-Jahre nichts gemeinsam hatten, sind introvertierte Technologiefreaks die neuen Ideale. Schlecht im Sport zu sein und nie eine Freundin oder gar einen Freund gehabt zu haben, ist für den männlichen Nachwuchs durchaus akzeptabel geworden, sofern dies mit hervorragenden Computerkenntnissen oder technologischen Fähigkeiten einhergeht. Wurden Computer bis in die 90er hinein für Mädchen als ungeeigneter Umgang angesehen, fanden sie in der Figur der Lisbeth Salander aus der Millennium-Trilogie ein neues Leitbild, das beim Hacken locker jeden Jungen aus dem Feld schlägt.

Was machen Kinder und Jugendliche mit diesen Geräten? Eine ihrer Lieblingsbeschäftigungen ist das Spielen von Videospielen, die oft der ‚Hit and Run'-Kategorie angehören. Im Gegensatz zu ihren Eltern, die früher stundenlang bewegungslos vor dem Fernseher saßen, werden die Homo millennials eher aktiv. Sie bewegen einen Controller, drücken eine Taste oder wischen den ganzen Tag auf dem Touchscreen herum, wenn ihre Eltern sie lassen. Als in den 80ern Videospiele in den Arkaden populär wurden, bemerkte Ronald Reagan, dass dies eine ausgezeichnete Ausbildung für Jagdflieger sei. Damals begrenzten Taschengeldbudgets die Anzahl der Stunden, die ein Kind in einer Spielhalle verbringen konnte. Heutzutage, da Smartphones und Tablets zu Discountpreisen erhältlich sind, ist Geld in der Regel kein limitierender Faktor mehr. Der Erfolg der meisten Spiele wird durch die Reaktionszeit des Spielers, gemessen in Millisekunden, bestimmt. Computermonitore, welche die Reaktionszeiten ihrer Nutzer um eine Hundertstelsekunde reduzieren, erzielen den dreifachen Preis eines etwas langsameren Monitors mit ansonsten gleichen Spezifikationen (als Vater kenne ich die Preisunterschiede aus eigener leidvoller Erfahrung). Erstaunlicherweise macht dies wirklich einen Unterschied, vergleichbar der Frage, ob der Verteidiger oder der Stürmer bei einem Fußballspiel einen 15-Meter-Sprint um 6 % schneller läuft als sein Gegner (entspricht einer Beschleunigung der Reaktionszeit von 16 auf 15 Hundertstel einer Sekunde). Der

3 Die Stärken des Homo millennials

resultierende Meter Vorsprung entscheidet über Torschuss oder erfolgreiche Abwehr. Infolgedessen sind 10.000 Stunden Reaktionstraining vor dem 20. Geburtstag zu einer realistischen Option geworden. Daraus resultiert die nächste Stärke des Homo millennials: 4) *Gewöhnung an schnelles Handeln*.

Die andere Lieblingsbeschäftigung der Homo millennials mit den mikroprozessorgesteuerten Geräten ist nicht unanständig, wie einige Leser vielleicht gedacht hätten, sondern sehr kommunikativ (zugegebenermaßen nicht unbedingt ein Widerspruch). Homo millennials lieben das Chatten mittels einer der immer zahlreicher werdenden Apps. Der Empfang von mehr als 500 Nachrichten täglich ist nicht mehr das Vorrecht eines VIPs, sondern beschreibt einen typischen Tag im Leben manches Schulkindes. Homo millennials sind ständig aktiv und mehr als bereit, jede einzelne ihrer Bewegungen und Äußerungen mit ihrem Publikum zu teilen. Das Konzept der Privatsphäre ist für sie entschieden veraltet und sehr ‚letztes Jahrtausend'.

Während sich ihre Eltern über die ‚Orwell'schen' Aktivitäten ihrer Arbeitgeber und der nationalen Sicherheitsdienste beschweren, lassen diese Fragestellungen die Homo millennials kalt. Privatsphäre ist für sie zu einem überflüssigen Luxus geworden, der leicht geopfert werden kann, wenn die Umstände – oder die App – es erfordern. Im Gegenteil, sie genießen es tatsächlich, ständig online zu sein, weil sie sich dadurch nicht alleine fühlen. Folglich sind sie besser als wir an unser modernes Umfeld angepasst, da sie eine emotionale Präferenz für 5) *ständige Online-Verbindung mit wenig Bedürfnis nach Privatsphäre* haben.

In diesem Kapitel haben Sie von den wirklich bemerkenswerten Veränderungen erfahren, die in den letzten 25 Jahren stattgefunden haben. Im nächsten werden wir uns auf Sie konzentrieren und Ihnen helfen zu verstehen, wie Ihre Fähigkeiten im Vergleich zu einem typischen Homo millennial abschneiden.

Zusammenfassung

Seit der Steinzeit ist es dem Homo sapiens dinosauris gelungen, durch seine außergewöhnlichen Fähigkeiten die Auswirkungen einzelner Faktoren auf unsere Umwelt zu analysieren. Wie der Untergang der Titanic gezeigt hat, ist dies nicht mehr ausreichend. Wir haben den Begriff ‚Titanic-Effekt' geprägt, der als katastrophaler Impuls beschrieben werden kann, dessen Wirkung durch mehrere Hauptfaktoren verstärkt wird, von denen jeder für das Eintreten der Gesamtkatastrophe notwendig ist. Wir müssen unsere derzeit beschränkten Fähigkeiten weiterentwickeln, um die Auswirkungen mehrerer Faktoren auf unsere Umwelt zu verstehen, falls wir die potenziell tödlichen Titanic-Effekte, denen wir regelmäßig ausgesetzt sind, zähmen wollen. Homo millennials sind weitaus besser als ihre Eltern darin, das Zusammenspiel mehrerer Faktoren zu verstehen. Diese Veränderung ist so gravierend, dass wir davon sprechen können, dass der Homo millennial eine neue Stufe der evolutionären Leiter erklommen hat. Der Homo millennial ist so viel besser an das moderne Leben angepasst, als wir es sind, dass das professionelle Aussterben des Homo sapiens dinosauris eine realistische Option ist. Insgesamt haben die Homo millennials fünf neue Qualitäten entwickelt, die sie vom Homo sapiens dinosauris unterscheiden. Sie zeichnen sich aus durch:

1) Umgang mit mehreren großen Gruppen
2) Multilaterales Denken.
3) Native Nutzung fortgeschrittener Technologien
4) Gewöhnung an schnelles Handeln
5) Wunsch nach ständiger Online-Verbindung mit wenig Bedürfnis nach Privatsphäre

Literatur

1. Allman, W.F. / Bosch, G.: Mammutjäger in der Metro: Wie das Erbe der Evolution unser Denken und Verhalten prägt; Spektrum Taschenbuch (23. März 1999). Gute Einführung in die Evolutionspsychologie.
2. Diamond, J. / Vogel, S.: Vermächtnis: Was wir von traditionellen Gesellschaften lernen können; Fischer (Oktober 2013). Vertiefende Analyse zu den Stärken und Schwächen sowie Wurzeln des Homo sapiens dinosauris.
3. Perrow, C. / Traube, K. / Rennert, U.: Normale Katastrophen: Die unvermeidbaren Risiken der Großtechnik; Campus (Juli 1992). Exzellente Analyse und die Grundlage des Titanic-Effektes.
4. Taleb, N. N. / Pross-Gill, I.: Der Schwarze Schwan: Die Macht höchst unwahrscheinlicher Ereignisse; Knaus (2. November 2015); Kaum vorstellbar, dass vor dem großen Crash noch niemand so ein Buch geschrieben hatte.
5. Tattersall, Ian: Masters of the Planet: The Search for Our Human Origins; St. Martin's Griffin Reprint edition (Mai 2013). Tattersall kombiniert wissenschaftliches Gewissen mit schriftstellerischen Fähigkeiten. Durch ihn verfiel ich der Paläoanthropologie, der Wissenschaft von der Abstammung und Entwicklung des Menschen.

4

Die Schwächen des Homo millennials

Im letzten Kapitel haben wir die Stärken des Homo millennials euphorisch gelobt. Ist er (oder sie) übermenschlich? Ich nehme an, Sie können meine Antwort erraten. Natürlich nicht. Homo millennials haben große Stärken im Vergleich zu ihren Vorfahren (damit sind Sie und ich gemeint), aber sie haben auch große Schwächen.

Das Thema Stärken und Schwächen ist aufgrund des Lebensalters der Homo millennials nicht abschließend zu beurteilen. Folgt man der engen Definition des Homo millennials (d. h. nach 2000 geboren), sind sie einfach zu jung, um die Berufswelt bereits geprägt zu haben. Die breitere Definition (d. h. nach 1990 geboren mit frühem Internetzugang) erfasst die Leistungen von Wunderkindern, aber kaum die von regulären Hochschulabsolventen. Während die Älteren unter ihnen bereits einen Job haben, hatten sie noch nicht genug Zeit, um die Karriereleiter zu erklimmen. Wenn wir die Missing Links, die zwischen 1982 und 1990 geborenen Millennials, mit einbeziehen, finden wir ausreichend Belege, da sie bereits über ein Jahrzehnt oder mehr im Erwerbsleben stehen. Daher werden wir uns in diesem Kapitel auf sie konzentrieren, basierend auf der (noch zu beweisenden) Annahme, dass die Arbeitseinstellungen der Homo millennials ihrem Beispiel folgen.

Ich erinnere mich gut, dass mein 1943 geborener Vater in seinen Fünfzigern mehrfach mir gegenüber die Furcht äußerte, beruflich von den ‚Wölfen' meiner Generation verdrängt zu werden, deren heißen Atem er im Rücken spürte. Es gelang ihm hervorragend, diesem Druck Stand zu halten, aber das ist ein anderes Thema. Derzeit bin ich im gleichen Alter wie er damals bei seinem Ausspruch war, aber ich verspüre diesen Atem nicht wirklich. Ich möchte nicht behaupten, dass die Millennials nicht ehrgeizig sein können, aber es ist atypisch. Bei den mitternächtlichen Bargesprächen kristallisierte sich heraus, dass nur wenige Mitglieder meiner Generation sich von den Millennials bedroht fühlen. Vielleicht sind wir alle blind und ignorieren die drohende Gefahr, aber letztlich entscheiden die Fakten. Ein Blick auf die Vorstandsgremien der Mittel- und Großunternehmen belegt eindeutig, dass sie weiterhin von den Über-40-jährigen dominiert werden, mit deutlicher Schlagseite in Richtung 50+.

Das klingt wie eine offensichtliche Tatsache des Lebens, aber das war nicht immer der Fall. Als der Kommunismus als herrschende Staatsideologie Osteuropas um 1990 abgelöst wurde, ging dies mit einem Generationswechsel in den Vorstandsetagen der Region einher. Die Vorstandsvorsitzenden der aufstrebenden Unternehmen, mit denen ich Mitte bis Ende der 90er-Jahre in Osteuropa zu tun hatte, waren in der Regel keine 30 Jahre alt. Die klassische osteuropäische Karriere bestand damals aus dem Dreiklang Schule – Harvard Universität – CEO. Die Jungmanager hatten als Einzige nicht für die Kommunisten gearbeitet und kannten die Spielregeln des amerikanischen Kapitalismus zumindest aus den MBA-Kursen.

4 Die Schwächen des Homo millenrials 71

Zur gleichen Zeit eroberte der Trend der Jugendlichkeit auch die USA und die großen westeuropäischen Volkswirtschaften wie England, Frankreich und Deutschland. Dotcoms waren angesagt und selten war eines ihrer Vorstandsmitglieder älter als 35 Jahre, das Alter der überwiegenden Mehrheit betrug weniger als 30 Jahre. Wir Jungspunde waren restlos überzeugt davon, dass jeder, der seinen 30. Geburtstag deutlich überschritten hatte, zur verlorenen Generation gehörte. Sie kapierten es nicht und waren reif für den Schrottplatz der Wirtschaftsgeschichte.

Für Segmente der modernen Geschäftswelt gilt das heute immer noch. Die Unternehmen des Silicon Valleys wurden häufig wegen mangelnder Diversität kritisiert und unternahmen bedeutende Anstrengungen zur Erhöhung der Diversität hinsichtlich Geschlecht und Hautfarbe. Die Altersvielfalt ist weiterhin nicht wirklich auf ihrem Radar. Während ich als Mitglied der diskriminierten Bevölkerungsgruppe das ungerne zugebe, könnten die Risikokapitalgeber zumindest tendenziell Recht haben. Avantgarde und Jugend sind in der Regel miteinander verbunden. Ich erinnere mich an einen Vorfall, als ich fünf Jahre lang in meinem damaligen Job war. Ein neue Mitarbeiterin begann für mich zu arbeiten und mehr als nur einmal ertappte ich mich dabei, ihre Verbesserungsvorschläge mit „Schon versucht; funktioniert nicht, weil …" zu beantworten. Als ich das zum dritten Mal sagte, wusste ich, dass es für mich an der Zeit war, meinen Job zu wechseln. Ich war die alte Garde geworden und sie repräsentierte die Zukunft. Es heißt, dass jede Generation dazu verdammt wäre, die Fehler der vorherigen Generation zu wiederholen. Was negativ klingt, ist in Wirklichkeit einer der wichtigsten Faktoren für den menschlichen Fortschritt. Ihren Eltern mag es nicht gelungen sein, ein bestimmtes Problem zu beheben, aber das heisst nicht, dass es dem Nachwuchs nicht gelingen könnte. Die Ratschläge der letzten Generation zu ignorieren, die ihren Nachkommen erklärt, warum die Dinge unabänderlich sind, ist die beste Strategie. Viele Probleme können von der nächsten Generation durchaus gelöst werden. Ohne dieses Selbstbewusstsein wären viele Entdeckungen und Erfindungen der Menschheitsgeschichte nicht möglich gewesen. Wie Jack Welch es einmal ausdrückte: „Ich hasse Geschichte".

Der Jugendkult des Silicon Valley spiegelt sich jedoch nicht in den Vorstandsetagen der Großunternehmen wider, die unsere Wirtschaft dominieren. Die überwiegende Mehrheit der Vorstandsvorsitzenden bekommt ihren Job, wenn sie Ende 40 sind und sie behalten eine Vorstandsposition bis Anfang 60. Das aktuelle Medianalter der CEOs bei Fortune 500 Unternehmen in den USA liegt laut Statistic Brain bei 55 Jahren. CEOs unter 45 Jahren sind die extreme Ausnahme und fast alle von ihnen waren die Gründer ihres Unternehmens und/oder haben einen Silicon Valley Hintergrund.

Die Homo millennials hatten bisher wenig Gelegenheit sich in der ersten Reihe zu positionieren. Am ehesten ist der Missing Link Homo millennial Mark Zuckerberg zu erwähnen, der das äußerst innovative Unternehmen Facebook gründete. Sergej Brin und Larry Page, die Gründer von Google, sind altersmäßig klassische Homo dinosauris. Die Wirkung der Homo millennials (nach 2000 geboren, sowie nach 1992 Gebürtige mit ungewöhnlich guten Startvoraussetzungen) aber auch der Missing Link Homo millennials (1982–1992 geboren) in der Unternehmenswelt ist ansonsten eher begrenzt. Warum ist das so?

Erstens ist es wirklich zu früh für eine fundierte Antwort. Die ersten echten Homo millennials beenden gerade ihre Schulausbildung. Für statistisch signifikante Daten müssen wir zurück bis zu der zwischen 1982 und 1990 geborenen Missing Link Generation gehen, und wir dürfen nicht vergessen, dass die meisten von ihnen keine nativen digitalen Nutzer sind.

4 Die Schwächen des Homo millennials

Warum wird meine Generation nicht von ihnen bedroht? Was fehlt ihnen, warum gibt es unter ihnen weniger Wölfe? Es gibt einen Begriff, der oft verwendet wird, um Homo millennials zu beschreiben, von dem ich in ihrem Alter nicht einmal gehört hatte: ‚Work-Life-Balance'. Den Lesern, die vor 1982 geboren wurden, möchte ich kurz erklären, wofür er steht. Work-Life-Balance bedeutet, dass Arbeit nicht alles ist und dass Sie daran interessiert sein könnten, Ihre Karriereambitionen zu reduzieren, um im Austausch Ihr Privatleben zu verbessern. Ich weiß, es klingt für uns unglaubwürdig, aber das ist es wirklich, worüber diese Jungs und Mädels reden.

Als ich ein Kind war und mich in meiner erweiterten Kernfamilie umsah, war das Leben einfach. Alle Männer hatten Jobs mit Hochschulabschluss und verdienten viel Geld. Sie verließen das Haus morgens und kehrten gerade noch rechtzeitig zurück, um ihren Kindern „Gute Nacht" zu sagen. Sobald das erledigt war, gingen sie in ihren Studienraum und beendeten ihre Arbeit. Danach sprachen sie mit ihren Frauen oder sahen fern. Ein- bis zweimal in der Woche gingen sie zu einem Clubtreffen der Rotarier oder des Lions Clubs (das behaupteten sie zumindest). Die Wochenenden standen ganz im Zeichen der familiären und sozialen Treffen. Die Kinder wurden in erster Linie von ihren Müttern erzogen, die nach dem Älterwerden der Kinder gar nicht oder bestenfalls in Teilzeit beschäftigt waren. Männer arbeiteten nie im Haushalt mit. Die Hauptaufgabe der Männer bestand darin, ein guter Versorger zu sein und ihren Job erfolgreich zu machen, während Frauen in erster Linie daran gemessen wurden, wie tüchtig sie ihren Haushalt führten.

Ich kann einige von Ihnen aufschreien hören, dass ich entweder der älteste lebende Mensch sein müsse und die Gesellschaft des 19. Jahrhunderts beschriebe oder Mitglied einer obskuren am Rand unserer Gesellschaft stehenden ethnischen oder religiösen Minderheit wäre. Ich muss sie enttäuschen, das war bis in die 80er des letzten(!) Jahrhunderts hinein eine ganz typische Erziehung der oberen Mittelklasse. ‚Erfolg' (Männer) und ‚Tüchtigkeit' (Frauen) waren die Kernindikatoren, um die Lebensleistungen eines Menschen zu bestimmen. Falls ein Mann den Wunsch geäußert hätte, seine beruflichen Verpflichtungen zu reduzieren, um mehr Zeit mit seinen Kindern zu verbringen, hätte jeder um ihn herum ihn insgeheim als ‚Verlierer' abgeschrieben, der den Anforderungen an Männer nicht gewachsen wäre. Vice versa waren Frauen, die mit kleinen Kindern voll berufstätig waren, obwohl der Ehemann genug Geld verdiente, ‚Rabenmütter'. Das Konzept der ‚Tüchtigkeit' inkludierte für Frauen zwangsläufig das zeitintensive Erziehen der Kinder, bis sie flügge wären. In einer Lebenskonzeption, die auf der primären Metrik von ‚Erfolg' oder ‚Tüchtigkeit' basierte, waren Abweichungen vom standardisierten Ideal inakzeptabel.

Der Vollständigkeit halber sei erwähnt, dass kulturelle Aktivitäten als Selbstverständlichkeit akzeptiert wurden. Das Erlernen des Spielens von Instrumenten war ein wesentlicher Bestandteil der Kindheit und viele Abende wurden mit Konzerten im Familienkreis verbracht. Aber niemandem wäre eingefallen, deswegen berufliche Verpflichtungen zu vernachlässigen. Die Prioritäten waren klar und wurden nie in Frage gestellt.

Als ich nach dem Studium eine Tätigkeit als Investmentbanker anfing, war es für mich daher völlig selbstverständlich, dass ich solange wie erforderlich arbeiten würde und noch etwas mehr, um Karriere zu machen. Wenn Sie Investmentbanker kennen, wissen Sie, dass diese am Anfang ihrer Laufbahn als Galeerensklaven gehalten werden und ihre Freizeit in Minuten gemessen wird. Meine Frau seufzte ein wenig, aber sie verstand es, denn ihr eigener familiärer Hintergrund war nicht anders als meiner. Männer arbeiten so lange wie nötig, um ihre Karriere voranzutreiben. So war das Leben eben. Wenn Sie mehr Stunden als Ihr Kollege investieren, sind Sie wettbewerbsfähiger, werden schneller befördert und verdienen mehr Geld, was Ihrer Familie zugutekommt. Und es funktionierte, denn genau das passierte in meinem Fall.

Springen wir zwanzig Jahre weiter und schauen uns die aktuelle Arbeitssituation an. Statistisch gesehen sind die Homo millennials spürbar intelligenter als meine Generation. Das Flynn-Prinzip – Sie erinnern sich? – besagt, dass der Intelligenzquotient der Menschheit in jedem Jahrzehnt um durchschnittlich 2–3 Punkte steigt. Wenn jemand 20 Jahre jünger ist als ich, sollte er oder sie daher im Durchschnitt etwa 5 IQ-Punkte mehr haben als Mitglieder meiner Generation.

Aber die Prioritäten der Generationen unterscheiden sich wesentlich voneinander. Die Karriere an die erste Stelle zu setzen, ist heutzutage keineswegs selbstverständlich. Vor zwanzig Jahren betonten Unternehmen auf Jobmessen das Karrierepotenzial, das sie jungen Absolventen böten. Mittlerweile ist die Vereinbarkeit von Beruf und Familie ein wichtiger Faktor bei der Arbeitssuche. Vor zwanzig Jahren war die vertragliche Vereinbarung einer 40-Stunden-Woche für Universitätsabsolventen eine Kuriosität, weil sie mit ziemlicher Sicherheit davon ausgehen konnten, länger zu arbeiten. Mittlerweile stellt sie zumeist die reale Obergrenze dar (bzw. je nach Jurisdiktion 38 Stunden oder weniger).

Man könnte sagen, dass ich altmodisch bin und von Absolventen erwarte, freiwillig mehr als 40 Stunden arbeiten zu wollen (weitaus mehr, um ehrlich zu sein, sofern es legal ist), und das bin ich vermutlich. Aber solange Großunternehmen von Dinosauriern mit ähnlichen Erwartungen geführt werden, ist der Wunsch nach einer 40-Stunden-Woche kein karrierefördernder Schritt.

Eine bessere Work-Life-Balance könnte ein großer Schritt für die persönliche Entwicklung des Arbeitnehmers sein und die emotionale Stabilität seiner Kinder fördern, aber seine Karriere wird dadurch definitiv nicht beschleunigt. Dem Klischee des Millennials zu widersprechen und mehr als 40 Stunden zu arbeiten, ist definitiv ein Vorteil, wenn es um Beförderungen geht. Das Training wichtiger Qualifikationen endet nicht im Alter von 20 Jahren. Im Gegenteil: da geht der Wettlauf erst richtig los.

Das Silicon Valley und die zunehmend steigende Anzahl der im Eigentum von Private Equity und Venture Capital Investoren stehenden Unternehmen in Europa stellen eine Ausnahme dar und scheinen als Druckventil für junge High Potentials ohne Bedürfnis nach Work-Life-Balance zu fungieren. Diese Jungs und Mädels wollen nicht mehr bei den großen Managementberatungen oder Investmentbanken arbeiten und schon gar nicht für ein DAX oder Fortune 500 Unternehmen. Sie gründen eigene Unternehmen oder schließen sich den zukünftigen Airbnbs und Ubers dieser Welt an. Dieser von Millennials dominierte Sektor hat noch weniger Verständnis für den Wunsch, weniger als 40 Stunden zu arbeiten. Die Work-Life-Balance wird so interpretiert, dass Ihr Leben Ihnen helfen sollte, Ihre Arbeitsbelastung auszugleichen, nicht umgekehrt. Die männlichen Verwandten meiner Kindheit würden sich in diesem Umfeld sehr wohl fühlen, dessen Paradigmen den Tagen des ‚Wirtschaftswunders' in vieler Hinsicht ähneln. Für die Frauen meiner Verwandtschaft wäre es hingegen ein Schock gewesen, zu sehen, dass das moderne Rollenbild der Frauen sich von dem der Männer nicht mehr unterscheidet.

Abgesehen davon, dass viele von ihnen nicht mehr als 40 Stunden arbeiten wollen, haben die Homo millennials andere Schwächen? Nur wenige. Was ihre Nerven betrifft, so können sie durchaus mit früheren Generationen konkurrieren. Vermutlich sind sie aufgrund ihres entspannten Lebensstils sogar etwas belastbarer als ihre Vorfahren.

4 Die Schwächen des Homo millennials

Kenntnisse? Sie verfügen wahrscheinlich nicht über mehr aktiv abrufbare Informationen als frühere Generationen, aber sie sind besser geschult im schnellen Finden von Cloud-Daten, die über das Internet verfügbar sind und ihren Wissensschatz exponentiell erweitern.

Internationaler Hintergrund? Die Welt liegt ihnen zu Füßen. Reisen sind billig geworden und internationale Erfahrungen leicht zu sammeln.

Soziale Kompetenz? Sie schlagen definitiv die meisten ihrer älteren Kollegen.

Ehrgeiz? Nun, das könnte ein Thema sein. Die meisten Millennials wachsen in vergleichsweise wohlhabenden Familien auf und haben keine Erfahrungen mit echter Armut gesammelt. Das bedeutet nicht, dass die Armut in unserer Gesellschaft beseitigt wurde, aber selbst Haushalte mit niedrigem Einkommen in Westeuropa und den meisten OECD-Ländern wie den USA, Kanada, Japan und Südkorea müssen sich in der Regel keine Sorgen um Obdachlosigkeit, Hunger, Zugang zu Kleidung und medizinischer Versorgung machen. Diese gesicherte Existenz für sich allein genommen muss Ehrgeiz noch nicht verunmöglichen. Elon Musk, der in eine bürgerliche Familie hineingeboren wurde, sagte einmal, dass er für eine Weile von 100 Dollar pro Monat gelebt hätte, um das Selbstvertrauen zu gewinnen, zu überleben, selbst wenn er Bankrott ginge. Während der 1971 geborene Musk definitiv kein Homo millennial ist, ist seine Logik auch auf diese anwendbar. Die empirische Realität spricht jedoch dagegen. Im Mittelwert scheinen Homo millennials eher risikoscheuer als ihre Vorgängergeneration zu sein.

Die Homo millennials vermitteln das Bild einer tief gespaltenen Generation. Auf der einen Seite finden wir eine kleine Anzahl hoch motivierter Menschen, die ihre Stärken als Homo millennials voll ausspielen. Ihr Ziel im Leben ist es, ihre Stärken zu nutzen, um die größtmögliche Wirkung zu erzielen und damit die Welt zu verändern. Die überwiegende Mehrheit der ähnlich begabten Menschen scheint sich jedoch für die Vereinbarkeit von Beruf und Familie zu entscheiden und versucht, den für einen ausreichend komfortablen Lebensstil erforderlichen zeitlichen Aufwand zu minimieren.

Zusammenfassung

Die Vertreter des Homo millennial sind meist noch zu jung, um ihre Schwächen erschöpfend zu analysieren. Betrachtet man ihre engsten Verwandten, die Missing Link Homo millennials, die zwischen 1982 und 1990 geboren wurden, so lassen sich einige Schwachstellen erkennen:

Work-Life-Balance: Sie arbeiten, um zu leben, im Gegensatz zu ihren Eltern, die arbeiteten, um zu leben.
Ehrgeiz & Risikofreude: Sie scheinen ihr Leben zumeist lieber gemütlich und risikofrei zu gestalten.
Karrierepotenzial: Sie haben noch keine ungewöhnlich starken Karrierefortschritte gezeigt.

Es ist möglich, dass Abwehrmaßnahmen älterer Generationen von Führungskräften, die sich an ihre Macht klammern, die Homo millennials am Erklimmen der Konzernhierarchien hindern. Wahrscheinlicher ist jedoch, dass die begabtesten Millennials beschlossen haben, die Karriereleiter der Großunternehmen zu ignorieren und sich stattdessen auf die Gründung und den Betrieb revolutionärer Startups wie Uber und Airbnb konzentrieren. Die überwiegende Mehrheit der Homo millennials scheint jedoch zu versuchen, den Arbeitsaufwand zu minimieren, der erforderlich ist, um ihre Work-Life-Balance zu genießen.

Angesichts der bemerkenswerten Fähigkeiten der Homo millennials wird es interessant sein, die Entwicklungen der nächsten Jahre zu beobachten. Die nach 1990 geborenen Homo-Millennials werden beginnen, Familien zu haben und könnten sich für einen sicheren Karriereweg entscheiden und schließlich doch noch am Karriererennen innerhalb der Großunternehmen teilnehmen. Es ist allerdings auch möglich, dass sie das nicht tun werden, da die von Homo millennials gegründeten revolutionären Startups die etablierten Unternehmen bis dahin verdrängt haben könnten. Mehr dazu im zweiten Teil des Buches.

Literatur

1. Lewis, M.: The new new thing: a Silicon Valley Story; W. W. Norton & Company First edition (Oktober 1999). Schilderung der dot.com Blase aus der Perspektive einer Venture Capital Firma.
2. Stross, R. E.: eBoys: The First Inside Account of Venture Capitalists at Work; Crown Business 1 edition (23 Mai 2000). Liest sich etwas wie eine PR-Publikation aber vermittelt ein detailliertes, wenn auch geschöntes Bild der Venture Capitalisten im Silicon Valley.

5

Wie hoch ist Ihr Dinosaurier-Quotient?

Nachdem Sie die vorherigen Kapitel gelesen haben, könnten Sie denken, dass wir Dinosaurier komplette Versager wären. Während Bescheidenheit als Tugend angesehen wird, ist sie nicht immer angemessen (noch fördert sie unseren Erfolg, aber das ist ein anderes Thema). Bevor wir anfangen, voller Scham Asche auf unsere Häupter zu werfen, sollten wir kurz über eine Tatsache nachdenken: Wir sind bei weitem die erfolgreichste Spezies, die je auf der Erde gelebt hat. In den 15 Milliarden Jahren seit dem Urknall hat keine andere Lebensform eine vergleichbare Kontrolle über unseren Planeten übernommen, wie wir Homo sapiens dinosauris es tun. Das ist trotz der sichtbaren Kinderkrankheiten eine bemerkenswerte Leistung, und ich werde zu einem späteren Zeitpunkt darauf genauer zurückkommen.

In diesem Kapitel wollen wir uns auf die Fähigkeiten konzentrieren, die es uns als Spezies und Ihnen als Individuum ermöglicht haben, diese Erfolge zu erzielen. Als Spezies haben wir gelernt, ausgeklügelte Werkzeuge zu bauen und zu benutzen, so wie Sie gelernt haben, mit einem Computer umzugehen und Auto zu fahren. Der Homo sapiens dinosauris ist ein Meister seines Fachs hinsichtlich *1) Funktions- und Branchenwissen*. In Ihrem Berufsleben wissen Sie genau, welche Schrauben brechen können, welche Bilanzpositionen zweifelhaft aussehen oder welche Krankheit die Symptome Ihres Patienten verursachen kann und wie man sie behandelt.

Wir sind soziale Geschöpfe und das Wissen um die Natur der Dinge ist nur ein Teil der Gleichung. Wenn Sie erfolgreich sein wollen, und wir alle sind die meiste Zeit erfolgreich, müssen Sie in der Lage sein, Ihre Erkenntnisse in praktisches Handeln umzusetzen. Dies erfordert, dass Sie sich mit vielen Leuten auseinandersetzen müssen und einigen von ihnen Befehle erteilen. Um diese Macht optimal zu nutzen, benötigen Sie *2) Managementfähigkeiten*, um Ressourcen richtig zu verteilen und zu steuern. Ohne sie hätten Sie Ihre jetzige Position nicht erreicht.

Hierarchien bilden lediglich für einen kleinen Teil Ihrer Beziehungen die Grundlage. Heutzutage stellen Befehle die Ausnahme dar. Das Überzeugen von Menschen und das Verhandeln von für beide Seiten akzeptablen Lösungen sind zunehmend die wichtigsten Hebel, um Ergebnisse zu erzielen. Egal ob Sie mit Ihren Kollegen, Mitarbeitern, Vorgesetzten oder externen Interessensgruppen zu tun haben, Sie benötigen *3) Politische Fähigkeiten*.

Im Laufe unserer Geschichte konnte der Homo sapiens dinosauris seine spektakulären Erfolge durch Spitzenleistungen in diesen drei Bereichen erzielen:

1) *Funktions- und Branchenwissen*
2) *Managementfähigkeiten*
3) *Politische Fähigkeiten*

Ihre persönliche Fähigkeit, die Leiter zur Spitze der Nahrungskette des Homo sapiens dinosauris zu erklimmen, ohne reich, schnell oder schön geboren zu sein, ist ein direktes Ergebnis Ihres Stärkenprofils in diesen drei Dimensionen. Natürlich haben wir alle von Menschen gehört, die schlichtweg Glück hatten, wie z. B. den richtigen Lotterieschein gekauft oder einen (zukünftigen) Milliardär geheiratet zu haben. Aber Hand aufs Herz: Wie viele Menschen in Ihrem persönlichen Umfeld wurden durch reines Glück reich?

Eine weitere Überlegung könnte sein, dass Menschen durch Verbrechen reich werden. Jeder kann erfolgreich sein, wenn er als Krimineller wirklich rücksichtslos ist, behaupten viele. Sie werden überrascht sein, wenn Sie an luxuriöse Villen à la Pablo Escobar denken. Zahlreiche Belege (u. a. die hervorragenden Arbeiten von Peter Reuter [3], Steven Levitt und Stephen Dubner [1]) zeigen, dass sich die Mehrheit der Drogendealer keine eigene Wohnung leisten kann und weiterhin bei ihrer Mutter lebt. Diese Kriminellen operieren illegal, weil sie mehr Geld verdienen als ihre rechtmäßig angestellten oder arbeitslosen Altersgenossen vergleichbaren sozialen Hintergrunds, die über ebenso wenig formale Qualifikationen verfügen. Es ist lukrativer, tausend Euro pro Monat zu verdienen als Hartz IV (Sozialhilfe) zu beziehen, auch wenn es zu regelmäßigen Einkommensunterbrechungen in Form von Inhaftierungen kommt (die materiell keine substanzielle Verschlechterung gegenüber Hartz IV darstellen). Im Berufsleben nehmen es etliche Manager mit den Vorschriften nicht so genau, aber nur sehr wenige begehen Verbrechen, auf die eine Gefängnisstrafe steht. Im Falle einer Verurteilung ist der Verdienstausfall durch den Gefängnisaufenthalt für einen Manager das geringere Problem. Viel schwerer wiegt der enorme Einnahmenausfall danach, denn nur wenige Unternehmen engagieren als Verbrecher verurteilte und inhaftierte Manager. Für Manager ist der Erwartungswert des Einkommens aus kriminellen Aktivitäten im Regelfall eher negativ, was sie zumeist brav auf dem Pfad der Tugend oder zumindest der Legalität hält.

Sofern Sie kein Vermögen, außergewöhnliches Aussehen oder herausragendes Talent geerbt haben, steht Ihr Erfolg wahrscheinlich in direktem Zusammenhang mit *1) Funktions- und Branchenwissen, 2) Managementfähigkeiten* und *3) Politischen Fähigkeiten*. Für diese Erkenntnis müssen Sie nicht Einstein heißen; angehende Schwiegermütter suchen seit Generationen nach diesen Eigenschaften bei ihren Schwiegersöhnen in spe (und mittlerweile auch bei Schwiegertöchtern). Wie kann man die Ausprägung dieser Dimensionen messen?

Funktions- und Branchenkenntnisse sind wahrscheinlich am einfachsten zu quantifizieren. Formale Bildung gibt es seit mehr als 2000 Jahren. Das Konzept hat sich in nahezu allen Berufen bewährt. Heutzutage nennen wir es Schule, Lehre und Universität und man kann Abschlüsse machen. Ein Master verfügt über mehr funktionales Wissen als ein Bachelor, aber weniger als ein Doktor. Wenn Sie in einen Beruf einsteigen, müssen Sie möglicherweise einen beruflichen Abschluss erwerben, wie einen CPA oder eine Anwaltszulassung. Weltweit wird das Niveau der Ausbildung mittels der (Standard-)Zeit gemessen, die für das Erwerben des betreffenden Abschlusses erforderlich ist. In den meisten Ländern sind acht oder neun Jahre Schulbildung das gesetzliche Minimum. Der Erwerb einer sehr spezialisierten beruflichen Qualifikation, wie z. B. als Neurochirurg, kann 20 Jahre und länger dauern (vom Beginn der Schulausbildung an).

Der zweite Indikator, der das Branchenwissen misst, ist die Zeit, die Sie in einer Branche gearbeitet haben. Die Lernkurve neigt dazu, sich nach einiger Zeit zu verflachen, aber es gibt einen klaren Zusammenhang zwischen Zeit und Wissen.

5 Wie hoch ist Ihr Dinosaurier-Quotient?

Daraus resultieren zwei Fragen, um das Funktions- und Branchenwissen zu ermitteln:

a) Wie viele Jahre formaler Ausbildung haben Sie absolviert, einschließlich Schule, Fachhochschule, Universität, Praktika und Berufsausbildung (verwenden Sie bitte die Mindeststudienzeit, nicht die tatsächlich verbrachte Zeit)? Bitte multiplizieren Sie diese Zahl mit 2 (maximales Ergebnis = 40).
b) Wie viele Jahre haben Sie in Ihrer heutigen Branche gearbeitet (Maximales Ergebnis = 10)?

Bitte addieren Sie die Ergebnisse von a) und b), was Ihren Faktor W_{issen} für ‚Funktions- und BranchenWissen' ergibt.

*Formale Ausbildungsjahre * 2 + Branchenjahre*
= Faktor W_{issen}

[   ] * 2 + [   ] = [   ]

Zur Überprüfung: Falls W größer als 50 oder kleiner als 0 ist, liegt ein Fehler vor, wiederholen Sie die Rechnung bitte. Der Wert für a) darf 40 nicht überschreiten und der Wert für b) muss eine Zahl von 0 bis 10 sein.

Wenn Sie das noch bequemer ermitteln wollen, gehen Sie bitte zu meiner Website martin-fritsch.com, auf der Sie ein einfaches Tool finden, dass Ihnen die Berechnung abnimmt. Heutzutage werden politische und Managementfähigkeiten immer mehr miteinander verflochten, deshalb kombinieren wir sie zu einem Faktor $F_{ähigkeiten}$ für ‚Management- und politische Fähigkeiten'. Wenn Sie ein Rennauto wären, wäre Faktor W_{issen} Ihr Motor und Faktor $F_{ähigkeiten}$ Ihr Fahrkönnen. Wenn Sie kein Fach- oder Branchenwissen haben, werden Sie in der heutigen Welt nur schwer erfolgreich sein. Der typische Kommentar vieler Selfmade-

Menschen ohne formale Qualifikation (oft Nachkriegskarrieren oder Karrieren in neuen Branchen) lautet, dass sie heutzutage niemanden mit ihrem eigenen Hintergrund einstellen würden. Allerdings wäre Ihre Karriere stark beeinträchtigt, wenn Sie zwar über ein großes Maß an Wissen verfügten, aber ein schrecklicher Manager und völlig undiplomatisch wären. Höchstwahrscheinlich wären Sie auf eine Karriere als Experte beschränkt, möglicherweise in einem Hinterzimmer ohne Kundenkontakt.

Wie können Sie objektiv messen, ob Sie ein Experte oder ein Manager sind? Um die Subjektivität der Selbsteinschätzung zu beseitigen, überprüfen Sie bitte Ihren Zeitplan für die letzten zwei Wochen. Wie viel Zeit haben Sie damit verbracht, mit Leuten zu reden, die an Sie berichten? Wie viel Zeit haben Sie mit allen anderen beruflichen Aufgaben verbracht, ausgenommen Verhandlungen und Kontaktpflege mit bedeutenden Personen und Interessengruppen, die Ihnen nicht unterstellt sind. Die Zeit, die Sie mit den Ihnen unterstellten Personen verbringen, um Ihnen Anweisungen zu geben oder Entscheidungen zu treffen, ist ‚Managementzeit', die Zeit, die Sie für Verhandlungen und Networking aufwenden, ist ‚Politische Zeit', alle anderen beruflichen Aufgaben sind ‚Expertenzeit'.

Wenn Sie die Summe aus Managementzeit plus Politischer Zeit nehmen und durch die gesamte gemessene Zeit (Management plus Politische plus Expertenzeit) teilen und das Ergebnis mit 50 multiplizieren, erhalten Sie Ihren Faktor $F_{ähigkeiten}$.

$$\frac{Management\ Zeit + Politische\ Zeit}{(Management\ Zeit + Politische\ Zeit + Expertenzeit)} * 50$$
$$= Faktor\ \boldsymbol{F}_{ähigkeiten}$$

5 Wie hoch ist Ihr Dinosaurier-Quotient?

$$\frac{[] + []}{([] + [] + [])} * 50 = []$$

Zur Überprüfung: Wenn F größer als 50 oder kleiner als 0 ist, wiederholen Sie die Berechnung bitte.

Sie haben vielleicht bemerkt, dass wir eine entscheidende Frage nicht behandelt haben: Wie gut sind Sie in diesen Fähigkeiten? Wenn Sie seit 30 Jahren als Rechtsanwalt tätig sind und immer noch als unterbezahlter Praktikant eines Hinterhofanwalts in einem Kuhdorf arbeiten, entsteht der Verdacht, dass Ihre beruflichen Fähigkeiten hinter denen eines millionenschweren Juristen in den 30ern zurückbleiben könnten. Deshalb müssen wir auch den beruflichen Erfolg messen. Denn der Schlüsselfaktor, der den Homo sapiens dinosauris von anderen Lebewesen unterscheidet, ist seine Fähigkeit, Erfolge bei der Kontrolle seiner Umwelt zu erzielen. In anderen Kulturen mögen andere Kennzahlen angemessen sein, aber in unserer Kultur sollten wir uns auf finanzielle Erträge konzentrieren. Man kann argumentieren, dass herausragende Wissenschaftler sehr erfolgreich sind, aber nicht viel Geld verdienen. Nun, das klingt sehr nach dem letzten Jahrtausend. Heutzutage bekommt jeder gute Wissenschaftler Anteile an heißen Startups geschenkt, um sie als Mitglied des Beirats zu gewinnen, und der Nobelpreis bringt mehr als eine Million Dollar ein. Erfolgreiche Künstler leben in luxuriösen Villen und Topmodels gründen Modeimperien. Wir alle lasen über den exzentrischen, genialen Mathematiker, der sich nicht die Mühe machte, aufzutauchen, um seinen Millionenpreis entgegenzunehmen (wahre Geschichte), aber er ist die krasse Ausnahme. Erfolg wird in der Regel monetarisiert und deshalb ist Geld in der heutigen Gesellschaft die beste Metrik für Erfolg.

Wie erfolgreich sind Sie? Wenn Sie Thomas Pikettys „Das Kapital im 21. Jahrhundert" [2] lesen, können Sie diese Frage beantworten. Piketty zeigt, dass Vermögen sowohl von Erbschaften als auch vom persönlichen Einkommen (wenn auch eher von letzterem) bestimmt wird. Um das Glückselement des Erbens zu eliminieren, wollen wir uns daher auf das Durchschnittseinkommen der letzten drei Jahre konzentrieren. Wie viele Prozent der Bevölkerung in Ihrem Land verdienten weniger als Sie? Angenommen, Sie gehören zu den Top-2 % der Einkommensbeziehern in Ihrem Land, dann verdienen 98 % der Bevölkerung weniger als Sie. Um Ihren Faktor $E_{inkommen}$ zu berechnen, müssen Sie nur das Ergebnis von 98 % (= Prozentsatz der Personen in Ihrem Land, die weniger verdienen als Sie) mit 50 multiplizieren, was in unserem Beispiel 49 ergibt. In diesem Fall betrüge Ihr Faktor $E_{inkommen}$ 49. Wenn Ihr Einkommen genau durchschnittlich ist, d. h. die eine Hälfte der Bevölkerung in Ihrem Land weniger, die andere Hälfte mehr als Sie verdient, dann verdienen 50 % der Bevölkerung weniger als Sie. 50 % mal 50 macht 25; Ihr Faktor $E_{inkommen}$ wäre 25. Woher wissen Sie, wie viele Leute mehr Geld verdienen als Sie? Googlen Sie ‚Einkommensverteilung [Ihr Land]' und Sie werden schnell die Antwort erhalten. Alternativ hilft Ihnen die Grafik mit Daten des Bruttoeinkommens für Deutschland, und Österreich (Abb. 5.1).

Daraus lässt sich leicht der Faktor Einkommen berechnen, indem Sie folgende Formel anwenden[1]:

*Prozentsatz der Bevölkerung mit einem niedrigeren Einkommen * 50 = Faktor $E_{inkommen}$*

---

[1] Für Deutschland findet sich ein praktischer Rechner unter https://www.einkommensverteilung.eu/deutschland/

5 Wie hoch ist Ihr Dinosaurier-Quotient?

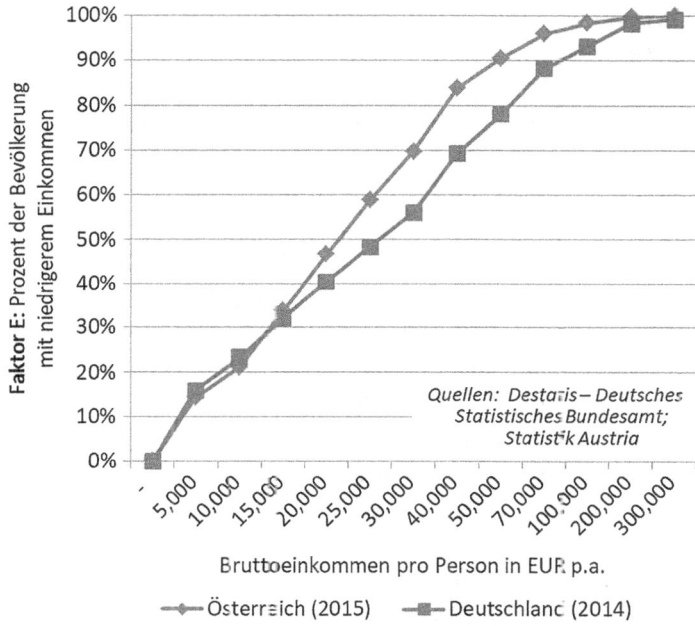

Abb. 5.1 Bruttoeinkommen pro Person in Österreich und Deutschland Quelle: Destatis, Statistik Austria, eigene Berechnungen

$$[\qquad] * 50 = [\qquad]$$

Zur Überprüfung: Falls Ihr Faktor $E_{inkommen}$ größer als 50 oder kleiner als 0 ist, wiederholen Sie die Rechnung bitte.

Jetzt haben Sie alle relevanten Faktoren ermittelt und können Ihren Dinosaurierquotienten (**DQ**) berechnen.

$$\textit{Faktor } \mathbf{W}_{issen} + \textit{Faktor } \mathbf{F}_{ähigkeiten} + \textit{Faktor } \mathbf{E}_{inkommen} = \mathbf{DQ}$$

$$[\qquad] + [\qquad] + [\qquad] = [\qquad]$$

Schneller Check: Wenn DQ größer als 150 oder kleiner als 0 ist, wiederholen Sie bitte die Rechnung (oder ändern Sie Ihren

Karriereweg). Noch einmal zur Erinnerung: Ein kostenloses Tool zur Berechnung des DQ finden Sie auf meiner Website martin-fritsch.com.

Was bedeutet Ihr DQ-Wert? Ist es schlecht, einen hohen DQ zu haben? Sollten Sie sich schämen, ein extremer Dinosaurier zu sein, und ist es nur eine Frage von Tagen, bis die Homo millennials Ihren Job übernehmen? Interessanterweise ist die richtige Antwort das genaue Gegenteil zu dieser Annahme. Ein hoher DQ belegt, dass Sie extrem gut in dem sind, was Sie machen. Das macht Sie zu einer schwer zu knackenden Nuss. Schließlich kennen Sie Ihren Job in- und auswendig, verfügen über eine starke Umsetzungskompetenz und verdienen ein hohes Einkommen. Kurz gesagt: Sie sind höchst erfolgreich! Es wird nicht einfach für einen Homo millennial werden, Sie zu ersetzen.

Sollten Sie jedoch über keine formalen Qualifikationen verfügen, keine Führungsverantwortung ausüben und ein geringes Einkommen verdienen, ist Ihre berufliche Existenz bereits jetzt akut gefährdet. Sie könnten leicht Opfer eines Automatisierungsprojekts oder einer Auslagerung Ihres Tätigkeitsbereiches werden. Ihre berufliche Existenz ist durch Homo millennials und Homo sapiens dinosauris gleichermaßen extrem gefährdet.

DQ 0–25: Homo millennial Spion oder Karriereveränderer

Mit einem sehr niedrigen DQ unter 25 sind Sie wahrscheinlich gar kein Homo sapiens dinosauris, sondern ein Homo millennial, der neugierig ist, zu sehen, was die Dinos lesen. Sie sind noch in der Schule oder Universität und deshalb ist Ihr Einkommen sehr niedrig. Aufgrund Ihrer begrenzten Berufserfahrung hatten Sie nur wenige

Möglichkeiten, Ihre Führungskompetenz zu trainieren. In Anbetracht Ihres Alters besteht kein Grund zur Beunruhigung. Beenden Sie Ihre Ausbildung und führen Sie diesen Test drei Jahre nach Ihrem Eintritt ins Berufsleben erneut durch.

Wenn Sie über 35 Jahre alt sind und Ihr DQ unter 25 liegt, haben Sie sicherlich eine Herausforderung vor sich. Die Tatsache, dass Sie dieses Buch gelesen haben, deutet darauf hin, dass Sie über intellektuelle Fähigkeiten verfügen, die erheblich über Ihrem DQ liegen. Leider haben Sie nicht genügend Erfahrung in Ihrem aktuellen Job und verdienen auch nicht viel Geld. Möglicherweise haben Sie kürzlich den Job gewechselt. Angesichts Ihrer mangelnden professionellen Expertise werden Sie sicherlich sowohl auf die Homo millennials als auch auf die Homo sapiens dinosauris achten müssen, da Ihre derzeitige berufliche Existenz stark gefährdet ist. Für die Planung Ihrer zukünftigen Karriere sollten Sie sich professionell beraten lassen.

Beispiele: Student; Job Hopper.

DQ 25–50: Stille Mehrheit

Sie haben eine begrenzte formale Ausbildung, vielleicht ein wenig Führungsverantwortung und Ihr Einkommen ist niedrig, aber vermutlich gerade ausreichend. Während Homo sapiens dinosauris mit einem DQ unter 25 selten sind, verfügt eine größere Gruppe von ihnen über einen DQ zwischen 25 und 50. Leider sind Sie wahrscheinlich die erste Zielscheibe der Aktivitäten der Homo millennials. Jedes Mal, wenn die bestehenden Prozesse optimiert werden, ist Ihr Job in Gefahr. Die derzeit laufenden Digitalisierungsinitiativen zielen primär auf die Eliminierung Ihrer Tätigkeiten ab. Eine Erhöhung Ihrer Managementverant-

wortung ist der einfachste Weg, Ihren DQ zu verbessern und Ihre Tätigkeit weniger ersetzbar zu machen.
Beispiele: ungelernte und angelernte Berufe.

DQ 50–75: Erfolgreiche(r) Fachmann/-frau

Sie sind ein anerkannter Experte in Ihrem Beruf, Ihre formale Ausbildung geht über die gesetzlichen Mindestanforderungen hinaus und Ihr Einkommen ist durchschnittlich oder etwas besser. Erinnern Sie sich an Klara Reinsweger, die ausstehende Forderungen eintrieb? Sie hat einen DQ in den hohen 50ern. Für die nächsten drei bis fünf Jahre ist Ihr Arbeitsplatz vermutlich sicher, es sei denn, Ihr Arbeitgeber wäre bereits jetzt dabei, das Unternehmen radikal zu optimieren. In Zukunft wird der mit der Digitalisierung einhergehende technologische Wandel Ihre jetzige Aufgabe ernsthaft bedrohen (mehr dazu im zweiten Teil des Buches). Halten Sie Ausschau nach Entwicklungsmöglichkeiten und versuchen Sie, einen Plan B bereit zu halten.
Beispiele: die meisten Fachberufe ohne Hochschulabschluss; frischgebackene Hochschulabsolventen.

DQ 75–100: Typischer Uni-Absolvent

Sie haben eine Hochschule besucht, werden respektiert und üben eine gewisse Managementverantwortung aus. Ihr Einkommen ist höher als das der meisten Menschen in Ihrem Land. Während Sie immer vorsichtig bleiben sollten, ist es unwahrscheinlich, dass Sie in naher Zukunft in Gefahr sind. Ihre Fähigkeiten haben es Ihnen ermöglicht, in vielen Bereichen überdurchschnittliche Erfolge zu erzielen, und das sollte Sie vor der ersten Welle von Angriffe durch die Homo millennials schützen. Im Gegenteil: Falls Sie Ihre Karten klug spielen, könnten Sie von den tektonischen Veränderungen in der Weltwirtschaft profitieren.

Beispiele: Führungskräfte der unteren Ebene, die meisten Anwälte und Inhaber von Kleinunternehmen.

DQ 100–125: Überflieger

Sie sind sehr gut in Ihrem Job, erzielen ein Spitzeneinkommen und haben nach einer langen akademischen Ausbildung auch viel Erfahrung in Ihrer Branche gesammelt. In Ihrem Unternehmen gelten Sie als eine Kraft, mit der man rechnen muss und Sie leiten ein großes Team. Es wird lange dauern, bis die Homo millennials in der Lage sein werden, Ihren Fähigkeiten Paroli zu bieten. Während Sie die Auswirkungen der durch die Homo millennials verursachten Veränderungen aktiv beobachten müssen, besteht keine Notwendigkeit, sich persönlich bedroht zu fühlen. Im zweiten Teil des Buches bereiten wir Sie auf diese Aufgabe genauer vor. Sollten Sie dennoch entlassen werden, dürften Sie wahrscheinlich kein Problem haben, eine neue Stelle zu finden, die Ihrer Expertise entspricht.

Beispiel: Mittleres Management.

DQ 125–150: Master of the Universe

Sie verfügen nicht nur über einen Postgraduate Abschluss, sondern verbringen fast Ihre ganze Zeit damit, eine große Anzahl von Mitarbeitern zu leiten und ein sehr hohes Einkommen zu erzielen. Herzlichen Glückwunsch, Sie haben es wirklich geschafft! Allerdings ist gerade in Anbetracht

Ihrer Erfolge Überheblichkeit Ihr schlimmster Feind und Sie sollten den Anfängen wehren. Auf der persönlichen Ebene sind Sie nicht gefährdet. Sie haben es geschafft, den Gipfel der Nahrungskette des Homo sapiens dinosauris zu erklimmen und das wird Sie schützen. Sollten Sie nicht in der Lage sein, das Unternehmen, in dessen Führungsriege Sie sich befinden, gegen die kommenden Angriffe der Homo-Millennials zu verteidigen, könnte dies jedoch zu Ihrem Untergang führen. Deshalb wird das Lesen des zweiten Teils des Buches entscheidend für Ihren zukünftigen Erfolg sein.

Beispiele: Top-Management eines Mittelunternehmens; Oberes mittleres oder oberes Management bei Großunternehmen.

Zusammenfassung

Der Homo sapiens dinosauris ist die erfolgreichste Spezies, die je auf diesem Planeten gelebt hat, und übt eine spektakuläre Kontrolle über seine Umwelt aus. Diese Erfolge haben wir durch Spitzenleistungen in drei Bereichen erreicht:
1) *Funktions- und Branchenwissen*
2) *Managementfähigkeiten*
3) *Politische Fähigkeiten*

Wir haben das Konzept des Dinosaurier Quotienten (DQ) eingeführt, der misst, wie erfolgreich wir in diesen drei Dimensionen sind und der aus drei Faktoren besteht. Der erste Faktor W_{issen} wird wie folgt berechnet:
   a) *Wie viele Jahre formale Vollzeitausbildung haben Sie absolviert, einschließlich Schule, Hochschule, Universität, Praktika und Berufsausbildung, Bitte multiplizieren Sie diese Zahl mit 2 (Maximum = 40).*
   b) *Wie viele Jahre haben Sie in Ihrer heutigen Branche gearbeitet. (Maximales Ergebnis = 10)*

5 Wie hoch ist Ihr Dinosaurier-Quotient? 95

*Formale Ausbildungsjahre * 2 + Branchenjahre = Faktor W_{issen}*

Um den zweiten Faktor $F_{ähigkeiten}$ zu berechnen, fassen Sie Ihre Managementzeit (Zeit, die Sie mit Ihnen unterstellten Personen verbringen, um Ihnen Anweisungen zu geben oder Entscheidungen zu treffen) plus politische Zeit (Zeit, die Sie für Verhandlungen und Networking aufwenden) zusammen und teilen Sie sie durch die gesamte Arbeitszeit, die Sie für produktive Aufgaben aufwenden (Managementzeit plus Politische plus Expertenzeit, unter der wir alle anderen beruflichen Aktivitäten verstehen). Multiplizieren Sie das Ergebnis mit 50, dann erhalten Sie den Wert für Ihren Faktor $F_{ähigzeiten}$.

$$\frac{Management\ Zeit + Politische\ Zeit}{(Management\ Zeit + Politische\ Zeit + Expertenzeit)} * 50$$
$$= Faktor\ F_{ähigkeiten}$$

Für den dritten Faktor $E_{inkommen}$ multiplizieren Sie den Prozentsatz der Bevölkerung in Ihrem Land, der weniger verdient als Sie mit 50

*Prozentsatz der Bevölkerung mit einem niedrigeren Einkommen * 50 = Faktor $E_{inkommen}$*

Ihr Dinosaurierquotient (DQ) wird berechnet, indem man einfach die Faktoren W_{issen}, $F_{ähigkeiten}$ und $E_{inkommen}$ addiert. Das Maximum liegt bei 150.

Faktor W_{issen} + Faktor $F_{ähigkeiten}$ + Faktor $E_{inkommen}$ = DQ^{TM}

Was bedeutet das Ergebnis? Je höher der DQ, desto besser sind Sie an Ihr Leben als Homo sapiens dinosauris angepasst und desto schwieriger wird es für den Homo millennial sein, Sie zu entthronen.

DQ 0–25: Homo millennial Spion oder Karriereveränderer
Wenn Sie kein Student mehr sind, ist Ihre derzeitige berufliche Existenz stark gefährdet. Sie sollten sich bei der Planung Ihrer zukünftigen Karriere professionell beraten zu lassen. Beispiele: Student, Job Hopper.

DQ 25–50: Stille Mehrheit
Sie sind ein Experte mit einiger Erfahrung und verdienen ein moderates, aber wahrscheinlich ausreichendes Einkommen. Leider sind Sie beruflich leicht austauschbar und gehören wahrscheinlich zu den ersten Opfern der Digitalisierung. Ihre beste Verteidigung ist die Erhöhung Ihrer Managementverantwortung. Beispiele: ungelernte und angelernte Berufe.

DQ 50–75: Erfolgreiche(r) Fachmann/-frau
Sie sind ein angesehener Experte in Ihrem Job, haben eine formelle Ausbildung und verdienen ein durchschnittliches Einkommen oder besser. Vorläufig sind Sie sicher, bis der technologische Wandel Ihren Arbeitgeber bedroht. Halten Sie Ausschau nach Entwicklungsmöglichkeiten und versuchen Sie, einen Plan B bereit zu halten. Beispiele: die meisten Fachberufe ohne Hochschulabschluss; kürzliche Hochschulabsolventen.

DQ 75–100: Typischer Uni-Absolvent Sie haben die Universität oder eine Fachhochschule besucht, werden respektiert und haben Managementverantwortung. Ihre berufliche Position ist derzeit wahrscheinlich sicher, bis Ihr Unternehmen Gefahr läuft, von innovativeren Konkurrenten verdrängt zu werden. Bei sorgfältiger Planung können Sie von den tektonischen Veränderungen der Weltwirtschaft profitieren. Beispiele: Unteres

Management, die meisten Anwälte und Inhaber von Kleinunternehmen.

DQ 100–125: Überflieger
Sie sind sehr gut in Ihrem Job, zählen zu den einkommensstärksten Personen Ihres Landes und haben nach einer langen akademischen Ausbildung auch viel Erfahrung in Ihrer Branche gesammelt. Sie finden im Bedarfsfall leicht einen neuen Arbeitgeber und fallen wahrscheinlich auf ein weiches Kissen, auch wenn Ihr Unternehmen aus dem Geschäft gedrängt wird. Beispiele: Mittleres Management.

DQ 125–150: Master of the Universe
Sie verfügen nicht nur über einen Postgraduate Abschluss, sondern verbringen fast Ihre ganze Zeit damit, eine große Anzahl von Mitarbeitern zu leiten und ein sehr hohes Einkommen zu erzielen. Die Verteidigung Ihres Unternehmens gegen die kommenden Angriffe der Homo millennials wird Ihre größte berufliche Herausforderung werden. Beispiele: Top-Management von Mittelunternehmen; Oberes bis oberes mittleres Management von Großunternehmen.

Literatur

1. Levitt, S. D. / Dubner, S. J. / Kretzschmar, G.: Freakonomics: Überraschende Antworten auf alltägliche Lebensfragen – Warum wohnen Drogenhändler bei ihren Müttern? * Führt mehr Polizei zu weniger … Revolver? * Macht gute Erziehung glücklich?; Goldmann Taschenbuch (1. September 2007). Wer sagt, dass Mikroökonomik nicht unterhaltend sein kann.
2. Piketty, T. / Utzm I, / Lorenzer, S,: Das Kapital im 21. Jahrhundert; C.H. Beck Taschenbuch (16. Mai 2018). Vermutlich das erste aus dem Französischen übersetzte Volkswirtschafts-

buch, das weltweit den Sprung auf die #1 der Buchcharts schaffte. Wenn Sie es lesen, wissen Sie, warum.
3. Reuter, Peter: Disorganized Crime: Illegal Markets and the Mafia; The MIT Press (21. Oktober 1985). Nicht mehr im Druck, aber erhältlich. Mein Lieblingsbuch über die wirtschaftlichen Aspekte des Organisierten Verbrechens.

6

Wie Sie Ihren Vorsprung auf die Homo millennials behalten können

In den letzten Kapiteln habe ich Sie mit Beweisen dafür bombardiert, wie fortgeschritten der Homo millennial im Vergleich zum Homo sapiens dinosauris ist. Im Wesentlichen behauptete ich, dass wir Homo sapiens dinosauris ein intellektuelles Handikap haben, wenn Sie einen politisch korrekten Begriff bevorzugen. Um es ganz offen zu sagen: Wir Dinos haben keine Chance gegen einen ehrgeizigen Homo millennial. Das Einzige, was sie aufhalten kann, ist ihre fehlende Bereitschaft, lange Stunden zu arbeiten und nicht alle von ihnen scheuen davor zurück. Um ihnen einen Schritt voraus zu bleiben, sollten Sie einen Spielplan erstellen. Es ist nicht das erste Mal, dass Sie in Ihrer Position herausgefordert werden, und es wird nicht das letzte Mal sein. Es ist jedoch leicht, diesen Gegner zu unterschätzen, da er so nett, weich, wettbewerbsscheu und fast knuddelig zu sein scheint. Wie immer ist das Kennen Ihrer eigenen Stärken und Schwächen der erste Schritt zum Erstellen Ihres höchstpersönlichen Programms, um Ihren Vorsprung auf die Homo millennials beizubehalten.

Schauen Sie sich die Liste der Attribute an, die wir für den erfolgreichen Homo sapiens dinosauris zusammenstellten: Funktions- und Branchenwissen, Managementfähigkeiten und Politische Fähigkeiten, die alle mit dem DQ gemessen werden. Das sind zweifellos äußerst wichtige Eigenschaften. Aber erlauben sie es Ihnen, Albert Einsteins wissenschaftliche Fähigkeiten, Usain Bolts Laufgeschwindigkeit oder Pablo Picassos Malkünste zu übertreffen?

Nicht wirklich. Einstein, Bolt und Picasso besaßen Spezialtalente, die für ihren Erfolg entscheidend waren, sie wurden als außergewöhnliche Talente auf ihrem Gebiet geboren. Vermutlich werden weder Sie noch ich sie jemals in ihren Spezialbereichen schlagen können. Wenn Sie als Teenager die 100 Meter ohne Training in weniger als 11 Sekunden hätten laufen könne, hätten Sie vielleicht mit Bolts Zeit mithalten können. Mit ausreichendem Training ab dem Alter von drei oder vier Jahren hätten Sie es in die Weltspitze schaffen können (erinnern Sie sich an die 10.000 Stunden Übung bis zum 20. Geburtstag?). Wenn Sie wie der Rest von uns diese Strecke in respektablen 13 Sekunden zurücklegten, war die juristische Fakultät die bessere Ausbildungswahl, statt zu versuchen, ein professioneller Leichtathlet zu werden. Es gibt eine Grenze für das, was Training bewirken kann, insbesondere in den eindimensionalen Kategorien „schneller, höher, stärker". Selbst wenn Sie jede wache Stunde mit Training verbracht hätten, wären Sie nicht einmal annähernd an das Niveau der Weltklasse herankommen. Ihre Muskelstruktur und Körpergeometrie sind für einen Sprintweltmeister schlichtweg nicht geeignet. Sobald sich die Eizelle und die Samenzelle neun Monate vor Ihrer Geburt vereinen, sind die Würfel für den Rest Ihres Lebens geworfen und diese Entscheidung ist in Bezug auf besondere Talente unumkehrbar.

Sie könnten aber trotzdem ein außergewöhnlicher Ballspieler werden. Eine ehemalige Nummer 1 der ATP-Tennisweltrangliste, Thomas Muster, war bis zu seinem

14. Lebensjahr ein sehr mittelmäßiger Spieler. Er trainierte einfach viel, viel härter als jeder andere, ohne zu oft verletzt zu sein und Jahr für Jahr steigerte er seine Spielstärke. Der beste französische Fußballspieler der ‚Equipe', die 1998 die Weltmeisterschaft gewann, Zinedine Zidane, erklärte, dass er als Kind ein durchschnittlicher Spieler gewesen sei, bis er im Alter von 12 Jahren mit intensivem Training begonnen hätte.

Sportarten, bei denen es nicht um ein einzelnes Spezialtalent geht, sondern die eine Kombination von Fähigkeiten erfordern, verlagern den Schwerpunkt vom angeborenen Talent auf erworbene Fähigkeiten. Wie die meisten Quants an der Wall Street herausfinden mussten, erfordert die Physik herausragende angeborene Talente. Zwischen den Hochschulabsolventen in Physik und dem Genie von Albert Einstein liegt immer noch ein Ozean. Sobald selbst hochbegabte Physiker bemerken, dass sie Einstein wahrscheinlich nie nahe kommen werden, wechseln sie oft ihren Arbeitgeber und gehen ins Investmentbanking, wo ihre Fähigkeiten sehr gefragt sind [1]. Die meisten berühmten bildenden Künstler gehören gleichermaßen zur Einstein-Kategorie der angeborenen Talente. Ob Ihnen seine Arbeiten gefallen oder nicht, Picassos kreatives Talent war ebenso überwältigend wie Einsteins wissenschaftliches. Sie können lernen, anatomisch korrekte Menschen zu zeichnen. Sie können keinen Kurs belegen, um Meisterwerke wie Picassos ‚Guernica' zu erschaffen.

Kurz gesagt: Ich habe eine schlechte und eine gute Nachricht für Sie. Die schlechte Nachricht ist, dass Sie wahrscheinlich nie ein herausragendes Genie oder ein legendärer Sprinter sein werden. Die gute Nachricht ist, dass dies keine Rolle spielt, was Ihren Überlebenskampf gegen die Homo millennials betrifft. Der Wettlauf um die Sitze am Vorstandstisch wird nicht mit einer Starterpistole ausgetragen.

Vergessen Sie nie: Die Homo millennials unterscheiden sich körperlich nicht von Ihnen. Sie werden mit der gleichen DNA und den gleichen Talenten wie ihre Vorfahren geboren. Was sie auszeichnet, ist ihre Ausbildung. Sie laufen nicht schneller als Bolt und sind nicht kreativer als Picasso. Aber sie halten sich an die Maxime, dass das Bessere der Feind des Guten ist. Sie besitzen die gleichen angeborenen Talente wie wir, doch kommen native Schlüsselfähigkeiten hinzu, die sie in den ersten sechs, teilweise auch in den ersten 20 Lebensjahren erwerben und die Ihnen einen uneinholbaren Vorsprung gegenüber uns Dinos sichern. Erinnern Sie sich an Darwins Maxime des „Überlebens der am besten angepassten"? Das sind die Homo millennials, nicht wir Dinos. Dank ihrer frühen Kindheitsausbildung sind die Homo millennials besser an die derzeitige Umgebung angepasst und damit überlebensfähiger als die meisten Homo sapiens dinosauris. Wie wir festgestellt hatten, sind Ihre wichtigsten nativen Schlüsselfähigkeiten:

1) Umgang mit mehreren großen Gruppen
2) Multilaterales Denken.
3) Native Nutzung fortgeschrittener Technologien
4) Gewöhnung an schnelles Handeln
5) Wunsch nach ständiger Online-Verbindung mit wenig Bedürfnis nach Privatsphäre

Als Ihre größten Schwächen identifizierten wir:

1) Work-Life-Balance in Richtung Leben verschoben
2) Geringer beruflicher Ehrgeiz
3) Risikoscheue

Jede dieser Stärken könnte den Homo millennials die Oberhand über Sie geben. In der Evolution braucht es nicht viel, um erfolgreich zu sein. Biologen sind der Meinung, dass, wenn zwei Arten um die gleiche biologische Nische konkurrieren, eine Produktivitätsdifferenz von 5 % ausreicht, um eine Art auszurotten. Nehmen wir an, es gäbe zwei Gruppen von Mäusen, welche die gleiche Art von Nahrung äßen, eine weiße und eine graue Gruppe. Beide Gruppen paaren sich nicht mit einander und haben identische Lebenserwartungen und Reproduktionsraten. Der einzige Unterschied besteht darin, dass die weißen Mäuse 5 % weniger Nahrung als die grauen benötigen. Jedes Mal, wenn die Nahrung knapp wird, überleben etwas mehr nahrungseffiziente weiße Mäuse und produzieren Nachkommen. Im ersten Jahr gibt es 50 Mäuse von jeder Art. Im zweiten Jahr stehen 55 weiße 45 grauen Mäusen gegenüber, im nächsten Jahr steht es 60:40 und spätestens im Jahr zehn (abhängig von der Größe des Terrains und anderen Faktoren) ist der Stand 100:0. Innerhalb weniger Jahre ist die etwas weniger effiziente graue Art verschwunden.

Seien wir ehrlich: Der Homo millennial ist die effizientere Art und wir, der Homo sapiens dinosauris, sind die weniger effiziente. Niemand wird Sie töten, aber Sie werden vielleicht Opfer des beruflichen Äquivalents und werden entlassen oder degradiert. Heute beträgt der Spielstand Dinosaurier gegen Homo millennials (nach 1992 geboren) innerhalb der akademischen Belegschaft 98:2. Jedes Jahr wird die Zahl der Homo millennials durch neue Absolventen erhöht und die der Dinosaurier durch Ruhestand, Krankheit und Tod reduziert. Wenn wir unsere Karten nicht richtig spielen, könnte es eher früher als später 0:100 zugunsten der Homo millennials stehen, zumindest was die Führungshierarchien betrifft. Diejenigen von uns, die dann noch beschäftigt sein werden, könnten sich in wenigen Jahren glücklich schätzen, simple Hilfsaufgaben durchzuführen, deren Automatisierung noch nicht rentabel ist.

Also, was ist der Spielplan, wie können wir unsere Positionen gegenüber den Neuankömmlingen verteidigen? Beginnen wir mit einem Blick auf die Stärken der Homo millennials.

Umgang mit mehreren großen Gruppen

Empfanden Sie als Kind Scheu und fühlen Sie sich immer noch nicht wohl, wenn es darum geht, vor großen Gruppen zu sprechen? Willkommen im Club, Sie bilden die Mehrheit. Erinnern Sie sich, was wir über die Größe unserer Peergruppen in den prägenden Kindheitsjahren gesagt haben? Selten mehr als acht Mitglieder. Wie hätten Sie die Fähigkeit erlernen sollen, mit großen Gruppen umzugehen?

Wie schaut es mit dem anderen Element dieser Fähigkeit aus: mehreren Gruppen? Falls Sie in einer Großstadt aufwuchsen, was bei mehr als 50 % der Bevölkerung in der westlichen Welt der Fall ist, gehörten Sie vielleicht mehreren physischen Gruppen an, die sich aber kaum überschnitten. Die heutigen digitalen Dörfer sind anders. Es gibt eine mehr als theoretische Chance, dass jeder jeden kennt.

Diese Fähigkeit ist eine ernsthafte Herausforderung für uns. Unser Gehirn wird in den ersten sechs Jahren unseres Lebens weitgehend geformt, daher der Vorteil des Muttersprachlers gegenüber dem nicht-muttersprachlichen Nutzer einer Sprache. Unser Gehirn hat eine bemerkenswerte Fähigkeit, die uns allen hilft: seine Plastizität. Falls die Köpfe unserer Vorfahren durch Hufschläge ihrer Beute getroffen wurden, konnten sie neurologische Schäden erleiden. Ein Teil ihres Gehirns wurde zerstört, was ihre Fähigkeit zu laufen, Speere zu werfen oder zu sprechen beeinträchtigte. Plastizität ist die Fähigkeit unseres Gehirns, andere Gehirnzellen umzuprogrammieren, um etwas Neues zu tun, was sie noch nie zuvor getan hatten. So erlernten Hirnareale, die früher für das Sprechen verantwortlich waren, das Speerwerfen.

Diese Fähigkeit ist nützlich, wenn Sie neue Fähigkeiten entwickeln wollen, wie z. B. den Umgang mit mehreren großen Gruppen. Es ist nie zu spät; unser Gehirn behält seine

Plastizität ein Leben lang, nur die Geschwindigkeit und das Ausmaß, mit dem es sich umprogrammieren kann, nehmen ab.

Eine Verletzung ist eine schmerzhafte Möglichkeit, das Gehirn neu zu organisieren. Es geht aber auch anders, wie der Film ‚The King's Speech' (deutscher Titel: ‚Die Rede des Königs') mit viel Liebe zum Detail zeigte, in dem der englische König George VI. sein Stottern ablegen musste, um eine wichtige Rede im Radio zu halten.

Wenn Sie jemals nach einem Unfall eine Rehabilitation durchliefen, wissen Sie, dass Sie sich lange Stunden damit abquälen müssen, Dinge zu tun, die Ihnen nicht gefallen und die Ihnen sogar Schmerzen bereiten können. Aber Sie ertragen es, weil Sie wissen, dass Sie Ihre Fertigkeiten auf diese Art verbessern können. Der Umgang mit mehreren großen Gruppen ist nicht anders.

Sollten Sie an Ängsten vor bestimmten Sachen wie Spinnen, offenen oder geschlossenen Räumen und ähnlichem leiden, empfehlen die meisten Psychologen, sich genau dieser Situation kontrolliert auszusetzen.[1] Die Herausforderung sollte so bemessen sein, dass Sie sich unwohl fühlen, aber dennoch in der Lage sein werden, sie zu meistern. Es geht um das Verlassen der Komfortzone, nicht um das Aufstellen von Rekorden. Sollten Sie Angst vor Spinnen haben, fangen Sie damit an, im selben Raum mit einer harmlosen (!) Spinne zu sein, die in einem geschlossenen Karton eingeschlossen ist. In der nächsten Phase gehen Sie näher ran. Danach betrachten Sie das Tier, öffnen die Kiste und lassen Sie schließlich über Ihre Hand krabbeln, wenn Ihnen danach sein sollte.

Die Herausforderung, vor großen Gruppen zu sprechen, ist nicht anders. Sie fangen mit ein paar Leuten an und arbeiten sich bis zu einem großen Publikum empor. Nutzen

---

[1] Bei Phobien, die Ihr Leben ernsthaft beeinträchtigen, ist zuvor eine fachärztliche Untersuchung dringend zu empfehlen.

Sie jede Gelegenheit, die Sie haben, um vor Menschen zu sprechen. Schließen Sie sich Vereinen an, werden Sie Mitglied von Debattierklubs, Schulkommissionen, Lokalausschüssen und so fort. Versuchen Sie, einen Mikrokosmos in Ihrer Nähe zu finden, in dem sich die Gruppen überschneiden. In der Schule Ihrer Kinder können Sie sich Kommissionen anschließen, die sich um Feste, Finanzen, Partnerschaften und Schüleraustausch kümmern. Oder Sie werden in einem Sportverein oder einer Wohltätigkeitsorganisation aktiv und treten mehreren ihrer Komitees und Gremien bei. Lokalpolitik besteht aus einer Vielzahl von Gruppierungen und Initiativen, die sich teilweise überschneiden. Diese Institutionen sind fast immer auf der Suche nach aktiven Mitwirkenden. Sie werden viele bekannte Gesichter treffen und letztendlich lernen, wie man mit mehreren großen Gruppen umgeht. Sie schlagen vielleicht keinen Homo millennial auf seinem Heimatboden, aber Sie können ihn daran hindern, entscheidende Vorteile aufzubauen.

Multilaterales Denken

Stellen Sie sich vor, Sie näherten sich einem Höhlenmensch und bäten ihn – vorausgesetzt, Sie sprächen seine Sprache –, seine Fähigkeiten im Vortrag vor einem großen Publikum zu verbessern. Der arme Kerl würde zu Recht darauf hinweisen, dass er in seinem ganzen Leben insgesamt 50 Menschen getroffen hätte und nie mehr als 8 zum gleichen Zeitpunkt. Es gab einfach keine Gelegenheit – und auch keine Notwendigkeit – für ihn, Fähigkeiten im Sprechen vor einem großen Publikum zu entwickeln, so wie er auch keine Gelegenheit hatte, seine Kenntnisse in C++ Computerprogrammierung zu vertiefen.

Man könnte einwenden, es sei eine Beleidigung zu sagen, dass wir uns auf der gleichen Ebene wie ein Höhlenmensch befänden, wenn es um multilaterales Denken geht. Ich stimme zu, aber ich denke, es könnte den Höhlenmenschen beleidigen. Er wäre möglicherweise besser in der Lage gewesen, die Aufgabe mit der schwimmenden Vase zu lösen, da sein Überleben oft von der geschickten Handhabung gefundener Objekte abhing. Die menschliche Spezies begann als Werkzeuganwender, wurde erst später zum Werkzeugmacher, nur um in letzter Zeit zu Werkzeugkäufern zu verkommen. Früher konnten wir ein einziges Gerät für Hunderte von Zwecken nutzen, indem wir unsere Kreativität einsetzten. Heutzutage sind unsere Häuser vollgepackt mit hochspezialisierten Geräten, die für genau einen Zweck verwendet werden können.

Betrachten wir den einfachen Akt des Kochens eines Eis. Wir beginnen mit einem Ei und verwenden unser erstes hochspezialisiertes Gerät, den Eierlocher, um ein kleines Loch zu schaffen, das den Sauerstoff entweichen lässt, so dass die Schale beim Kochen nicht zerbirst. Dann legen wir das Ei in das nächste spezielle Gerät, den Eierkocher, der den Energie- und Wasserverbrauch beim Kochen des Eis minimiert. Die erforderliche Kochzeit messen wir mit einer Eieruhr. Wenn das Ei fertig ist, legen wir es in einen Eierbecher, damit es nicht umkippt. In meinem Haushalt verwenden wir sogar einen Eierschalensollbruchstellenverursacher, der es uns ermöglicht, das Ei elegant zu enthaupten. Einige Leute nutzen zudem einen dedizierten Eierlöffel aus Horn zum Essen. Der einfache Akt des Kochens eines Eies, der problemlos mit Mehrzweckwerkzeugen hätte durchgeführt werden können (ein Loch mit einer Nadel stoßen, das Ei in einem Topf kochen, die Zeit mit dem Handy messen, es mit den Händen halten und mit einem Messer enthaupten), erfordert im 21. Jahrhundert den Einsatz von bis zu sechs Spezialgeräten, für die es sonst keine andere Existenzberechtigung gibt.

Die Erstellung und Nutzung eines Werkzeugs erfordern Kreativität und multilaterale Fähigkeiten. Dies gilt nicht für den Kauf eines Werkzeugs. Wir verlieren Kreativität, sobald wir im Regelfall Werkzeuge kaufen, statt neue Werkzeuge zu entwickeln oder bestehende kreativ zu nutzen. Es ist wahr, dass spezialisierte Geräte in der Regel besser für ihren Anwendungsbereich geeignet sind als improvisierte, multifunktionale Geräte, aber die kreativen Fähigkeiten der Käufer verkümmern. Eigene Geräte zu bauen, nicht zu kaufen, oder bestehende Werkzeuge kreativ anzuwenden bilden den zweiten Schritt zur Wiedererlangung multilateraler Fähigkeiten.

Was war der erste Schritt, fragen Sie? Ihre allererste Aufgabe, der Umgang mit mehreren großen Gruppen, war bereits ein großer Schritt zur Verbesserung Ihrer multilateralen Fähigkeiten, sofern diese Gruppen miteinander verknüpft waren. Der Umgang mit großen Gruppen erfordert die ständige Bewertung der Auswirkungen einer Aktion auf die vielfältigen Beziehungen innerhalb dieser Gruppe. Sobald Sie diese Übung praktizieren, können Sie das Sprießen der neuen Verbindungen zwischen den Neuronen in Ihrem Gehirn fast spüren. Dies ist wahrscheinlich das beste Training, um Ihr multilaterales Denken zu verbessern. Denn genau diese Tätigkeiten haben es dem Homo millennial ermöglicht, seine Stärken zu entfalten.

Für mich persönlich war es zudem hilfreich, über einfache physikalische Aufgaben nachzudenken, wie die treibende Vase. Es hilft, unser multilaterales Denken zu trainieren, egal ob wir das Experiment in der Realität oder in Gedanken durchführen. Der Bau von Fallen, wie es die Höhlenmenschen taten, erforderte von ihnen ein ausgezeichnetes Verständnis der interagierenden Systeme. Schauen Sie sich nur die gängigsten Methoden an, um einen Fallstrick zu bauen, und Sie werden erstaunt sein, wie schwer verständlich sie sind. Ähnliches gilt für Schifffahrtsknoten.

Zusammenfassend lässt sich sagen, dass Ihr multilaterales Denken auch nach diesem legalen Doping das der Homo millennials nicht übertreffen wird, aber Sie sollten in der

Lage sein, sich ihnen anzunähern. Der Homo millennial ist auch nicht perfekt und scheint zudem ein extremer Käufer super-spezialisierter Geräte und Apps zu sein.

Native Nutzung fortgeschrittener Technologien

Glauben Sie, Ihre Großmutter hätte Sie jemals im Einsatz moderner Technologien schlagen können? Meine Großmutter war sehr intelligent und schickte mir ihre erste E-Mail, als sie gerade 92 Jahre alt geworden war, aber zu sagen, dass sie mich in der Computernutzung geschlagen hätte, wäre übertrieben.

Man denke nur an all die Technologien, die zum Zeitpunkt ihrer Geburt kurz vor dem Ersten Weltkrieg noch nicht üblich gewesen waren. In ihrem Ort gab es ein einziges Auto, an dessen Geräusche sie sich noch im Alter lebhaft erinnerte. Einige Haushalte verfügten über Strom, der jedoch als Luxus galt und nur zur Beleuchtung verwendet wurde. Es gab keinerlei elektrische Haushaltsgeräte und Telefone waren nicht allgemein üblich. Sie hatte genug Geld, um als Teenager auf Urlaub zu gehen, aber für sie war das gleichbedeutend mit ausgedehnten Wanderungen mit dem Rucksack. Die Welt, in der sie 2005 lebte, als sie lernte, E-Mails zu versenden, war radikal anders. Dutzende neuer Technologien waren zu ihren Lebzeiten eingeführt worden. Sie konnte die meisten passabel verwenden, wurde aber sicherlich in keiner von ihnen eine Expertin.

Die Übersicht über neue Technologien zu behalten und mit ihnen umgehen zu können, ist eine große Herausforderung. Als ich meinen Universitätsabschluss machte, schwor ich mir, keine neue Technologie zu verpassen. Bisher habe ich mich an mein Gelübde gehalten, aber es bedarf einer bewussten Anstrengung. Nehmen Sie einen wesentlichen Teil meiner Arbeit, die Finanzmodellierung. Als ich die hierarchische Leiter hinaufstieg, nahm die Zeit, die ich für das Management meines Teams aufwendete, zu und die Zeit, die ich für die Bearbeitung von Tabellenkalkulationen verwendete, ab (erinnern Sie sich an Faktor F?). Ich bemerkte, dass ich anfing, mit bestimmten Datenbankfunktionen zu kämpfen, die von meinen jüngeren Kollegen täglich verwendet wurden. Schließlich hatte ich genug, setzte mich mit einem jungen Teammitglied zusammen und bat sie, mir diese Funktionen beizubringen. In den Abendstunden schrieb ich einige nicht wirklich erforderliche Modelle, um zu üben und ließ sie von der Expertin überprüfen. Letztlich hatte ich den technologischen Abgrund überwunden. Mein Super-User (ein Missing Link Homo millennial natürlich) ist immer noch viel besser darin als ich, aber ich kann die Technologie jetzt problemlos anwenden und kenne mich ganz gut darin aus. Wenn ich an Managementsitzungen teilnehme, habe ich nicht nur keine Probleme, die von uns diskutierten Fakten zu überprüfen, es fällt mir leicht, auf die Schnelle neue Analysen durchzuführen, was mir einen Wettbewerbsvorteil gegenüber anderen Homo sapiens dinosauris verschafft und mich ein wenig mehr den Homo millennials ähneln lässt.

Technologien im weiteren Sinne des Wortes können Ihr Gegner sein, wenn Sie sie nicht beherrschen und Ihre größte Hilfe, falls Sie es tun. Homo millennials werden in der Regel eine Technologie besser beherrschen als Sie. Aber Ihre kristallisierte Intelligenz und Erfahrung wird Sie zum Gewinner eines Aufeinandertreffens mit Homo millennials machen, sollten Sie in der Lage sein, Ihre Wettbewerbsvorteile durch ein fundiertes Wissen über alle relevanten neuen Schlüsseltechnologien zu ergänzen.

Gewöhnung an schnelles Handeln

Dies könnte die einfachste Herausforderung sein, die wir in unserem Wettbewerb mit den Homo millennials bewältigen müssen. Es ist definitiv wahr, dass die Geschwindigkeit des Lebens im Laufe der Jahrhunderte materiell zugenommen hat. Langfristig gesehen sind die Auswirkungen atemberaubend; Jahrzehnt für Jahrzehnt sind sie gering.

Unsere ersten Vorfahren waren Jäger. Das Wichtigste für sie war Geduld. Das Warten auf das Vorbeiziehen der Wildherden war eine Frage von Wochen. In der Jungsteinzeit hatte die Landwirtschaft ihren Durchbruch, die von komplexeren, vorwiegend kürzeren Zyklen gekennzeichnet war. Es gab den täglichen Zyklus des Melkens und Fütterns der Kühe und den saisonalen Zyklus der Aussaat und Ernte der Pflanzen. Minuten und Sekunden sind in einer Agrargesellschaft hingegen keine sinnvollen Maßeinheiten. Es ist kein Zufall, dass Uhren sich erst im 14. Jahrhundert durchsetzten und bis etwa 1700 zumeist nur die Stunde anzeigten. Vor diesem Datum gab es einfach keinen Grund zu wissen, wie viele Minuten vergangen waren [4].

Erst die Anfänge der frühen Industrialisierung um 1700 machte die Messung von Minuten und Sekunden bedeutsam. In einer Fabrik ist es wichtig, zu wissen, wie viele Stücke pro Minute produziert werden. Nach der Einführung des Fließbandes in den 1890er-Jahren begann Frederick Taylor mit der Optimierung der Produktivität und maß diese sogar in Sekundenbruchteilen. Der Übergang zu einer Dienstleistungsgesellschaft hatte keinen großen Einfluss auf diese Zeitmessungskonzepte. Ob Sie ein Radio, bzw. einen Hamburger zusammen fügen oder ein Formular ausfüllen, macht wenig Unterschied, die gleiche tayloristische Logik gilt für alle diese Tätigkeiten.

Lange Zeit gab es geschützte Sektoren mit geringerer Produktivität, in denen die Uhren langsamer liefen. In den 1980er-Jahren wurden Banken und Versicherungen als Beispiele angeführt. Diese Zeiten sind lange vorbei. Der Wettbewerb herrscht in allen Bereichen vor und Unternehmen in ehemals geschützten Sektoren haben entweder ihre Gangart beschleunigt oder sind verschwunden. Fast jedes Unternehmen in den OECD-Ländern ist derzeit dem gleichen Produktivitätsdruck ausgesetzt.

Betrachten Sie Fernsehdokumentationen über Produktionsmethoden in Fabriken aus den 1970er-Jahren. Wenn Sie diese mit aktuellen Aufnahmen vergleichen, werden Sie keine Zunahme der Geschwindigkeit der individuellen Arbeitsschritte erkennen können. Die tayloristische Optimierung der einzelnen Bewegungen war 1970 weitgehend ausgereizt. Dennoch stieg die Produktivität weiter, aber diese Steigerungen basierten auf Produktionsverlagerungen zu billigeren Standorten, Optimierung der fabrikinternen Abläufe und Erhöhung des Automatisierungsgrades.

Es ist wahr, dass das spielerische Training mit Apps bereits in jungen Jahren die Verarbeitungsgeschwindigkeit erhöht. Aber auch die Homo sapiens dinosauris wuchsen mit Videospielen wie ‚Space Invaders' auf, die sich seit den 70ern einer weiten Verbreitung erfreuen und in Form von an Fernsehern angesteckten Spielekonsolen in den meisten Haushalten mit Kindern anzutreffen waren. Insgesamt profitieren Homo-Millennials von etwas mehr Training in jungen Jahren, da sie mehr Zeit mit Smartphones verbringen als ihre (Groß-)Eltern mit Videospielen, aber die Auswirkungen dieser Differenz werden in der Regel begrenzt sein. Die Verarbeitungsgeschwindigkeit wird eher durch genetische Unterschiede als durch Training bestimmt. Es sieht so aus, als hätten wir in dieser Hinsicht bereits das Maximum erreicht. Wenn Ihre eigene Verarbeitungsgeschwindigkeit innerhalb Ihrer Generation leicht überdurchschnittlich ist, können Sie sicherlich mit dem durchschnittlichen Homo millennial konkurrieren. Von allen Pluspunkten der Homo millennials ist das wahrscheinlich der am schwächsten ausgeprägte und es sollte für Sie einfach sein, ihn zu neutralisieren.

Wunsch nach ständiger Online-Verbindung mit wenig Bedürfnis nach Privatsphäre

Nun, das ist ein hartes Stück Arbeit für uns Dincs. Wenn Sie mir ähneln, genießen Sie Ihre Anonymität. Sie müssen kein Verbrecher oder Perverser sein, um Ihre Privatsphäre zu schätzen. Vor langer Zeit arbeitete ich für ein Unternehmen, dem damals enge Verbindungen zu einer bestimmten politischen Partei nachgesagt wurden. Ich unterstützte diese Partei nicht und sah daher von politischen Diskussionen mit meinen Kollegen ab, um meine Karriereaussichten nicht zu beeinträchtigen. Die Existenz meiner Privatsphäre half mir in diesem Fall, was mich hoffentlich weder als Perversen noch als Verbrecher abstempelt.

Wenn Sie sich heutzutage auf eine Stelle bewerben, werden HR-Profis (vor allem im angloamerikanischen Raum) es zu schätzen wissen, wenn Ihr Lebenslauf keinen Bezug auf Ihr Alter, Ihr Geschlecht, Ihre ethnische Zugehörigkeit und Ihre Nationalität nimmt. Sie wollen Diskriminierungsklagen gegen ihr Unternehmen vermeiden, sollten sie zufällig weniger Mitglieder einer bestimmten demografischen Gruppe einstellen. Mangelndes Wissen schützt sie in diesem Fall. Leider ist Diskriminierung real, und wir alle sind schuld daran. Jeder hat Witze wie „Ein Ire, ein Niederländer und ein Italiener sitzen in einem Flugzeug …" oder den traditionellen Favoriten gehört: „Eine Blondine und eine Brünette gehen auf der Straße …" Diskriminierung kann durch viele Faktoren verursacht werden: Nationalität, Religion, Geschlecht, Haarfarbe, Alter, Region, politische Überzeugungen, Kleidung, Wohnort, Schulbesuch, Körperschmuck, Familienzugehörigkeit, und und und ... Die Liste ist endlos. Während Sie vielleicht keine Vorurteile gegen [bitte setzen Sie das entsprechende Wort ein] haben, tatsächlich sind sogar einige Ihrer besten Freunde [...], wird es Sie nicht schockieren, zu hören, dass andere Menschen [...] bewusst diskriminieren.

Wenn Sie zu einer Minderheit gehören (Und wer tut das nicht auf irgendeiner Ebene?), sollten Sie diese Tatsache lieber nicht immer offen legen. Wenn Ihre religiöse Überzeugung von der Ihres Nachbarn oder Chefs abweicht, sollten Sie dadurch keinen Nachteil erleiden. Das Gleiche gilt für politische Überzeugungen, sexuelle Präferenzen und so weiter.

Das Aufkommen der sozialen Medien hat alles verändert. Heutzutage ist es ziemlich einfach, Sie vollautomatisch auf Bar Mizwa Fotos zu identifizieren oder Wissen über Ihre sexuellen Fantasien aus durchgesickerten Datenbanken oder von Ihrem gehackten Telefon zu erhalten. Unser Leben wird immer vollständiger durch digitale Medien dokumentiert. Sobald etwas elektronisch erfasst wird, ist es höchst wahrscheinlich, dass es irgendwann öffentlich zugänglich wird, unabhängig davon, ob es von Ihnen beabsichtigt war oder illegal durchsickerte.

Es ist kein Zufall, dass ‚geoutet werden' (unfreiwillig) oder ‚coming out' (freiwillig) in den letzten zehn Jahren zu den beliebtesten Begriffen gehörten. Dies geht erfreulicherweise mit einer markanten Erhöhung der Toleranz einher. Heutzutage ist es völlig in Ordnung, dass ein deutscher Außenminister öffentlich homosexuell ist und dass ein ehemaliger US-Top-Sportler das Geschlecht wechselt. Für einen Politiker ist es einfacher zuzugeben, dass er homosexuell oder ein Transvestit ist, als dass er seine Frau betrogen hat. Homosexualität und Transvestitentum sind persönliche

6 Wie Sie Ihren Vorsprung auf die Homo ...

Präferenzen, während ehelicher Betrug mit Lügen und dem Brechen eines gegebenen Versprechens einhergeht. Diese Veränderungen in der öffentlichen Wahrnehmung sind weitgehend eine Folge der Tatsache, dass private Informationen an die Öffentlichkeit gelangen. Es ist schwer, Homosexuelle oder Transvestiten zu diskriminieren, wenn einige von ihnen öffentliche Helden sind, die vom ganzen Land bewundert werden.

Das war anders, als wir noch junge Homo sapiens dinosauris waren. Viele von uns begingen Selbstmord, weil sie anders waren. Als Homosexueller in einem Arbeitsbereich geoutet zu werden, der einer militärischen Freigabe bedurfte, beendete automatisch die Karriere der betreffenden Person. Dieses Problem ist seither weitgehend verschwunden. In den späten 90er-Jahren arbeitete ich für eine große, damals sehr erfolgreiche, aber auch höchst konservative US-Unternehmensikone. Jedes Jahr erhielten die besten Mitarbeiter eine luxuriöse Kreuzfahrt mit ihrem Partner als Auszeichnung. Unser Arbeitgeber charterte zu diesem Zweck ein komplettes Kreuzfahrtschiff, so dass alle Passagiere entweder für mein Unternehmen arbeiteten oder Partner eines Mitarbeiters (einer Mitarbeiterin) waren. Während einer solchen Kreuzfahrt erzählte mir eine Kollegin, dass sie wusste, dass sich Amerika wirklich verändert hatte, als einer ihrer Kollegen auf ihrer letzten Kreuzfahrt seinen gleichgeschlechtlichen Partner mitgebracht hatte.

So sehr ich meine Option, anonym zu bleiben, auch emotional schätze, so muss ich doch die Tatsache anerkennen, dass Privatsphäre ein Anachronismus ist, deren Tage gezählt sind. Wir alle hinterlassen digitale Spuren, und die Überwachung wird immer intensiver, ob wir das wollen oder nicht. Ich hatte eine in Florida lebende Verwandte lange Zeit nicht mehr gesehen und wollte wissen, wie es ihr ging. Also besuchte ich eine der spezialisierten Websites und fand innerhalb einer Minute aktuelle Fotos von ihr sowie von ihrer

Residenz (einschließlich des Schätzwertes), ihre Clubmitgliedschaften, Todesfälle in ihrer unmittelbaren Familie und so weiter. Hätte ich sie angerufen, hätte ich nach einem langen Gespräch viel weniger gewusst.

Kurz gesagt: Vergessen Sie Diskretion und leben Sie in dieser schönen, neuen Welt, in der jeder alles über jeden wissen kann (und wird). Stellen Sie sich vor, Sie zögen vom kosmopolitischen Berlin des 21. Jahrhunderts in ein sehr kleines schwäbisches Dorf im 17. Jahrhundert. Unterdrücken Sie Anflüge von Klaustrophobie, akzeptieren Sie es einfach. Homo millennials genießen die Nähe und das Gefühl, dass jeder jeden bestens kennt. Es ist ihr Zuhause und sie haben nichts zu verbergen. Außerdem akzeptieren die Bewohner wirklich, dass Sie in mancher Hinsicht anders sind. Betrügen Sie nur nicht Ihren Partner.

Nachdem wir alles im Detail besprochen haben, sind Sie jetzt in der Lage, die fünf Stärken der Homo millennials wirkungsvoll zu neutralisieren: Umgang mit mehreren großen Gruppen; Multilaterales Denken; Native Nutzung fortgeschrittener Technologien; Gewöhnung an schnelles Handeln und Wunsch nach ständiger Online-Verbindung mit wenig Bedürfnis nach Privatsphäre? Wenn Sie die Frage bejahen, bewundere ich Ihren Optimismus, das ist die richtige Einstellung. Aber um ehrlich zu sein, die Antwort lautet höchstwahrscheinlich: Nein.

Wenn Sie mit 40 Jahren beginnen, ein neues Instrument zu spielen, eine Sprache zu erlernen oder eine neue Sportart auszuüben, werden Sie leider nie das Niveau erreichen, das Sie erklimmen hätten können, wenn Sie im Alter von 4 Jahren begonnen hätten. Sie sollten aber in der Lage sein, Ihren Nachteil gegenüber den Homo millennials deutlich zu minimieren. Und das ist eigentlich alles, was es braucht, denn der Homo millennial hat ein paar sehr ausgeprägte Schwächen, die Sie nutzen können. Darauf werden wir auf den folgenden Seiten eingehen. Fürs Erste denken Sie einfach daran, die fünf Kompetenzfelder zu trainieren, in denen der Homo millennial besser als Sie ist. Mit den beschriebenen Übungen können Sie die Vorteile der Homo millennials so weit reduzieren, dass Sie das Spiel unter Ausnutzung Ihrer Stärken gewinnen können. Minimiere die Nachteile deiner Schwächen und maximiere den Nutzen deiner Stärken: Dieses allgemeine Rezept für den Sieg funktioniert auch bei den Homo millennials.

Nachdem wir die negativen Auswirkungen unserer fünf strukturellen Nachteile verringert haben, schauen wir uns nun die drei Achillesfersen des Homo millennial an. Was müssen Sie machen, um die durch Ihre Problemzonen erzeugten Nachteile nicht nur auszugleichen, sondern einen veritablen Konkurrenzvorteil zu erarbeiten?

Work-Life-Balance in Richtung Leben verschoben

In gewisser Weise ist das ein Euphemismus. Frühere, ungebildete Generationen hätten über mangelnden Ehrgeiz geklagt, was die Sachlage jedoch nicht unbedingt trifft. Mittlerweile haben wir gelernt, die Lebensgewohnheiten anderer Menschen zu akzeptieren (Sie erinnern sich an die Sache mit der Toleranz auf den letzten Seiten?). Nicht jeder strebt eine herausragende Karriere an. Einige wollen sich auf die Erziehung ihrer Kinder konzentrieren, andere auf nichtberufliche Interessen und es wäre unberechtigt, dies zu kritisieren. Wieder andere ziehen es einfach vor, zu chillen.

In den 1950er-Jahren war das Leben in der Mittelschicht einfach. Er ging ins Büro, sie blieb zu Hause, sobald sie geheiratet hatte, und zog stattdessen die Kinder auf. Am Abend bereitete sie das Abendessen vor und wartete auf ihn. Er würde sich dafür entschuldigen, dass er lange Stunden gearbeitet hatte, und sie würde ihm lächelnd vergeben, denn Männer waren für eine Karriere bestimmt und er war der einzige Ernährer. Mehr Einkommen für ihn würde ihnen allen zugutekommen.

Obwohl ich nicht in den 1950er-Jahren gelebt habe, vermute ich, dass das Leben gelegentlich komplexer war, als in diesem Klischeebild dargestellt. Heutzutage ist das definitiv der Fall. Nach Angaben des US Census Bureau und des U.S. Bureau of Labor Statistics (ähnliches dürfte für die deutschsprachigen Länder gelten) blieben die individuellen Realeinkommen (d. h. inflationsbereinigt) in den letzten 50 Jahren für 60 % der Bevölkerung unverändert oder gingen zurück. Die Haushaltseinkommen stiegen um 25 %, aber das lag lediglich daran, dass er und sie jetzt beide arbeiten müssen, um weiterhin den gleichen Lebensstandard zu genießen, den er früher allein gewährleistete. Im Jahr 1967 waren etwa 50 % der Frauen im Alter von 25–64 Jahren nicht erwerbstätig, im Jahr 2013 sank diese Zahl auf etwa 14 %.[2] Diese Zunahme der Frauenbeteiligung am Arbeitsmarkt erhöht die Haushaltseinkommen um 24 %, was fast genau dem Anstieg der realen Haushaltseinkommen seit 1967 für die unteren 60 % der Bevölkerung entspricht. Mit anderen Worten: für die Mehrheit der Bevölkerung ist das persönliche Einkommen in den letzten Jahrzehnten gleich geblieben oder gesunken. Die Steigerung der Pro-Kopf-Einkommen kam fast ausschließlich dem oberen Drittel der Einkommensbezieher zugute. Kein Wunder, dass diese 60 % der Bevölkerung als Wohlstandsverlierer an der klassischen Arbeitsethik („Einsatz lohnt sich") zunehmend zweifeln und sich von den traditionellen Parteien immer weniger vertreten fühlen.

---

[2] Die Zahl der Frauen, die nicht zur aktiven Erwerbsbevölkerung gehören, ist in den Jahren 1967–2013 zwar um ca. 15 % gestiegen, aber wir wissen, dass etwa 15 % der Männer im Alter von 25–64 Jahren aus verschiedenen Gründen nicht zur aktiven Erwerbsbevölkerung gehören und ich habe daher die Zahl der freiwilligen weiblichen Nichtteilnehmer analog reduziert.

6 Wie Sie Ihren Vorsprung auf die Homo ...

Lange Arbeitszeiten haben viel von ihrem Glanz verloren und werden derzeit eher mit egoistischer Karrierebesessenheit in Verbindung gebracht, als mit der Notwendigkeit, etwas für die ganze Familie zu tun. Warum ist das so? Vielleicht ist es das Gefühl, dass selbst lange Arbeitszeiten einem durchschnittlichen Mitarbeiter nicht helfen werden, eine Top-Karriere zu machen. Vielleicht ist es die Tatsache, dass auch der andere Partner arbeitet und zu Hause aktive Unterstützung braucht, um den Ansprüchen der Kinder und der eigenen Arbeitsstelle nachzukommen. „Warum hast du das Recht, lange zu arbeiten und eine Beförderung zu bekommen und ich nicht?" Möglicherweise sind unsere Kinder anspruchsvoller geworden und wollen nicht nur einen guten Ernährer, sondern auch einen Vater (es geht meistens um Väter) zum Spielen, Kuscheln und Lernen. Und denkbarerweise wollten Kinder das schon immer, trauten sich aber nie, danach zu fragen.

Wenn Sie ein männlicher Homo sapiens dinosauris sind, haben Sie wahrscheinlich Ihre Kinder basierend auf dem Verständnis großgezogen, dass Sie lange Stunden arbeiten müssen, um die Erziehung und Ausbildung Ihrer Kinder zu finanzieren. Mittlerweile sind sie entweder aus dem Haus oder an Ihre Arbeitszeiten gewöhnt. Folglich ist es für Sie aus familiären Gründen nicht erforderlich, kürzere Arbeitszeiten für Sie selbst einzuführen. Warum sollten Sie jetzt anfangen, Ihre Familie zu verwöhnen? Die Fähigkeit, lange Stunden zu arbeiten ist einer Ihrer Hauptvorteile gegenüber den Homo millennials und Sie nutzen Sie besser bis zum Anschlag aus.

Carla kam direkt von der Universität und arbeitete in einem Teil der IT-Abteilung, der sich mit Problemen der Netzwerkstrukturen beschäftigte. Ihr Chef verstand schnell, dass ihm ein Genie ins Netz gegangen war (zumindest nach Dino-Maßstäben). Ihr Verständnis für komplexe Prozessfragen war intuitiv und er schnitt ihren Job genau auf ihre

Bedürfnisse und Fähigkeiten zu. Denn so bemerkenswert ihre Fähigkeiten auch waren, so bemerkenswert waren auch ihre Bedürfnisse. Sie liebte lange Wochenenden, hasste Frankfurt und wollte unbedingt die Welt sehen. Sie traf einen Banker aus Hongkong und verliebte sich in ihn. Ihr Chef kam ihr auch hier entgegen. Jetzt arbeitet sie vier Tage die Woche von ihrer Wohnung in Hongkong aus, obwohl es absolut keine berufliche Notwendigkeit gibt, die Tätigkeit auf der anderen Seite der Welt auszuführen. Sie ist damit glücklich und ihr Chef auch. Mit ihrem Können hätte sie leicht eine Abkürzung in die Chefetage nehmen können und in wenigen Jahren hätte sie ihn durchaus ersetzen können, ihr Talent reichte dafür allemal aus. Mit ihrem Umzug nach Hongkong und ihrer Arbeit an lediglich vier Tagen in der Woche erreichte sie ihr perfektes Gleichgewicht zwischen Beruf und Privatleben und eliminierte jede Gefahr, die sie für ihren Chef darstellen könnte. Ein weiterer Homo millennial erfolgreich neutralisiert.

Vergleichen Sie das mit Mireille, Leiterin einer globalen Funktion in ihren Vierzigern. Sie studierte an einer unbedeutenden Fachhochschule der untersten Kategorie und begann ihre Karriere mit dem Schreiben von Rechnungen während der Nachtschicht. Offen gesagt ist Mireille kein Genie und soweit ich weiß, war sie niemals besonders gutaussehend, sollte Ihr Dinosaurierhirn atavistische Gedanken hegen. Aber sie hatte eine Fähigkeit, die ihre Karriere gedeihen ließ: Sie verbiss sich in ihre Aufgaben wie ein Bullterrier und arbeitete regelmäßig bis weit nach Ende der Arbeitszeiten. Auch als sie für die Tagschicht arbeitete, kannte sie alle Nachtwächter ihres Büros persönlich von deren Kontrollrundgängen. Mireille war eine Besessene, die Tag und Nacht schuftete. Ihr Hauptgedanke war stets: „Was kann ich sonst noch tun? Wie kann ich die Erwartungen meines Vorgesetzten und dessen Vorgesetzten übertreffen?"

Schnell verdiente sie sich Respekt für ihre Arbeitsmoral, leitete zuerst ein kleines Projekt erfolgreich, dann ein größeres und so weiter, bis sie eine feste Führungsrolle erhielt. Sie wurde immer wieder befördert, weil sie jeder in seinem Team haben wollte. Ihre HR-Panelbeschreibungen besagten zumeist: „Kein Genie, aber sie und ihr Team erledigen immer zuverlässig ihre Arbeit". Ich habe keine Ahnung, ob sie eine Familie hat. Gerüchten zufolge ja, aber sie sieht sie sicherlich nicht während der Woche. Mireille ist der ultimative Homo sapiens dinosauris, dem so ziemlich alle Qualitäten der Homo millennials fehlen, aber ich würde wetten, dass sie viel erfolgreicher bleiben wird als die weitaus begabtere Carla. Ist der Erfolg den Preis wert? Das müssen Sie beurteilen (Unverbindlicher Tipp: wenn Sie mit ‚Nein' antworten sollten, sind die Wettquoten auf Ihren zukünftigen Erfolg gerade erheblich gesunken). Mireille ist ein lebender Beweis dafür, dass Dinosaurierqualitäten einen viel talentierteren Homo millennial leicht aus dem Feld schlagen können.

Geringer beruflicher Ehrgeiz

Die zweite Schwäche des Homo millennial ist mit der ersten eng verbunden, aber nicht identisch. Theoretisch ist es möglich, die für berufliche Zwecke genutzte Zeit zu limitieren und dennoch eine möglichst steile Karriere anzustreben. Es wäre unfair, den Homo millennials jeden Ehrgeiz abzusprechen, aber er scheint andere Wege zu beschreiten.

Der Homo sapiens dinosauris wuchs in der Welt des Jura-Zeitalters auf, in dem karriereorientierte Studenten darauf abzielten, bestimmten Firmen beizutreten. In den letzten zwanzig Jahren des letzten Jahrtausends galten große Unternehmensberatungen wie McKinsey, Bain und Boston Consulting Group meist als die vielversprechendsten Einstiegspunkte für steile Karrieren in Unternehmenshierarchien. Ihre Alumni erhielten die begehrtesten Positionen und wurden in weiterer Folge oft mächtige Spitzenmanager in DAX und Fortune-500-Unternehmen. Die finanziell motivierten Studenten strebten danach, für Investmentbanken wie Morgan Stanley oder Goldman Sachs zu arbeiten. Die dort erzielten Einkommen ermöglichten es erfolgreichen Mitarbeitern, im Alter von 40 Jahren einen luxuriösen Ruhestand anzutreten. Folglich konnten die großen Unternehmensberatungen und Investmentbanken aus den besten Absolventen auswählen.

Das änderte sich in den letzten Jahren des zweiten Jahrtausends grundlegend, der Zeitraum, der damals als ‚New Economy' oder weniger freundlich als ‚dotcom-Blase' bezeichnet wurde. Erinnern Sie sich noch an den Neuen Markt an der Börse? Kleine, flotte Startups wie Amazon, Yahoo und eBay schickten sich an, die Welt zu beherrschen. Nunmehr wollten sich die besten Absolventen der Spitzenunis einem Startup anschließen und keiner langweiligen, traditionellen Unternehmensberatung. Die finanziell motivierten Studenten ignorierten die Investmentbanken und votierten für Hedgefonds, bei denen der freiwillige Antritt eines vergoldeten Ruhestands bereits im Alter von 35 Jahren eine reale Möglichkeit war. Für die Dotcoms platzte die Blase 2001 und für die Hedgefonds spätestens 2008. Seltsamerweise hatte dies keinen Einfluss auf die Berufswahl der Homo millennials. Die ehrgeizigsten unter ihnen wollen sich nach wie vor Startups und Hedgefonds anschließen. Hedgefonds haben einiges von ihrem Glanz verloren, aber das epidemische Auftreten der ‚Unicorns' (keine einhörnigen Fabeltiere, sondern absolut reale Startups mit einer Bewertung von über einer Milliarde Dollar) in den letzten Jahren gibt den Homo millennials wohl recht.

Die besten Absolventen sind somit vergeben, bleiben die zweitbesten als nächstes Glied in der postakademischen Nahrungskette und aus ihnen speisen sich die Nachwuchskräfte der Unternehmensberatungen und Investmentbanken. Als Nächster in der Hierarchie folgen multinationale Unternehmen, und der Rest schließt sich dem Staatsdienst und den Klein- und Mittelunternehmen an. Eine simple Möglichkeit der Validierung dieser Hierarchie ist das Durchschnittseinkommen der Mitarbeiter fünf Jahre nach Ende des Studiums, welches die Reihenfolge gut widerspiegelt. Sollten Sie für ein DAX oder Fortune-500 Unternehmen arbeiten, könnte es frustrierend sein, zu hören, dass die Beherrscher des Nachkriegsuniversums nach heutigen Maßstäben nur im dritten Glied stehen. Die Kehrseite der Medaille besteht darin, dass Ihre persönliche Konkurrenz durch neue Absolventen von Jahr zu Jahr schwächer wird.

Um fair zu diesen Absolventen zu sein: Wenn ich über das dritte Glied der Kette spreche, bedeutet das ganz und gar nicht, dass sie nicht talentiert sind. Es impliziert vielmehr, dass sie ihre Prioritäten unterschiedlich setzen. Sollte Arbeit in ihrem Leben an erster Stelle stehen, werden die besten Absolventen versuchen, einem Unternehmen beizutreten, das vor 15 Jahren noch nicht existierte, wahrscheinlich noch nicht einmal vor drei Jahren. Das gilt in Symmetrie auch für die andere Zeitachse: in drei Jahren werden viele dieser Unternehmen nicht mehr existieren, in 15 fast keines mehr. Das ist die Stärke der DAX-Unternehmen: sie bieten mittlerweile eine ausgeklügelte Work-Life-Balance und einen Arbeitgeber, der in fünf Jahren mit ziemlicher Sicherheit noch da sein wird.

Für Ihre eigene Karriere macht das wenig Unterschied: Ob die neu eingestellten Mitarbeiter nicht in der Lage sind, hervorragende Leistungen zu erbringen oder einfach nicht wollen, ist letztlich gleich. Es kommt Ihnen persönlich immer zugute.

Darf ich Ihnen Sven vorstellen? Er ist IT-Experte, verfügt über ausgezeichnete Kenntnisse in C++ und objektorientierter Programmierung. Er war einer der Besten in seinem Jahrgang an einer sehr renommierten Universität und die meisten seiner ebenso qualifizierten Kollegen arbeiten derzeit als Freelancer für potenziell revolutionäre Startups. Als er seiner Freundin von seinen Plänen erzählt hatte, auch freiberuflich tätig zu werden, war sie gar nicht erfreut, da sie es nicht mit ihrer Familienplanung in Einklang bringen konnte. Außerdem passte es nicht zu ihrem Arbeitsrhythmus als Lehrerin. Nach intensiven Diskussionen überzeugte sie Sven, eine Position in der IT-Abteilung eines großen multinationalen Unternehmens zu übernehmen. Seine Fähigkeiten machten ihn zum logischen Kandidaten für die Übernahme eines der größten Projekte, an denen das Unternehmen arbeitete. Dies hätte jedoch ein stark erhöhtes Arbeitspensum außerhalb der üblichen Bürozeiten erfordert. Er wog die Optionen ab und entschied sich letztlich, das Projekt nicht zu leiten. Schließlich war er in dieses große, etwas langweilige Unternehmen eingetreten, um vernünftige Arbeitszeiten zu haben. Er war schon in seiner Schulzeit ein fanatischer Gamer gewesen und falls Sie ihn heute träfen, würde er Ihnen stolz von seinen Online-Leistungen erzählen, aber seinen Beruf kaum erwähnen. Seine Frau (sie heirateten vor einem Jahr) ist mit seinen Spielen einverstanden, erwartet aber, dass er sich ändert, sobald ein Kind geboren wird. Er arbeitet, um zu leben, nicht umgekehrt. Die Projektleitung ging stattdessen an Patrick, einen effizienten, aber eher mittelmäßigen 40er, für den es wahrscheinlich die letzte Chance ist, neue Karrieregipfel zu erklimmen. Ein solider Dinosaurier errang einen weiteren Sieg gegen einen theoretisch überlegenen Homo millennial.

Übrigens, wenn ich Beispiele für begabte Homo millennials zitiere, die gegen weniger talentierte Dinosaurier verlieren, bedeutet das nicht, dass alle Homo sapiens dinosauris mit weniger Fähigkeiten ausgestattet sind. Aber wie wir bereits gezeigt haben, übersteigen die durchschnittlichen Fähigkeiten eines Homo millennials die eines Dinosauriers, so dass die statistische Wahrscheinlichkeit, von einem Homo millennial geschlagen zu werden, höher ist, als die, ihm überlegen zu sein. Aufgrund des Flynn-Effekts verschlechtert sich die Wettbewerbsposition der Dinos zudem jedes Jahr. Die Zeit der Dinosaurier läuft unerbittlich ab, sie ahnen den nahenden Asteroiden bereits.

Risikoscheue

Auf den letzten Seiten habe ich viel über die Präferenzen der Homo millennials geschrieben, die lieber für Startups als Blue Chips arbeiten, und dann spreche ich darüber, dass sie risikoscheu sind? Wie lässt sich das vereinbaren? Nun, zunächst einmal arbeitet die überwiegende Mehrheit der Homo millennials letztendlich für Traditionelle Unternehmen. Nur die Elite schafft es, sich den neuen Googles anzuschließen, weniger als 1 % ihrer Altersgruppe. Andernfalls wäre es auch unsinnig, von einer Elite zu sprechen.

Aber das ist nicht der einzige Unterschied im historischen Vergleich. 1950 besaßen weniger als 5 % der US-Bevölkerung, knapp 5 % der männlichen und rund 2 % der weiblichen deutschen Bevölkerung einen Studienabschluss.[3] Sofern die damaligen, primär männlichen Hochschulabsolventen keine sichtbaren Charakterfehler aus damaliger Sicht wie Kommunismus, Homosexualität oder starken Alkoholkonsum vor Sonnenuntergang zur Schau stellten, war ihre Zukunft als wohlhabende Säule der Gesellschaft zumeist gesichert. Für die

---

[3] Schätzung der Frauenquote anhand der Altersschichtung der Akademiker im Jahr 1970. Für die Schweiz und Österreich sind für beide Geschlechter ähnliche Werte zu erwarten. Außerhalb Westeuropas betrug der Wert in den meisten Ländern weniger als 1 %.

überwiegende Mehrheit der Bevölkerung war dieser Wohlstand nicht realisierbar, falls Sie den ausgetrampelten Pfad Ihrer Väter weitergingen. Ohne Studienabschluss konnten sie Landwirt, Facharbeiter, Bankkassierer oder einfache Angestellte werden. Dies würde es ihnen ermöglichen, ihren Lebensunterhalt zu verdienen, aber reich könnten sie nicht davon werden. Die gläserne Decke des Hochschulabschlusses, der eine Voraussetzung für die höheren Positionen in der Unternehmenswelt war, trennte Sie vom echten Erfolg. Deshalb war es in der Zeit des Wirtschaftswunders für die anderen 95 % der Bevölkerung eine gute Idee, Risiken einzugehen und ein eigenes Unternehmen zu gründen. Die Nachkriegsgeschichte ist voller Biographien von Unternehmern ohne formale Bildung, die globale Imperien schufen.

Bis 1970 ging der Wunsch nach Erfolg für die meisten Menschen mit der Notwendigkeit einher, den ausgetretenen Pfad zu verlassen. Das hat sich seitdem grundlegend geändert, da die Zahl der Hochschulabsolventen explodiert ist. Heutzutage haben mehr als 40 % der 30-Jährigen einen Hochschulabschluss, sogar 60 %, wenn Sie in Litauen oder Kanada leben. Während der Großen Rezession 2008–12 explodierte die Arbeitslosenquote in den USA für Abiturienten von 8 % auf 12 %, für Hochschulabsolventen bewegte sie sich kaum von 3 % auf 4 %.[4] Falls Sie einen Hochschulabschluss haben, werden Sie gut bezahlt und sind einem geringen Risiko ausgesetzt, länger arbeitslos zu sein. Das ist eine sehr gemütliche Situation. Da das Durchschnittseinkommen eines Selbstständigen etwa gleich hoch ist wie das eines Erwerbstätigen, warum sollte jemand mit Verstand nicht risikoscheu sein?

Deswegen wäre es unberechtigt, den Homo millennial als von Geburt an risikoscheu zu bezeichnen. Aufgrund seiner sozialen Situation ist dieses Verhalten zumeist durchaus

---

[4] Daten laut National Institute for Education Statistics.

zweckrational. Wenn Sie auf entspannte Art und Weise relativ viel Geld verdienen können, während Sie geregelten Arbeitszeiten nachgehen und kein wirkliches Jobrisiko haben, warum sollten Sie dann Ihr eigenes Unternehmen gründen oder ein riskantes Projekt übernehmen, für das Sie zu Beginn eher weniger Geld verdienen?

Für uns Dinosaurier ist das Wasser auf unsere Mühlen. In unserer Generation war die Mitarbeit in einem Startup wirklich exotisch. Die risikofreudigsten Studienabgänger wurden zumeist Mitarbeiter traditioneller Unternehmen und konkurrierten mit ihren Vorgängern. Risikofreudigen Konkurrenten mit risikoarmen Strategien zu begegnen, ist ein riskantes Unterfangen. Einer der Risikoliebhaber wird vermutlich auf das richtige Pferd gesetzt haben und die Beförderung bekommen. Risikoscheue Bewerber gewinnen das Rennen um den Chefsessel nur selten. Kein Risiko, kein Gewinn. Wenn wir Dinosaurier uns einer großen Gruppe von Mitbewerbern gegenüber sehen, die Risiken vermeiden, ist das jedoch eine gute Nachricht, denn wir wissen, wer die wahrscheinlichen Gewinner sein werden. Dinosaurier haben lange Jahre Erfahrung im Umgang mit Risiken gesammelt und sie haben ihr Urteilsvermögen durch oft saure Rückschläge kalibriert. Dinos sind Experten im Eingehen von kalkulierten Risiken, so erreichten sie schließlich ihre jetzige Position. Die meisten Homo millennials werden viel Übung brauchen, bis sie uns in dieser Hinsicht das Wasser reichen können, zumal ihre besten Spieler nicht in der DAX und Fortune 500-Liga spielen, sondern für die neuen Googles, Teslas und ähnliche arbeiten.

Ein Mitglied meines Tennisclubs, nennen wir sie Elaine, war für den europäischen Kundenservice eines Herstellers von kleinen Küchenelektrogeräten zuständig. Dies war aufgrund der vielen Produktionsfehler, die durch die schlecht gewarteten Produktionsanlagen in ihren veralteten Fabriken verursacht wurden, eine frustrierende Aufgabe. Unzufriedene Kunden riefen ihre Mitarbeiter in Scharen an, und da sich die Qualität von Jahr zu Jahr weiter verschlechterte, wuchs die Zahl der Anrufer proportional. Elaine hatte wiederholt versucht, das Management auf die Ursachen aufmerksam zu machen, aber ohne Erfolg. Sie musste ein Qualitätsniveau von 80/20 beibehalten, was bedeutete, dass 80 % der Anrufe innerhalb von 20 Sekunden zu beantworten waren. Da die Anzahl der Anrufe von Jahr zu Jahr zunahm, mussten ihre Mitarbeiter immer mehr Zeit damit verbringen, diese Anrufe zu beantworten, was dazu führte, dass ihr Budget ebenso explodierte, wie einige der Maschinen, die sie verkauften.

Das Hauptquartier war unzufrieden mit dem, was es als Mangel an Effizienz bezeichnete, und rief ein internes Revisionsteam unter der Leitung eines Senkrechtstarters ein, der – wie Sie vermutlich erraten haben – ein Homo millennial war. Für Elaine war das eine Stresssituation. Es war offensichtlich, dass es sie ihren Kopf kosten würde, falls der Leiter des Revisionsteams innerhalb weniger Wochen eine Lösung für das Problem der steigenden Call Center Kosten fände, die sie seit Jahren übersehen hätte. Ihrer Meinung nach bestand die einzige Lösung darin, die grundlegende Qualität der Produkte zu verbessern, die sie nicht beeinflussen konnte.

In der ersten von sechs Wochen seiner Präsenz vor Ort stellte sie ihm und seinem Team Dutzende von Managern vor, die mit dem Thema wenig zu tun hatten. Dann überflutete sie den jungen Mann mit Daten, die es ihm erlaubten, nach intensivem Data Mining zu erkennen, dass die meisten lokalen und zeitlichen Unterschiede in der Anrufintensität statistisch nicht aussagekräftig waren. Das füllte seine zweite und dritte Woche. In der vierten Woche ließ sie ihn die qualitative Anrufstatistik durchgehen, um seine Fischgrätenanalyse zu unterstützen. Einige weitere

Analysen und verspätet eintreffende abschließende Rückmeldungen führten dazu, dass er nach Woche 5 erkannte, dass ihre Einschätzung der Situation richtig war.

Jetzt wurde der Homo millennial nervös. Sechs Wochen Reisespesen für sein Team, nur um die erste Einschätzung des geprüften Managers zu bestätigen, war kein karriereförndernder Schritt. In der letzten Woche der Prüfung hatte er eine Idee. Die 80/20-Regel begrenzte die Zeitspanne nicht, welche die unglücklichen 20 % der Anrufer warten mussten, deren Anrufe in den ersten 20 Sekunden nicht angenommen wurden. An ihrem letzten Abend in einem nicht allzu kostspieligen Restaurant skizzierte der Senkrechtstarter Elaine, was er in seinem Abschlussbericht schreiben wollte. Sie könnten die Kosten des Kundendienstes um 16 % senken, indem sie die letzten 20 % der Anrufer erheblich länger warten ließen. Seine Mission war erfolgreich gewesen.

Elaine unterdrückte ihre Panik und erwähnte beiläufig, dass sie das schon einmal versucht hätte und dass sie mit Briefen und E-Mails von unzufriedenen Kunden überflutet worden wäre, die sich über die langen Wartezeiten beschwerten, was damals sogar die Zentrale alarmiert hätte. Schnell hätte sie die alten Servicestandards wieder einführen müssen. Es wäre eine gute Idee in Bezug auf kurzfristige finanzielle Vorteile, aber einfach zu riskant.

In Wirklichkeit hatte sie es nie versucht. Elaine ist gut im Ausführen von Anordnungen, aber normalerweise nicht die Kreativste. Sie hatte die Geschichte spontan erfunden und sich auf seine Risikoaversion verlassen. In ihrer Beschreibung der Reaktionen von Kunden und Zentrale flocht sie viele grafische Details ein und erklärte mir später lachend nach einem Tennisdoppel, sie wäre noch nie so innovativ gewesen wie an diesem Abend. Auf jeden Fall hatte sie mit ihrer Strategie Erfolg. Auf dem Rückflug änderte der Senkrechtstarter seinen Bericht und bestätigte offiziell, dass das lokale Management alles in seiner Macht Stehende täte, die Kosten im

Zaum zu halten. Nach einigen Monaten erhöhte sie allmählich die Wartezeiten für die letzten 20 % und schaffte es, ihr Budget für die nächsten zwei Jahre stabil zu halten, bis sie versetzt wurde, was mit einer kleinen Beförderung einherging.

Zusammenfassung

Homo millennials haben fünf entscheidende Startvorteile Ihnen gegenüber, aber falls Sie hart trainieren, können Sie ihren Vorsprung so weit reduzieren, dass das Spiel offen bleibt.

1) Umgang mit mehreren großen Gruppen
2) Multilaterales Denken.
3) Native Nutzung fortgeschrittener Technologien
4) Gewöhnung an schnelles Handeln
5) Wunsch nach ständiger Online-Verbindung mit wenig Bedürfnis nach Privatsphäre

Entscheidend für Ihren persönlichen Erfolg ist aber vor allem Ihre Fähigkeit, die Schwächen der Homo millennials zu nützen:

1) Work-Life-Balance in Richtung Leben verschoben
2) Geringer beruflicher Ehrgeiz
3) Risikoscheue

Wenn Sie diese Richtlinien befolgen, sollten Sie in der Lage sein, Ihre Karriere nicht nur fortzusetzen, sondern Ihre Führungskompetenz und -verantwortung weiter auszubauen.

Literatur

1. Derman, E.: My Life as a Quant: Reflections on Physics and Finance; Wiley 1 edition (11. Januar 2016). Ehrlich geschriebene Analyse der Karrierechancen von Physikern und der gravierenden Unterschiede zwischen Einstein und ‚normalen' Genies.
2. Diamond, J. / Englich, V.: Der dritte Schimpanse: Evolution und Zukunft des Menschen; Fischer Taschenbuch (Juni 2006). Wie immer ist Jared Diamond erhellend und unterhaltsam und führt uns hier durch die Entwicklung und die Besonderheiten der menschlichen Spezies.
3. Kurzweil, R.; Menschheit 2.0: Die Singularität naht; Lola Books – 2. durchgesehene Auflage (1. Oktober 2014). Ein Muss-Buch für die letzte Generation von Menschen, welche die Erde beherrschen.
4. Matis, H. / Bauer L.: Geburt der Neuzeit. Vom Feudalsystem zur Marktgesellschaft (German); DTV Deutscher Taschenbuch Verlag (Februar 1992). Exzellente Übersicht der Entwicklung Traditioneller Unternehmen und der Proto-Industrialisierung.
5. U.S. Bureau of Labor Statistics; BLS reports, Report 1052; December 2014. Fascinating reading of a different kind.
6. U.S. Census Bureau: PINC-11. Income Distribution to $250,000 or More for Males and Females (2015).

7

Kann der Homo millennial unsere großen Herausforderungen lösen?

Zunächst muss ich bekennen, dass ich Pessimisten nicht ausstehen kann. Ich habe keine Sympathie für Typen, die behaupten, dass der Weltuntergang unmittelbar bevorstünde. Sie tun ihr Bestes, uns die Stimmung zu verderben, und bisher lagen sie alle falsch. Als Spezies waren wir wiederholt mit herausfordernden Situationen konfrontiert und haben sie früher oder später immer gemeistert.

Unsere ersten Vorfahren, die wir ‚Mensch' und nicht mehr ‚Primat' (Menschenaffe) nennen, waren keine Erfolgsgeschichte. Sie waren weder besonders stark, noch klug, noch geschickt, noch schnell, noch sonst irgendetwas. Ihre Fähigkeiten erlaubten es ihnen gerade eben, in ihrem relativ kleinen Lebensraum mitten im Nirgendwo in Ost-Afrika zu überleben. Manchmal war ihr Überleben sehr auf Kante genäht und mindestens einmal, möglicherweise während einer Dürre, fiel die Weltbevölkerung auf unter 200.

Aus sehr bescheidenen Anfängen stammend, wurden unsere Vorfahren immer kompetenter in dem, was sie taten.

Wir überlebten viele Krisen, die zunehmend häufiger von uns selbst verursacht wurden. In vielen Fällen stärkte das unsere Überlebensfähigkeit sogar, wenngleich wir niemals die mit diesen Krisen einhergehenden zahlreichen persönlichen Tragödien vergessen dürfen, aus denen wir lernen müssen. Heutzutage ist die menschliche Dominanz auf diesem Planeten absolut und kein externer Faktor wird dies in absehbarer Zeit ändern. Also hören wir auf, uns zu beschweren.

Gleichzeitig scherzen wir zu Recht über den Kerl, der von einem Wolkenkratzer springt und auf Höhe des 10. Stockwerks ruft: „So weit, so gut." Unser Erfolgsrezept, das es uns ermöglichte, die Erde zu erobern, war, uns den Realitäten zu stellen und die richtigen Karten zur richtigen Zeit auszuspielen. Unsere Hand ist so gut wie nie zuvor in der Geschichte der Menschheit und folglich sollten wir genug Asse zur Verfügung haben. Was sind also unsere größten Herausforderungen?

Privatsphäre ist ein Anachronismus

Wir hatten diese Frage bei der Analyse der Bedürfnisses der Homo millennials kurz angeschnitten, und wollen an dieser Stelle vor allem die gesellschaftlichen Auswirkungen analysieren. Es gab eine Zeit, in der jeder Mensch das Recht auf Privatsphäre hatte. Es gab auch eine Zeit, in der jeder freie Mensch das Recht hatte, Sklaven zu besitzen. Wir haben letzteres Recht vor langer Zeit abgeschafft, und ich habe in letzter Zeit nicht mit vielen Befürwortern seiner Wiedereinführung gesprochen. Frühere Rechte sind aus moderner Sicht nicht grundsätzlich nachvollziehbar oder akzeptabel.[1] Es wird viel über den Verlust der Privat-

---

[1] Opernliebhabern ist das ‚ius primae noctis', das Recht des Landesherren auf Entjungferung jeder Braut ein Begriff. Es gab auch Rechte, die Felder der Untertanen bei der Jagd zu verwüsten und ihnen alles Hab und Gut wegzunehmen. Rechte können sehr zweischneidig sein.

sphäre gesprochen, aber in Wirklichkeit scheinen wir das akzeptiert zu haben. Wenn wir einen Kredit benötigen, erlauben wir jedem Finanzinstitut, höchst persönliche Informationen über unser Zahlungsverhalten zu erhalten. Um reduzierte Versicherungstarife zu erhalten, teilen wir die intimsten Gesundheitsdetails mit den Anbietern. Mehrere Länder publizieren bewusst die Namen und Adressen freigelassener Sexualstraftäter. Wir veröffentlichen freiwillig persönliche, sogar intime Fotos und Videos und sind uns der Tatsache bewusst, dass die Analyse unserer Facebook-Seite zu einem Standardbestandteil jedes Vorstellungsgespräches geworden ist.

Was ist passiert? Bis zur Französischen Revolution und der beginnenden Industrialisierung lebte so ziemlich jeder in Europa in Dörfern mit weniger als 200 Einwohnern. Nicht nur, dass jeder jeden in einer solchen Umgebung kennt, jeder weiß auch alles über jeden. Die Konzepte von ‚Privatsphäre' und ‚Dorf' schließen einander gegenseitig aus. Fragen Sie einfach Ihre Bekannten, die in einem traditionellen Dorf dieser Größe aufgewachsen sind. Ich garantiere Ihnen, dass sie diese Aussage bestätigen werden.

Diese Einstellung änderte sich nach der französischen Revolution, als Toleranz und Privatsphäre plötzlich als sehr wichtig eingestuft wurden, denn zuvor waren viele Menschen wegen ihrer religiösen oder politischen Überzeugung getötet worden. Keine Informationen über politische und religiöse Präferenzen austauschen zu müssen, erhöhte die persönliche Sicherheit. Die Devise „Don't ask, don't tell" (Frag nicht, antworte nicht) wurde nicht vom amerikanischen Militär erfunden, sondern bereits von Elisabeth I., Königin von England, die „keinen Wunsch hatte, Fenster in die Seelen der Menschen einzubauen", um zu wissen, ob ihre religiöse Überzeugung dem protestantischen oder dem katholischen Lager zuzuordnen war.

Die Urbanisierung, der Umzug einer immer größer werdenden Zahl von Menschen aus Dörfern in die Städte, war der zweite große Treiber. In einer Großstadt ist die Privatsphäre die Regel und viele Einwohner schätzen ihre Vorteile. Von der Norm abweichendes Verhalten ist leichter ohne Sanktionierung auszuüben. Frauen konnten Bücher schreiben, die Religion wechseln, ihre Männer verlassen und wirtschaftlich unabhängig werden. Aber auch Kinderarbeit und Kinderprostitution wurden damit Realität. Privatsphäre hat auch ihre Schattenseiten.

Die sozialen Medien haben uns zurück in die Dörfer katapultiert, in denen jeder alles über alle weiß. Wenn Sie sich über jemanden informieren wollen, brauchen Sie ihn nur zu googeln. Die Reduzierung Ihrer digitalen Präsenz und die Wandlung zum digitalen Einsiedler ist nur eine theoretische Option. Wenn Sie nicht planen, auf Ihrem eigenen Land zu leben, Ihre eigenen hypothekenfreien Felder mit Ihren eigenen Pferden zu ernten und Ihre Lieferanten die ganze Zeit in bar zu bezahlen, könnte sich dies als nicht realistisch erweisen. Die meisten Headhunter rufen mich an, weil ihr Analyst mein LinkedIn- oder Xing-Profil im Internet gelesen hat. Wenn Sie das Spiel der modernen Karrierepolitik spielen wollen, müssen Sie seine Regeln befolgen. Die digitale Präsenz im digitalen Dorf ist eine dieser Regeln.

Bitte verstehen Sie mich nicht falsch: Ich wurde zu einer Zeit geboren, als die Privatsphäre als wichtiger Wert angesehen wurde, als ein Menschenrecht erster Ordnung. Aber es scheint mir, dass wir es für einige andere Vorteile eingetauscht haben. Ich vermisse die Privatsphäre, aber ich vermute, das sagten auch einige Sklavenhalter nach der Abschaffung der Sklaverei. In den USA wird das Recht, ein Gewehr zu tragen, immer noch religiös verteidigt, in Europa gilt das als ein gefährlicher Anachronismus, der in einer modernen Zivilisation nichts verloren hat. Vielleicht wird der Datenschutz irgendwann auch als Anomalie betrachtet werden. Vielleicht werden wir aber auch bereuen, einen zu hohen Preis für die im Austausch erhaltenen Leistungen bezahlt zu haben.

Erhöhte Arbeitsgeschwindigkeit und Beschleunigung des Wandels

Wir reden in diesem Buch viel über Dinosaurier, aber haben Sie jemals Bilder der bizarren Kreaturen gesehen, welche die Erde beherrschten, lange bevor es Dinosaurier gab? Es waren sehr, sehr seltsame Tiere und sie hatten eines gemeinsam: sie waren sehr, sehr langsam. Im Verhältnis zu *Eurypterus* (ein schwimmender Skorpion, der die Größe eines zehnjährigen Kindes erreichte) der vor 420 Millionen Jahren ungekrönter Herrscher der Weltmeere war, konnte man die trägen, riesigen, pflanzenfressenden Dinosaurier *Apatosaurus* (alias Brontosaurus) und *Titanosaurus* als Genies bezeichnen, die sich mit Lichtgeschwindigkeit bewegten. Seitdem nimmt die Geschwindigkeit der auf der Erde lebenden Kreaturen ständig zu.

Das Gleiche gilt für unsere Gesellschaft. Jedes Jahr explodiert die Zahl der Veröffentlichungen, Patentanmeldungen und Websites. Wenn Sie vor 3000 Jahren geboren worden wären, hätte sich die Technologie von ihrer Geburt bis zu Ihrem Tod nicht sichtbar verändert. Vor 300 Jahren hätten Sie die Entwicklung der Dampfmaschine, die ersten Fabriken, Revolutionen in Frankreich und den USA, die Einführung von Zeitungen, Aufstieg der Freimaurerei und den ersten Anbau von Kartoffeln miterlebt. Wenn Sie vor 30 Jahren geboren wurden, haben Sie bereits den Niedergang der Sowjetunion, den Aufstieg Chinas, die Erfindung des modernen Internets, den Aufstieg des E-Commerce und den daraus resultierenden Niedergang des Einzelhandels, die Einführung digitaler Mobiltelefone, die Gründung von Google, Uber, Airbnb und Facebook, die Eliminierung des traditionellen Bankwesens durch Online-Banking und Verbriefung, den Durchbruch des Klonens bei Tieren, die Entwicklung von Computern, die den besten Schachmeister schlagen und in Jeopardy gewinnen und einen Anstieg der Weltbevölkerung um 2,5 Milliarden Menschen miterlebt und Sie haben noch nicht einmal die Hälfte Ihres Lebens gelebt.

Als ich meinen ersten Ferialjob antrat, erfolgte die Kommunikation zwischen den Abteilungen in der Regel über schriftliche Notizen und Rohrpost (nein, ich wurde nicht vor 1900 geboren). Es wurde erwartet, dass die Antworten auf diese Mitteilungen den Empfänger innerhalb der nächsten zwei bis drei Tage erreichen würden. Computer waren für Sekretärinnen, die gelegentlich wichtige Informationen für ihre Chefs ausdruckten. Kein anständiges Vorstandsmitglied würde es einem Monitor erlauben, seinen Schreibtisch zu verunstalten. Derzeit gelten Reaktionszeiten über einer Stunde als unhöflich und können in zunehmend mehr Unternehmen im Wiederholungsfall zu disziplinarischen Konsequenzen führen. In den letzten Jahrzehnten beschleunigte sich die Geschwindigkeit des Unternehmenslebens enorm. Entscheidungen werden immer komplexer und die Zeit zum Nachdenken immer kürzer.

Fehlende Abschottung

Erinnern Sie sich an den Untergang der Titanic, bei der die Abteile ihres Rumpfes keine Abdeckung hatten und das Wasser über die Wände der beschädigten Abteile stieg, in den benachbarten Bereich eindrang und schließlich alles überflutete und das Schiff zum Kentern brachte? Genau das ist es, was wir heute in der globalisierten Wirtschaft erleben. Eine Krise in Mexiko zerstörte meinen

7 Kann der Homo millennial unsere großen ...

tschechischen Deal mit einem taiwanesischen Unternehmen, obwohl keiner von uns irgendwelche Geschäftsbeziehungen mit Mexiko pflegte. Die Flutwelle, die in das mexikanische Abteil eindrang, schwappte über seine Wände, überschwemmte alle Abteile der Schwellenländer und versenkte meine tschechische Transaktion. Die Globalisierung erhöht unseren Lebensstandard, aber auch die Nähe unserer Wirtschaften und Kulturen. Stellen Sie sich ein Krankenhaus vor, in dem es keine Wände zwischen den Stationen gäbe und alle Abteilungen nebeneinander auf einer riesigen Etage angesiedelt wären. Würden Sie sich in diesem Krankenhaus behandeln lassen wollen, obwohl Sie wissen, dass nichts Sie vor den ansteckenden Krankheiten in 30 Metern Entfernung schützt?

Im Schiffbau haben wir mittlerweile strenge Regeln für den Bau von Abteilen eingeführt; in der Weltwirtschaft überwiegen weiterhin die Vorteile der Globalisierung die Nachteile der Zwangsabschottung. Wenn ich denke, dass die Kurse deutscher Aktien nicht schnell genug steigen oder sogar sinken werden, kann ich japanische Aktien kaufen. Wenn ich meine japanischen Aktien verkaufen und argentinische Immobilienpfandbriefe kaufen will, stellt das kein Problem dar.

Der Zugang zu all diesen wunderbaren Spielzeugen birgt die Gefahr einer Ansteckung. Wenn China hustet, verlieren US-Anleihen an Wert (China ist ein großer Käufer dieser Wertpapiere). James Tobin erfand eine nach ihm benannte Steuer (1 % des Transaktionswerts), die bei jeder Devisentransaktion erhoben werden sollte, um spekulativen Devisenhandel zu unterbinden. Nach der mexikanischen Peso-Krise erweiterte er das Konzept und schlug vor, die Tobin-Steuer für jede Kapitalmarkttransaktion anzuwenden. Er erhielt viel theoretisches Lob und den Nobelpreis, aber die Steuer wurde nie im großen Stil umgesetzt. Im Gegenteil, einige Länder, die bereits Steuern auf Börsengeschäfte erhoben hatten, eliminierten sie (wie Deutschland und Österreich) oder reduzierten sie (in der Schweiz bestehen umfassende Ausnahmeregelungen). Die Tatsache, dass die Kosten einer Tobin-Steuer in erster Linie vermögende Personen, darunter viele Parlamentsvertreter und ihre Geldgeber treffen würden, erleichtert ihre Umsetzung sicherlich nicht.

Daher sollten wir davon ausgehen, dass unsere Wirtschaft weiterhin nicht abgeschottet sein wird und die anderen Abteile keine Abdeckungen bekommen werden. Folglich ist es trotz eingeschränkter Sicht weiterhin erforderlich vorherzusagen, was in jedem anderen Abteil passieren wird, denn wir wissen, dass dort auftretende Flutwellen unser eigenes Abteil mit minimaler Vorwarnung überschwemmen können.

Globales Wirtschaftswachstum

Die ganze Welt wird von Jahr zu Jahr reicher. Das klingt doch großartig, wo liegt das Problem? 5 % der Weltbevölkerung leben in Nordamerika und verbrauchen mehr als 40 % der weltweiten Ressourcen. Sollte der Rest der Weltbevölkerung den American Way of Life imitieren, wird die Menschheit achtmal so viel Energie, Wasser, Eisen, Kohle, Benzin und Kupfer verbrauchen wie heute. Sollte sich die Weltbevölkerung verdoppeln (das höhere derzeit gültige OECD-Szenario), brauchen wir sechzehn Mal so viele Rohstoffe wie heute. Der Kauf von Rohstoffaktien könnte eine ausgezeichnete langfristige Investition sein, denn alles, was wir konsumieren, ist potenziell knapp. Vielleicht haben wir heute genug davon, aber nicht, wenn die Nachfrage um das 15-fache steigt. Wir laufen Gefahr, unsere Vorräte vieler scheinbar unbegrenzter Güter zu erschöpfen: Energie, Wasser, Eisen, Kohle, Benzin, Kupfer, aber auch

Luft, Ackerland, Straßen und Parkplätze. Sechs Milliarden Menschen besitzen derzeit noch kein Auto, haben keine Wochenendhäuser, kein eigenes Schlafzimmer und so weiter. 8 Milliarden Konsumenten werden in den nächsten Jahrzehnten hinzukommen, deren Nachfrage befriedigt werden muss. Die Infrastruktur, die benötigt wird, um 16 Milliarden Menschen den Lebensstil eines zeitgenössischen Amerikaners zu ermöglichen, ist überwältigend.[2] Das 16fache der aktuellen Nachfrage dürfte auch das 16fache der aktuellen Emissionen und weit mehr als das 16fache der aktuellen Umweltprobleme auslösen. Es gibt keinen Grund zu der Annahme, dass wir diese Herausforderungen nicht meistern können, aber es wird sicherlich unsere volle Aufmerksamkeit und einen unglaublichen Einsatz von Ressourcen erfordern.

Innovation vs. Hungersnot

Robert Malthus wurde vor mehr als 200 Jahren mit der Vorhersage berühmt, dass die Nahrungsversorgung arithmetisch und die menschliche Bevölkerung geometrisch wachsen würden. Einfach ausgedrückt, sagte er, dass Nahrungsmangel und daraus resultierender Massenhunger nur eine Frage der Zeit seien. Die Nahrungsmittelproduktion würde jedes Jahr um den gleichen absoluten Betrag steigen, während sich die Zahl der Menschen zunehmend schneller erhöhen würde. Seine Logik war damals fehlerhaft (der Hunger in Großbritannien verschwand schon vor langer Zeit, obwohl sich die Bevölkerung seit 1800 versiebenfacht hat), aber das Problem könnte uns in Zukunft trotzdem treffen.

---

[2] Sollte die Bevölkerung lediglich um 50 % steigen (unser niedrigeres OECD-Szenario), bedeutet das immer noch eine erforderliche Produktionssteigerung auf das 12fache des heutigen Niveaus.

Selbst in den 20 ärmsten Ländern der Welt nimmt die Zahl der Hungernden von Jahr zu Jahr sowohl absolut als auch prozentual ab (ja, sie ist immer noch zu hoch und wird hoffentlich bald auf null sinken). Malthus lag also bisher falsch, könnte aber mit Verspätung immer noch Recht behalten. Selbst im besten Fall wird die Bevölkerung um knapp zweieinhalb Milliarden auf zehn Milliarden Menschen zunehmen, bis wir in den nächsten 100 Jahren möglicherweise ein Gleichgewicht erreichen. Das mittlere Szenario der OECD [6] erwartet für 2100 eine Bevölkerung von 11,2 Milliarden Menschen mit schwach steigender Tendenz, das entspräche einer Steigerung um ungefähr 50 %. Ein weiteres, konservatives Szenario sieht eine Verdoppelung auf 16 Milliarden Menschen, bevor sich die Weltbevölkerung stabilisiert.

In allen Szenarien müssen wir Lebensraum für über zwei Milliarden Menschen finden. Das bedeutet, Häuser, Straßen, Fabriken, Kraftwerke, Schulen, Theater und so weiter für sie zu bauen. Die Anzahl der Ackerflächen ist begrenzt und durch zusätzliche Wohnungen wird sie weiter reduziert. Infolgedessen müssen wir die Nahrungsmittelproduktion auf weiter schrumpfenden nutzbaren Flächen erhöhen.

Das ist nicht grundsätzlich unmöglich. Die Grüne Revolution in den 1960er-Jahren hat die landwirtschaftliche Produktion enorm gesteigert. Malthus ging von stabilen Erträgen pro Hektar aus und erwartete, dass die Landwirtschaft auf weniger fruchtbares Land ausweichen müsse, um mehr Münder zu ernähren, wodurch die Hektarerträge sogar sänken. Entgegen den Annahmen von Malthus sinkt die Produktivität pro Hektar nicht, sondern sie steigt dank neuer Technologien. Ertragreichere Nutzpflanzen, bessere Düngemittel, effizientere Nutztierzüchtungen tragen dazu bei. Zu Malthus Zeiten erforderte die Produktion einer Kalorie Rindfleisch sieben Kalorien Futter. Heute sind es weniger als drei.[3] Innovationen haben uns vor dem Verhungern bewahrt und ernähren siebenmal so viele Menschen wie zu Malthus Zeiten. Wenn wir innovativ bleiben und den Mut (der Verzweiflung?) haben, weiterhin genetische Veränderungen anzuwenden, können wir etliche Milliarden Menschen mehr ernähren. Wenn nicht, werden unsere Kinder womöglich mit der größten menschlichen Tragödie der Geschichte konfrontiert.

Wird der Homo millennial fitter sein, um mit diesen fünf Herausforderungen umzugehen als sein Vorgänger Homo sapiens dinosauris? Beginnen wir mit einem Beispiel. Als Jiwoo Son ihr Studium an der Korea University in Seoul abgeschlossen hatte, kämpfte sie darum, einen Job in der damals rezessionsgeplagten Wirtschaft zu finden. Deshalb nahm sie gerne ein Angebot als Juniorbuchhalterin bei der Verwaltungsgesellschaft eines lokalen Einkaufszentrums an. Ihre Wahl hätte schlimmer ausfallen können: sie mochte ihre Kollegen und genoss das Einkaufen im Einkaufszentrum während der Mittagspause.

Nach zwei Jahren, als sie kurz vor der Heirat stand, konnte sie nicht umhin, zu bemerken, dass sich die Stimmung in der Geschäftsleitung verändert hatte. Dohyun Woo, der Geschäftsführer und größte Aktionär, war selbst an guten Tagen schwierig, und sein unhöfliches Verhalten gegenüber den Mitarbeitern war mittlerweile absolut unerträglich geworden. Er schrie und fluchte bei der kleinsten Panne. Gleichzeitig nahm die Zahl der Besprechungen des Managements hinter verschlossenen Türen zu, was die Neugierde der Belegschaft weckte, da niemand den Grund

---

[3] Das gilt für traditionelle Tierzucht mit Stallhaltung. Je weniger artgerecht, je weniger Auslauf die Tiere erhalten, desto weniger Futter verbrauchen sie. Je tierfreundlicher, desto höher die erforderliche Futtermenge, desto höher die Umweltbelastung durch deren Anbau. Bio-Fleischzucht ist ein Widerspruch in sich. Leider benötigt auch biologische Landwirtschaft mehr Anbauflächen und verstärkt dadurch das Problem, den Hunger auf der Welt zu bekämpfen.

kannte. Einmal sah Jiwoo einige Sitzungsprotokolle auf dem Drucker herumliegen und las sie. Im Mittelpunkt der Diskussionen standen offenbar notwendige Reparaturarbeiten am Gebäude.

Jiwoo erinnerte sich, dass zu Beginn des Jahres eine stärkere Klimaanlage auf dem Dach installiert worden war. Die Inhaber der Geschäfte hatten sich seit dem Bau des Einkaufszentrums über Feuchtigkeit und Hitze beschwert. Den Protokollen zufolge hatten die Arbeiter die schweren Geräte auf dem Dach bewegt und es dabei beschädigt. An der Decke des obersten Stockwerks waren Risse aufgetreten, und in den Dokumenten wurde empfohlen, sie neu auszumalen. Die Verwaltung, in der Jiwoo arbeitete, war genau in diesem obersten Stockwerk des Einkaufszentrums gelegen und das Ausmalen würde sicherlich etwas lästig werden. Aber warum regte sich Herr Woo wegen dieser simplen Malerarbeiten so auf, so teuer konnten die doch nicht sein? Das war selbst für seine Verhältnisse übertrieben.

Dann fiel Jiwoo ein, dass sie vor einiger Zeit etliche Wortfetzen eines Gesprächs einiger Ingenieure mitgehört hatte, die nicht weit von ihrem Schreibtisch entfernt auf eine Besprechung mit Herrn Woo gewartet hatten. Ein Ingenieur hatte damals gegenüber seinem Kollegen bemerkt, dass die Betonpfeiler für ein Gebäude dieser Größe extrem dünn wären, bestenfalls ein Drittel des erforderlichen Durchmessers.

Eines Nachmittags, ein paar Tage nach dem Lesen des Ausdrucks, wurde Jiwoo gebeten, nach einer zwei Jahre alten Steuererklärung zu suchen. Sie fand sich nicht im eigentlich dafür vorgesehenen Archiv und daher war die junge Frau gezwungen, sich im ganzen Büro auf die Suche zu begeben. Als sie einen selten genutzten Lagerraum öffnete, in dem Reinigungsutensilien und alte Akten gelagert wurden, bemerkte sie ungewöhnlich viel Staub auf dem Boden. Sie betrat den verwinkelten Raum und sah in einer Ecke große Betonbrocken auf dem Boden liegen. Die De-

7 Kann der Homo millennial unsere großen ...

cke sah stark beschädigt aus und ihre Oberfläche war nach unten gebaucht. Es war, als hätte ein Riese seinen Fuß auf das Dach gesetzt und wäre dabei, durchzubrechen.

Als nächstes bemerkte sie das Geräusch. Es war sehr regelmäßig, ähnlich einem Strahltriebwerk während eines Fluges. Es kam ihr in den Sinn, dass sie sich im obersten Stockwerk, genau unter den sechs schweren Klimaanlagen befand, von denen jede einzelne mehrere Tonnen wog. Erschrocken drehte sie sich um und ging in Panik zu Herrn Woo. Er war im Büro, aber seine Sekretärin sagte Jiwoo, dass er nicht gestört werden wollte. Sie bestand darauf, ihn zu sehen und sagte, es sei sehr dringend. Als er widerwillig die Tür öffnete, bellte er, er hätte wenig Zeit für sie, sie solle sich kurz fassen. Verschreckt drückte sie sich an ihm vorbei durch die Türe. Ihre Stimme versagte zuerst, denn in ihrer Aufregung konnte sie ihre Sprache kaum kontrollieren. Aber als sie sich beruhigt hatte und ihn warnte, die Decke könne einstürzen, hatte sie seine volle Aufmerksamkeit.

Obwohl sie keine Kenntnisse über Statik hatte, erklärte sie, dass die Klimaanlagen für das Dach zu schwer zu sein schienen. Dies hätte die seltsamen Geräusche und Risse ausgelöst. Nun drohten die Maschinen den Beton zu durchbrechen. Da die Stützen des Gebäudes nur ein Drittel der erforderlichen Größe hatten, würden sie dem Aufprall möglicherweise nicht standhalten. In der Folge könnte das gesamte Einkaufszentrum zusammenstürzen.

Herr Woo war wütend und kanzelte sie ab. Sie sei eine dumme Gans, solle gefälligst die Klappe halten und niemandem von ihren dummen Ängsten erzählen. Sie wäre in keiner Weise qualifiziert, das zu beurteilen. Sollte sie jemals einem anderen gegenüber wiederholen, was sie gerade eben gesagt hatte, würde er sie fristlos feuern und zudem auf Schadenersatz verklagen. Ihr inkompetenter Klatsch könne dem Ruf des Einkaufszentrums schaden und dessen Umsatz und Gewinne beeinträchtigen.

Unter Tränen verließ Jiwoo das Büro, wagte es aber nicht, jemandem von ihren Sorgen zu erzählen. Sie war sich nicht sicher, was sie machen sollte. Herr Woos Drohungen waren ernstgemeint, dessen war sie sich sicher. Sollte sie wegen ihrer dummen Sorgen ihre eigene Zukunft riskieren? Sie war sich nicht sicher und erzählte selbst ihrem Verlobten nur, dass es ihr nicht gut ginge. Am nächsten Morgen begab sie sich wie gewohnt zur Arbeit. Herr Woo, seine Sekretärin und der Rest der Geschäftsleitung waren nicht anwesend. Sie hatten eine Nachricht hinterlassen, dass sie ohne Angabe von Gründen vorübergehend in ein anderes Büro gezogen wären, das einen Kilometer entfernt war.

Später am Morgen ging Jiwoo durch das Einkaufszentrum und sah die Gänge voller glücklicher, lächelnder Menschen, die Geschenke für die kommenden Feiertage einkauften. Was würde mit ihnen passieren, wenn das Gebäude einstürzte? Schließlich entschied sie sich und rief eine Freundin an, die für eine Lokalzeitung arbeitete. Sie erzählte ihr von ihren Ängsten. Ohne sie zu zitieren, schrieb diese in ihrem persönlichen Blog über die drohende Katastrophe (die Zeitung hatte sich geweigert, den Artikel ohne Überprüfung zu drucken). Der Blog ging viral und am nächsten Tag inspizierten die Stadtbehörden das Gebäude unangemeldet. Am späten Nachmittag wurde eine einstweilige Verfügung erlassen, die das Einkaufszentrum bis auf weiteres schloss und die Straße abriegelte. Herr Woo legte Berufung ein, aber ohne Erfolg. Vier Tage später stürzte das ganze Gebäude tatsächlich ein, doch dank Jiwoos Initiative und der getroffenen Vorsichtsmaßnahmen wurde niemand verletzt.

Leider ist diese Geschichte teilweise erlogen. Jiwoo Son, unser vorbildlicher Homo millennial, hat bedauerlicherweise nie existiert und ihr mutiges Handeln bewahrte niemanden vor dem Tod. In Wirklichkeit brach das Sampoong Einkaufszentrum 1995 mitten im Hochbetrieb zusammen und 502 Menschen starben. Es war der tödlichste Unfall in

Friedenszeiten in der Geschichte Südkoreas. Die geschilderten Unfallursachen und Warnzeichen entsprechen weitgehend den historischen Ereignissen, soweit wir das im Nachhinein beurteilen können. Ebenso wahr ist, dass der Präsident der Betreiberfirma des Einkaufszentrums, Lee Jon, mit seinen engsten Mitarbeitern kurz vor dem Unfall aus dem Gebäude ausgezogen war. Es wird Ihren Sinn für Gerechtigkeit zumindest teilweise befriedigen, zu hören, dass er im Gefängnis verstarb und mehrere Beamte und Direktoren als Folge der Ereignisse inhaftiert wurden.

Der Kollaps des Gebäudes war ein klassisches Beispiel für den Titanic-Effekt. Die Stützpfeiler des Gebäudes waren unterdimensioniert, es gab nur halb so viele Pfeiler wie erforderlich, der Beton war minderwertig, das unsachgemäße Verschieben der bestehenden Aggregate lieferte den katastrophalen Impuls, der das Dach beschädigte. Keiner dieser Faktoren hätte für sich alleine genommen den Einsturz des gesamten Gebäudes bewirken können, in der Summe war das die tragische Konsequenz. Aber stellen Sie sich vor, ein Homo millennial wie Jiwoo Son wäre vor Ort gewesen wäre, was sie alles hätte verhindern können. Unsere Jiwoo wusste nichts über Gebäude, Konstruktion oder Statik. Alles, was sie tat, war, eins und eins zusammen zu zählen und die logische Schlussfolgerung zu ziehen. Die Fakten schienen nicht miteinander verbunden zu sein, aber mit Hilfe des multilateralen Denkens kam sie zu der richtigen Schlussfolgerung.

Vielleicht wäre es aber auch ihre andere Sicht auf Karriereambitionen gewesen, die sie dazu gebracht hätte, Karrierenachteile in Kauf zu nehmen und den Gang an die Öffentlichkeit zu wagen. Es ist unwahrscheinlich, dass keiner der an der Sampoong-Katastrophe beteiligten Homo sapiens dinosauris die potenziellen Risiken richtig einschätzen konnte. Andernfalls wäre das Management nicht aus dem Gebäude ausgezogen, obwohl es möglicherweise die Wahrscheinlichkeit eines Einsturzes des gesamten Gebäudes wirklich unterschätzt hatte. Entscheidend aber war die Tatsache, dass keiner der Manager die Notbremse zog und das Gebäude sicherheitshalber schließen ließ, weil jeder Nachteile für die eigene Karriere befürchtete. Sie lebten, um zu arbeiten, im Gegensatz zu Jiwoo, die arbeitete, um zu leben. 502 Homo sapiens dinosauris starben, weil es in der Belegschaft keinen Homo millennial gab.

Inzwischen sollten Sie davon überzeugt sein, dass wir Dinos jemanden brauchen, der uns vor uns selbst rettet. Schlagzeug, Fanfaren und Scheinwerfer: Auftritt des Homo millennial. „Ihre Mission, sollten Sie sie annehmen, besteht in der Lösung von fünf Problemen, die eine echte Herausforderung für uns Dinosaurier darstellen:

1) *Privatsphäre ist ein Anachronismus*
2) *Erhöhte Arbeitsgeschwindigkeit und Beschleunigung des Wandels*
3) *Fehlende Abschottung*
4) *Globales Wirtschaftswachstum*
5) *Innovation versus Hungersnot*"

Beginnen wir mit *Privatsphäre ist ein Anachronismus*. Während die Teenager-Version des Homo millennial einen starken Wunsch nach Privatsphäre gegenüber seinen Eltern zeigt (Schilder mit der Aufschrift „Nicht betreten" an der Tür zu ihren Zimmern sind genauso ein Muss, wie sie es dreißig Jahre zuvor bei ihren Eltern waren), zögert sie absolut nicht, das, was hinter dieser Tür passiert, mit dem Rest der Welt zu teilen. Falls Sie sie gut genug kennen, können Sie die jungen Homo millennials leicht mittels zahlreicher Apps verfolgen, über die sie regelmäßig Text-, Ton- und Videonachrichten veröffentlichen. Ihre Eltern sagen ihnen zwar, sie mögen vorsichtig sein, vor allem im Hinblick auf die Vermeidung von sexuellem Missbrauch, aber in Wirklichkeit ist das den Teenagern egal. Tief in ihrem Inneren hegen sie die Überzeugung, dass sie nichts falsch machen würden und daher nichts zu verbergen hätten. Außerdem wäre jeder, mit dem sie in Kontakt stünden, ohnehin ein cooler Typ, der ihnen keinen Schaden zufügen würde.

Letzteres ist höchstwahrscheinlich eher typisch für das Lebensalter als der Beweis einer echten Mutation. Ältere Exemplare des Homo millennial werden vorsichtiger, nachdem sie negative Erfahrungen gemacht haben, genau wie ihre Eltern. Es bleibt abzuwarten, ob die nach 2000 geborenen Homo millennials ihre Ansichten in Bezug auf Privatsphäre ändern, sobald sie in ein Alter kommen, in dem kostspielige Scheidungen realistische Optionen sind. Wahrscheinlicher ist jedoch, dass sie sich an die Lebensbedingungen im digitalen Dorf angepasst haben. Wenn du es nicht ändern kannst, akzeptiere es.

Das Internet der Dinge wird dies noch verstärken. Vor kurzem las ich von einer Entführung, die tragischer Weise mit dem Tod eines 17-jährigen Mädchens endete. Meine erste Reaktion war die Frage, ob die Polizei das Mobilfunksignal des Mädchens verfolgt hätte. Wenn wir die Wahrscheinlichkeit eines Verbrechens – sei es Terrorismus oder gewöhnliche Straßenkriminalität – durch die Einschränkung der Privatsphäre verringern können, kämpfen die Datenschutzliebhaber eine verlorene Schlacht. Vor einiger Zeit installierte ich auf meinem Handy eine Anti-Diebstahl-App. Diese App zeigte mir nicht nur, in welchem Haus sich mein Handy befand, sie bildete die Position mit einer Genauigkeit von weniger als einer Autolänge ab. Zudem konnte ich über ein anderes Gerät jedes Gespräch am Telefon oder im Raum abhören, Kopien aller ein- und ausgehenden Nachrichten erhalten und vieles mehr. Bitte beachten Sie, dass es sich hierbei nicht um eine professionelle, teure Lösung handelte, sondern um eine kostenlose Telefon-App, die jedem zur Verfügung steht. Eine Kollegin von mir installierte vor etlichen Jahren eine App auf den Handys ihrer

Kinder, mit der sie zusätzlich überprüfen kann, ob diese an den Nachmittagskursen teilnehmen, die sie besuchen sollten und ob deren Auto schneller fährt, als an der betreffenden Stelle zulässig.

Aber es kommt noch besser: Vor kurzem leitete ich strikt geheime Verhandlungen mit einem anderen Unternehmen. Nur eine Handvoll von Personen wusste darüber Bescheid, und jede von ihnen war durch Vertraulichkeitserklärungen zum Schweigen verpflichtet. Zu meiner großen Überraschung empfahl mir Facebook, ich möge die Verhandlungsführer der anderen Seite doch zu digitalen Freunden machen. Zuerst schluckte ich und fragte mich, woher Facebook wüsste, dass ich die betreffenden Personen, die ich erst durch die Verhandlungen kennengelernt hatte, kennen würde und ob die Vertraulichkeit der Verhandlungen gefährdet sei. Dann erinnerte ich mich an eines dieser Bargespräche mit einem hochrangigen Mitarbeiter einer großen ausländischen Bank. Dieser erzählte mir, dass sie anhand der Zahlungsdaten ihrer Kunden einen perfekten Überblick über das Privatleben ihrer Kunden kreieren könnten, weil sie nicht nur wüssten, wofür die Betreffenden Geld ausgeben, sondern das auch mit den Daten anderer Kunden verknüpfen könnten. Dadurch wären sie theoretisch in der Lage, digitale Profile zu entwerfen, wer wen kenne, mit wem ein Verhältnis habe, welchen Laster fröne und welche Artikel kaufe. Lediglich die Rechtslage hielte sie davon ab, das aktiv zu nutzen.

Die meisten WLAN-tauglichen Geräte, die sie derzeit kaufen (und das inkludiert Lautsprecher und zunehmend mehr Haushaltsgeräte), besitzen ein Mikrophon, können Daten weitersenden – und machen das auch. In letzter Zeit häufen sich in meinem Umfeld Berichte, dass in Konversationen angesprochene Produkte und Dienstleistungen sich plötzlich in Werbeplatzierungen im Internet wiederfänden.

Im industriellen Bereich spricht man von der ‚Industrie 4.0', was die Erstellung eines ‚digitalen Zwillings' beinhaltet.

Das bedeutet, dass eine Maschine digital simuliert wird, um ihren Wartungsbedarf besser abschätzen zu können. Keine technischen Grenzen halten Internet-Unternehmen davon ab, einen digitalen Zwilling von Ihnen anzulegen. In Kombination bilden Ihr Mobiltelefon, Ihr Computer und Ihre Zahlungsflüsse sie digital völlig transparent ab. Mein Handy meldet mir morgens pro-aktiv, wie lange ich in die Firma brauchen werde, abends wie lange ich nach Hause fahren werde und es weiß genau, an welchem Tag ich wann und wo Tennis spiele.

Während die Beseitigung der Privatsphäre Sie stören könnte und mich sicherlich ärgert, sehen Homo millennials das ganz anders. Sie haben kein Problem damit, die meisten ihrer Aktivitäten mit praktisch jedem zu teilen. In einer Welt, in der Privatsphäre eine Sache der Vergangenheit ist, ist dies eine gesunde Einstellung. Es macht die Dinge für uns alle einfacher. Um es zusammenzufassen: Homo millennials sind die Letzten, die das Verschwinden der Privatsphäre stoppen werden, aber sie werden Ihnen die positiven Seiten dieser Entwicklung zeigen und Ihnen die bittere Pille versüßen.

Wie sieht es mit der *Erhöhten Arbeitsgeschwindigkeit und Beschleunigung des Wandels* aus? Wir beginnen mit dem abstraktesten, aber am einfachsten zu quantifizierenden Maß: der Anzahl wissenschaftlicher Publikationen. Sie verdoppelt sich alle neun Jahre. Das klingt banal und nicht wirklich relevant für unser Alltagsleben. Zeit für eine kleine Geschichte, um diese neun Jahre in das rechte Licht zu rücken:

Vor langer Zeit lebte ein Mogul in Indien, der schrecklich unter Migräne litt. Er versprach dem, der ihn heilen konnte, die Hand seiner Tochter und ein Fürstentum als Belohnung. Eines Tages kam ein weiser Mann daher und überreichte ihm eine Wunderdroge, die aus vielen kostbaren und seltenen Essenzen gebraut worden war. Mit wenig Hoffnung schluckte der Herrscher die bittere Medizin und sofort verklärte sich sein Gesicht und er rief begeistert aus: „Ich bin geheilt. Die Schmerzen sind wie weggeblasen und ich fühle mich wieder wie ein junger Mann." Er wies seine Höflinge an, die Hochzeit vorzubereiten. Doch der weise Mann schüttelte demütig sein Haupt und beteuerte, er wäre der Tochter und des Fürstentums nicht würdig. Sodann nahm er ein Schachbrett und murmelte unterwürfig: „Oh, größter Herrscher der Welt. Meine Bitte ist so winzig, wie sie einem kleinen Wurm im Angesicht Eurer Majestät zukommt. Bitte legt ein einziges Reiskorn auf das erste Schachfeld, doppelt so viele auf das zweite, doppelt so viele auf das dritte und so weiter." Der Mogul war verärgert über die lächerlich niedrige Bezahlung, die von ihm, dem größten Herrscher der Welt, erwartet wurde, dessen Gesundheit wohl mehr wert sein sollte als ein paar lächerliche Reiskörner. Verächtlich gewährte er mit einer abwertenden Handbewegung diese Bitte, drehte sich um, und verließ beleidigt den Audienzsaal. Als die Berater des Moguls darüber informiert wurden, streuten sie Asche auf ihre Köpfe, zerkratzten sich ihre Gesichter und zerrissen ihre Kleider. „Oh größter Herrscher Indiens, wir schulden dem weisen Mann mehr Reis, als alle Ernten im ganzen Land in den nächsten 40 Generationen produzieren werden."

Mathematisch gesehen nutzte der Weise die Kraft der geometrischen Progression. In unserem Fall verdoppelt sich die Anzahl der wissenschaftlichen Publikationen alle neun Jahre. Dieser Trend setzt sich seit 350 Jahren fort und überdauert das Moore'sche Gesetz über die Erhöhung der Anzahl von Transistoren auf Computerchips bei weitem. In diesem Zeitraum hat sich die Schaffung neuen Wissens 39 Mal verdoppelt. Heute publizieren wir jedes Jahr 549 Milliarden Mal so viel Wissen wie unsere Vorfahren im Jahr 1670, und Isaac Newton, Gottfried Leibnitz samt Kollegen waren bereits damals sehr produktiv.

Wir müssen nicht einmal in die abstrakte Welt der Wissenschaft eintreten. Erinnern Sie sich an unser Beispiel des weltbesten Läufers zur Zeit des Ersten Weltkriegs, der heute nicht einmal bei Landesmeisterschaften gewinnen könnte? In den Ausschnitten von Fußballspielen aus der Zwischenkriegszeit scheint jeder auf dem Spielfeld eine ganze Menge Zeit gehabt zu haben, bevor ihn ein gegnerischer Spieler angriff. Oder nehmen Sie die allgemein akzeptierte Zeit, um ein internes Memo oder einen Brief (oder E-Mail) zu beantworten. Im Mittelalter wurde sie in Monaten gemessen, in der Neuzeit in Wochen und im Moment lösen Minuten gerade die Stunden als Maßeinheit ab.

Die Zeit ist von wesentlicher Bedeutung und so wie frühere Generationen im Vergleich zu ihren Eltern schneller wurden, so beschleunigt der Homo millennial die Abläufe im Vergleich zum Homo sapiens dinosauris. Ähnlich wie das Fehlen eines Bedürfnisses nach Privatsphäre ist dies eine typische Generationenanpassung, die alleine es nicht rechtfertigen würde, die Homo millennials als neue Spezies zu bezeichnen. Allerdings ist zu beachten, dass der absolute Geschwindigkeitszuwachs in den letzten Jahrzehnten auch vor Auftreten der Homo millennials enorm war. Als sich Ost- und Westdeutschland nach dem Ende des Kalten Krieges 1990 vereinten, die 45 Jahre lang getrennt gewesen waren, trafen zwei völlig unterschiedliche Welten aufeinander. Ostdeutsche ab einem gewissen Alter hatten große Probleme, sich an die ihrer Meinung nach rasante Geschwindigkeit des westdeutschen Lebens anzupassen. Heute denken West- und Ostdeutsche gleichermaßen nostalgisch an die guten alten 90er-Jahre zurück, als das Leben selbst in Westdeutschland noch gemütlich, einfach und langsam war. Wir sind in sehr kurzer Zeit einen sehr langen Weg gegangen.

Erinnern Sie sich an ‚Modern Times', den Chaplin-Klassiker, der die grausamen Geschwindigkeitsanforderungen in der Fabrik karikiert? Wir hatten an einer früheren Stelle festgehalten, dass die individuelle Geschwindigkeit in Fabriken sich seit 1970 nicht wesentlich erhöht hätte.

Damals war die Akkordarbeit am Fließband jedoch die Ausnahme in der Arbeitswelt gewesen, mittlerweile sind die meisten Arbeiter und Angestellten strikten Zeitanforderungen unterworfen. ‚Koyanisquaatsi', ein Klassiker der 80er, porträtiert diesen alle Lebensbereiche durchdringenden Zwang zur Erhöhung der Geschwindigkeit. Wir sind das mittlerweile gewöhnt und können damit umgehen, sicher, aber die meisten Dinos werden sich am Ende eines langen Tages manchmal erschöpft fühlen.

Homo millennials beginnen ihr Hochgeschwindigkeitstraining bereits in der frühen Kindheit. Sie nennen es Apps; ihre Eltern hätten es als Videospiele bezeichnet. Videospiele erforderten die Verwendung eines Fernsehers, und nicht jedes Mitglied des Haushalts besaß einen eigenen Fernseher plus einer Videospielkonsole. Dadurch wurde die verfügbare Zeit für das Spielen automatisch eingeschränkt. Heute hat fast jedes Kind im Westen sein eigenes Smartphone, das es immer bei sich trägt. Wenn ihre Eltern ihnen keine Einschränkungen auferlegen, können sie viele Stunden am Tag unter höchstem Zeitdruck spielen. Sie erinnern Sich an die 10.000 Stunden Training vor dem 20. Geburtstag, die erforderlich sind, um ein Profi zu werden? Kein Problem für die Homo millennials, sie sind native Nutzer von Hochgeschwindigkeits-Apps. Der Homo millennial ist ein Profi bei der ausdauernden Durchführung von schwierigen Aufgaben mit höchster Geschwindigkeit, während der Rest von uns dazu verdammt ist, bestenfalls begabte Amateure zu bleiben.

Die nächste Herausforderung auf unserer Liste ist die *fehlende Abschottung*. Stellen Sie sich ein Luxushotel, tiefe Plüschteppiche und lange Hotelgänge mit dicken Eichentüren vor. Es ist absolut ruhig, jeder Raum ist schalldicht. Jetzt folgen Sie mir bitte in eine der Fünf-Sterne-Suiten und nehmen Sie Platz. Ich werde Sie alleine lassen und die Tür schließen. Ihre Mission, sollten Sie sie annehmen, ist es, angemessen auf das zu reagieren, was ich in der nächsten Stunde in einem Ihnen unbekannten Zimmer des Hotels flüstern werde. Während der Ausführung dieser Mission dürfen Sie Ihr Zimmer nicht verlassen. Diese Botschaft wird sich in fünf Sekunden selbst zerstören.

Das ist in der Tat eine Mission Impossible. Woher sollten Sie wissen, welchen Raum Sie abhören sollten? Selbst wenn Sie es wüssten, wie könnten Sie das machen, wenn Sie Ihren Raum nicht verlassen dürfen? Und doch ist genau das erforderlich, um zukünftige Katastrophen zu verhindern. Es wäre leicht gewesen, den Ingenieuren der Titanic zu sagen, dass sie geschlossene Abteildeckel bauen sollten, wenn jemand vorhergesagt hätte, dass dies ein ernsthaftes Sicherheitsrisiko darstellte. Stattdessen lautete ihr Auftrag in etwa so: „Bitte achten Sie darauf, dass das Schiff möglichst sicher ist, aber lassen Sie die Kosten nicht explodieren und reduzieren Sie seine Geschwindigkeit nicht wesentlich", was sich als schwieriger Auftrag herausstellte. Wie sollten die Ingenieure vorhersagen, was schief gehen könnte, wenn es vorher noch nicht passiert war? Schließlich war die Titanic eines der ersten Schiffe mit einem Doppelrumpf und damit viel sicherer als fast alle anderen Schiffe auf dem Atlantik. Als Spezies sind wir Homo sapiens dinosauris großartig im Verständnis der Fehler der Vergangenheit, leider versagen wir regelmäßig bei der Vorhersage zukünftiger Probleme in einem komplexen System. Wenn Sie sich an unsere Analyse des Untergangs der Titanic erinnern, waren zusätzlich zu den fehlenden Abteildeckeln drei weitere krasse Fehlentscheidungen des Kapitäns notwendig, um das Schiff zu versenken. Die Ingenieure hatten tatsächlich ein sehr sicheres Schiff konstruiert, aber leider war es nicht sicher genug.

Die Mission im Hotel erfordert zwei Fähigkeiten: zu wissen was in den anderen Räumen passiert, und eine geeignete Reaktion auf ein unbekanntes zukünftiges Ereignis zu finden. Der Homo millennial ist zwar kein Hellseher, aber er ist dank seiner Beherrschung des Umgangs mit vielen großen Gruppen in der Lage, einen Instinkt dafür zu entwickeln, was in den anderen Hotelräumen geschieht. Aufgrund seiner ausgeprägten multilateralen Fähigkeiten ist er zudem befähigt, die harte Nuss der passenden Reaktion, des Verständnisses der mangelnden Abschottung, zu knacken. Immerhin ist er seit seiner Zeit als Kleinkind darauf trainiert, wechselseitige Auswirkungen scheinbar unabhängiger Systeme zu verstehen.

Sollte ihm das gelingen, wäre dies nicht nur eine quantitative, sondern eine qualitative Verbesserung gegenüber seinem Vorgänger, dem Homo sapiens dinosauris. Es wäre nicht das erste Mal in unserer Geschichte passiert. Bei der Evolution geht es nicht nur um Gene und unser Aussehen, Genotyp und Phänotyp. Es geht darum, was wir mit den Fähigkeiten machen, mit denen wir geboren wurden.

Die ersten biologisch modernen Menschen (*Homo sapiens*) erschienen vor ungefähr 150.000 Jahren in Afrika auf der Bildfläche. Obwohl sie etwas anders aussahen als ihre Vorgänger, *Homo erectus*, meinen die meisten Forscher, dass sie sich am Anfang genauso wie ihre Vorfahren verhielten. Hinsichtlich Technik oder Lebensstil waren keine wesentlichen Unterschiede festzustellen. Genetisch änderte sich bis heute nichts, der Homo sapiens von vor 150.000 Jahren ist abgesehen von minimalen Änderungen organisch nahezu identisch mit uns. Dann, vor etwa 40.000 Jahren, geschah etwas.

Ohne sichtbare innere oder äußere Veränderung begannen die Menschen, auf völlig neue Weise zu handeln. Zum ersten Mal während der Existenz unseres Planeten schuf jemand Kunst. Die Statuen und Gemälde unserer Vorfahren hatten keinen offensichtlichen materiellen Zweck. Man konnte die kleinen Kultobjekte nicht als Waffen oder Werkzeuge benutzen und nur ein paar eingeweihte andere Menschen interessierten sich für die Gemälde an den Höhlenwänden. Wissen-

7 Kann der Homo millennial unsere großen ...

schaftler nennen das die ‚Obere Paläolithische Revolution'. Sollten Sie jemals die Möglichkeit haben, nach Lascaux zu reisen, um die Höhle (das Replikat vor Ort ist originalgetreu nachgebaut) mit ihren herausragenden Gemälden zu besichtigen, nutzen Sie sie. Es ist die Sixtinische Kapelle der Steinzeit, die gegen Ende des Paläolithikums vor 17.000 Jahren erbaut wurde.

Die nächste allgemein anerkannte Umwälzung fand vor 12.000 Jahren statt, die neolithische Revolution. Auch diesmal veränderten sich die Menschen nicht, wohl aber ihr Lebensstil: Landwirtschaft und Tierzucht betraten die Szene. Ich erspare Ihnen die folgenden Revolutionen, Sachbuchautoren verwenden den Begriff inflationär, da er den Buchverkauf und ihren Ruf fördert. Aber offen gesagt denke ich, dass die Obere Paläolithische Revolution vor 40.000 Jahren die wichtigste war.

Alle folgenden technologischen Revolutionen belegten wieder und wieder die Fähigkeit des menschlichen Geistes, seine Werkzeuge zu verbessern, seien es landwirtschaftliche Gerätschaften, Eisenprodukte oder Mikrochips. Was vor 40.000 Jahren geschah, war grundlegender. Bis dahin waren die Menschen passive Spielbälle von Mutter Natur gewesen. Die Temperaturen sanken? Sie zogen nach Süden und zogen Pelze an. Die Tierherden kamen nicht mehr an ihren Lagern vorbei? Sie schickten ihre Späher los, um sie zu finden. Vor 40.000 Jahren beschlossen sie, das Blatt zu wenden. Wenn die Temperaturen sanken, beteten sie zu den Wettergöttern, damit es wieder warm würde. Keine Tierherden? Ihre Schamanen sprachen mit den Hirschgöttern und überzeugten sie, die Beute zurückzubringen. Die älteste erhaltene religiöse Figur, der Löwenmensch, ist halb Löwe und halb Mensch und wurde vor 40.000 Jahren in der Schwäbischen Alb geschaffen.

Wir könnten Witze machen und sagen, dass es Wettergötter und Tiergötter – wie vermutlich den Löwenmenschen – nie gegeben hätte und dass die Menschen sich besser an das Vorbild ihrer Vorfahren gehalten hätten, sich wärmer anzuziehen und Späher auszusenden. Aber das ist nicht der Punkt, das machten sie ohnehin. Die menschliche Spezies akzeptierte erstmals in ihrer Existenz nicht mehr passiv den Lauf der Dinge, sondern sie versuchte aktiv, ihre Umgebung zu ändern. Falls Sie Kinder haben, werden Sie bemerkt haben, dass diese in den ersten zwei Lebensjahren alles als Gott gegeben akzeptieren. Dann entdecken sie das magische Wort ‚Nein' und beginnen von da an, ihr eigenes Leben zu bestimmen. Es dauert ein wenig, bis Kinder das wirklich beherrschen, so wie die Menschheit Zehntausende von Jahren benötigte, um vom Schamanen zum Ingenieur zu gelangen, aber der Löwenmensch war der Beginn der Reise zur Selbstbestimmung. Wir hörten auf, unschuldige, tierähnliche Kreaturen zu sein, aßen Früchte vom Baum der Erkenntnis und wurden zu mündigen Erwachsenen, die in der Lage sind, Ihre eigene Existenz und ihre Umwelt selbst zu bestimmen.

Seit dieser Zeit vor 40.000 Jahren sind wir Menschen immer besser darin geworden, den Einsatz von Werkzeugen zu optimieren. Wir können die aus Kleinasien importierten Pflüge nicht für die tiefen, westeuropäischen Böden einsetzen, weil der menschliche Körper nicht stark genug ist, mit ihnen zu pflügen? Benutzen wir mehr Kraft, verwenden wir Ochsen. Es gibt nicht genug Wasser für den Anbau von Nutzpflanzen? Finden wir mehr Wasser, bauen wir einen Brunnen.

Unsere Spezies wurde wirklich gut darin, lineare Systeme zu optimieren. Wann immer Sie sagen konnten: „Je mehr, desto besser", fanden wir Homo sapiens dinosauris eine Lösung. Leider sind diese Zeiten vorbei. Das Fundament dieses Paradigmas bröckelt spätestens seit Beginn des 20. Jahrhunderts.

Das erste wirklich erfolgreiche Automodell, der 20 Jahre lang produzierte Ford T, wurde ständig verbessert. Henry Ford war ein Meister darin, die gleiche Qualität mit immer niedrigeren Kosten zu produzieren. Eines Tages führten seine Ingenieure eine neue, kostengünstigere Methode zum Bau der Hinterachse ein. Leider stellte sich heraus, dass die überarbeitete Achse auf unebenen Straßen häufig brach. Sie verstärkten sie, indem sie mehr Stahl verwendeten. Sie brach wieder. Die nächste Version war noch schwerer. Diesmal brach sie sogar auf relativ ebenen Straßen. Dann kam einer der Ingenieure auf die Idee, sie schwächer zu bauen und das Gewicht zu reduzieren. Diesmal hielt die Achse auch auf schlechten Straßen. Nichtlineare Logik ist seitdem auf dem Vormarsch, das Paradigma „Je mehr, desto besser" ist zunehmend vom Aussterben bedroht.

In den 1960er-Jahren wurde viel Geld für Entwicklungshilfe aufgewendet. Der Logik folgend, dass Bewässerung essenziell ist, um die landwirtschaftlichen Ergebnisse zu verbessern, wurden viele Brunnen in trockenen Regionen der Welt gebaut. Leider verließ man sich dabei auf die – begrenzte – Versorgung mit Grundwasser und nach mehreren Jahren ausgezeichneter Ernten waren lokale Dürren die unvermeidliche Folge, sobald die Grundwasserreservoire erschöpft waren.

Wir könnten reihenweise weitere Beispiele für ein simples Faktum zu finden: Unsere Welt ist nicht mehr linear; mexikanischer Peso und Börsengänge in Taiwan sind eng miteinander verbunden. Leider hat unser lineares Gehirn damit zu kämpfen. Seit der Entstehung unserer Spezies bis vor etwa hundert Jahren hatten wir keine Notwendigkeit, nichtlineare Fähigkeiten zu entwickeln.

Haben Sie jemals von den ‚edlen Wilden' und ihrem ‚Leben im Gleichgewicht mit der Natur' gehört, das unsere Vorfahren geführt haben sollten? Klingt großartig und viele alternative Lebensstile, sogar Ernährungskonzepte (Paläo-Diät), basieren auf diesem Glauben. Völliger Unsinn. Vor der Ankunft des *Homo sapiens* waren unsere Vorfahren bestenfalls mäßig erfolgreich. Der *Homo habilis* vor über

2 Millionen Jahren war ein Flop und starb nach 200.000 Jahren aus. Der *Homo erectus* war die erste menschliche Spezies, die vor mehr als einer Million Jahren die Erde eroberte (wir finden Überreste in Afrika, Europa und Asien), aber die Bevölkerungszahl blieb immer sehr klein. Der wirkliche Durchbruch der Menschheit erfolgte erst mit dem Homo sapiens. Dank der Oberen Paläolithischen Revolution wurde er zum mit Abstand erfolgreichsten Raubtier, das die Erde je gesehen hatte.

Heutzutage sprechen wir über nachhaltige Jagd und Fischerei. Bis vor kurzem war das Homo sapiens dinosauris komplett egal. Homo sapiens liebte es, große Säugetiere zu jagen, und er war wirklich gut darin. Wohin immer er seinen Fuß setzte, verschwanden große, für die Jagd geeignete Säugetiere. Vor rund 13.000 Jahren eroberte der Mensch Nordamerika, nimmt die Mehrheit der Wissenschaftler an. In den nächsten 1.000 Jahren starben folgende Arten aus: Harrington's Bergziege, Hirsch-Elch, Geparden, Riesenhutia, Kalifornischer Tapir, Cope's Tapir, Riesenbiber, Bodenfaultiere, Mexikanisches Pferd, *Paramylodon*, *Platygonus*, Steppenwisent, Lama, Pferde und Mammut. Sie alle hatten eines gemeinsam: Für einen guten Jäger geben diese großen Säugetiere eine ausgezeichnete Beute ab. Jedes einzelne gefangene Tier ernährt einen Stamm tagelang. Darüber hinaus wurden mehrere mit dem Menschen konkurrierende Raubtiere eliminiert, wie der amerikanische Löwe, der eurasische Höhlenlöwe und der Riesenbär *Ursus maritimus tyrannus*.

Unsere Vorfahren jagten und töteten, was immer sie für ihr Überleben benötigten. Sobald eine Art ausgestorben war, jagten sie die nächste. Solange die menschliche Bevölkerung nicht über eine bestimmte Schwelle hinaus zunahm, war das kein Problem (für die Menschen). Gab es zu wenig zu essen, jagten unsere Vorfahren mehr Tiere. Je mehr, desto besser. Für unsere Vorfahren war alles linear.

Sobald die Bevölkerung über eine bestimmte Zahl hinaus wuchs, musste sie neue Wege finden, um eine höhere Bevölkerungsdichte zu ernähren. Die Geburt der Landwirtschaft war die Folge. Die Beute wurde knapper und unsere Vorfahren erhöhten ihre Nahrungsaufnahme zuerst durch das Sammeln, dann durch den Anbau von Obst, Getreide und Gemüse. Wie können Sie die Getreideversorgung verbessern? Durch die Urbarmachung von mehr Land (erinnern Sie sich an Malthus' Überlegungen?). Es gibt nicht genug Wasser? Bauen wir Bewässerungssysteme. Je mehr, desto besser. Erneut herrschte lineare Logik vor.

Unsere lineare Denkweise erreichte spätestens vor 100 Jahren eine neue Barriere: Je mehr, desto besser funktionierte nicht mehr, wie Henry Ford feststellen musste. Stattdessen müssen wir alles ausbalancieren. Wenn wir mehr Stahl produzieren, brauchen wir mehr Energie. Mehr Energie bedeutet mehr CO_2. Mehr CO_2 bedeutet höhere Temperaturen, bedeutet mehr Klimaanlagen bedeutet mehr Energie, bedeutet mehr CO_2 und so weiter. Wir leben in komplexen, vernetzten Systemen. Leider sind die anthropogenen – also die vom Menschen verursachten – Einflüsse auf unsere Öko-Systeme so stark geworden, dass wir das recht robuste Gleichgewicht zunehmend destabilisieren. Entweder wir reduzieren unseren ökologischen Fußabdruck, damit das Gleichgewicht nicht noch stärker aus der Balance gebracht wird (unwahrscheinlich in Anbetracht der Größe der Weltbevölkerung) oder wir übernehmen die bewusste und geplante Steuerung des Öko-Systems. Leider wissen wir bis heute nicht einmal, wie viele Zimmer unser Hotel hat. Den Homo sapiens dinosauris mit der Verantwortung für das Schicksal der Erde zu betrauen, ist ein bisschen so, als würde man die Schlüssel eines Atomkraftwerks einem Dreijährigen übergeben und ihn bitten, es zu betreiben, während die Techniker auf eine mehrwöchige Ferienkreuzfahrt gingen. Es mag ein sehr kluger und fleißiger

Dreijähriger sein, aber er ist immer noch ein Kleinkind. Kevin allein im Kernkraftwerk.

Hoffentlich wird unserer Spezies der Entwicklungsschritt zum Homo millennial gelingen. Das qualifiziert uns noch nicht als Steuerleute der Erde, aber befördert uns vielleicht zum Entwicklungsstadium eines Achtjährigen. Während der Homo millennial nicht die telepathischen Fähigkeiten entwickelt hat, die für unsere Hotelanforderung erforderlich sind, übertrifft sein Wahrnehmungsvermögen bei weitem das seines Vorgängers. Dank ihrer frühkindlichen Erfahrung mit vielen großen, sich überschneidenden Gruppen haben Homo millennials ein geschärftes Gespür für nichtlineares Denken. Sie denken intuitiv in kybernetischen Kategorien und beziehen die Auswirkungen ihrer Handlungen auf scheinbar unabhängige Mitglieder anderer Gruppen in ihre Überlegungen stärker und vor allem regelmäßiger ein, als wir Dinos das tun. Es fällt Dino-Hirnen schwer zu akzeptieren, aber Homo millennials wissen, dass lineare Beziehungen die Ausnahme sind, nicht die Norm.

Homo millennials benutzen das gleiche Gehirn wie wir; es ist keine organische Mutation, aber sie verwenden es anders als ihre Eltern. Intellektuell sind wir Dinos uns im Klaren darüber, dass wir uns vom linearen Denken entfernen müssen. Stärker darauf zu drängen, die Produktion zu erhöhen, ist nicht immer die Lösung. Aber tief in unserem Inneren können wir dieser neuen Logik nicht folgen. Seit unserer Kindheit sind wir darauf konditioniert, dass „Je mehr, desto besser" für uns funktioniert. Es ist in unseren Nervensystemen verwurzelt, unsere unterbewussten Reaktionen werden von dieser Erfahrung getrieben. Leider ist unser Gehirn zu alt, um das zu verlernen.

Homo millennials haben eine andere Sozialisation erlebt. Sie wissen aus eigener Erfahrung, dass mehr nicht immer besser ist. Es wird Teil ihrer unterbewussten Reaktionen, Teil ihres Inneren, anders zu reagieren. Die Vibrationen aus an-

7 Kann der Homo millennial unsere großen ... 163

grenzenden Hotelzimmern zu spüren, mit allen zu sprechen, die etwas gehört haben könnten, alle Eingaben zu bewerten und die richtige Reaktion zu finden, ist Bestandteil ihrer Natur geworden. Die Hardware des Homo millennials ist die gleiche wie die des Homo sapiens dinosauris, aber ihre Betriebssysteme unterscheiden sich grundlegend von unseren.

Wie wird das dem Homo millennial helfen, sich der zweiten Herausforderung, dem *Globalen Wirtschaftswachstum, zu* stellen? Sie erinnern sich, dass bedeutet doppelt so viele Menschen auf dieser Erde, die 16-mal so viele Ressourcen verbrauchen. Stellen Sie sich vor, Sie müssten 16 Mal so viel Stahl, Öl, Aluminium, Autos und Strom produzieren wie heute. Sie müssen kein Öko-Freak sein, um zu dem Schluss zu kommen, dass die verfügbaren Ressourcen und unser aktueller Technologiestand nicht in der Lage sein werden, diese Nachfrage zu befriedigen. Möglicherweise können wir die Ölförderkapazität verdoppeln, vielleicht sogar vervierfachen. Das Gleiche gilt für Strom, Eisenerzgewinnung und einige der anderen Faktoren. Das 16fache des derzeitigen Produktionsniveaus ist für die meisten Ressourcen wahrscheinlich nicht dauerhaft realisierbar.

Die offensichtliche Antwort auf dieses Dilemma besteht darin, unsere Ressourcen effektiver zu nutzen. 1980 lautete die Faustregel, dass pro 100 Kilogramm Autogewicht ein Liter Benzin auf 100 Kilometer erforderlich wären. Ein Auto mit 1000 kg verbrauchte 10 Liter auf 100 km; heute beträgt der Verbrauch nur noch ein Drittel davon.[4] Moderne Leuchtkörper verbrauchen weniger als ein Zehntel der Energie alter Glühbirnen. Moderne städtische Ver-

---

[4] Leider belegt das ein anderes Problem der Dinos: Einsparungen werden anderweitig ausgegeben. Mein erstes Auto hatte 800 kg und verbrauchte 8 l/100 km. Mein nächstes Auto hatte 1200 kg und verbrauchte 8 l/100 km. Mein derzeitiges Auto hat 2100 kg und verbraucht – raten Sie mal – 8 l/100 km. Effizienzsteigerungen werden für mehr Sicherheit, viel stärkere Motoren und eine Unzahl von Stromverbrauchern an Bord genutzt.

kehrssysteme kombinieren zahlreiche Verkehrsmittel, um die begrenzte Straßenverfügbarkeit zu nutzen.

Noch öfter kann die Antwort sein, etwas ganz anderes zu tun. Die Maximierung der Nahrungsmittelverfügbarkeit in einer trockenen Region muss nicht gleichbedeutend sein mit der Maximierung des Wasserverbrauchs oder der Wassereffizienz für die Landwirtschaft, wie beispielsweise bei Tropfsystemen. Wenn Sie in einem trockenen Gebiet leben, können Sie versuchen, das Unmögliche möglich zu machen und Wasser für die Bewässerung zu finden, oder Sie können sich darauf konzentrieren, Ihr Einkommen mit anderen Mitteln zu steigern, um Lebensmittel auf dem Weltmarkt zu kaufen. Der wirtschaftliche Erfolg der Wüstenstädte Las Vegas und Dubai basiert nicht auf den Bewässerungsmethoden zur Verbesserung der landwirtschaftlichen Produktion.

Wer, wenn nicht ein Homo millennial, wäre besser gerüstet, um neue Lösungen zu finden? Das ist es, was der Homo millennial seit seiner frühen Kindheit praktiziert. Als mein jüngerer Sohn Geburtstag hatte, schenkte ihm sein damals dreizehnjähriger Bruder eine virtuelle Schatzsuche, die er selbst programmiert hatte. Mit ihren Freunden verbrachten sie Stunden vor der Konsole, um die Rätsel zu lösen. Bei den Aufgaben war es zum Beispiel erforderlich, eine Farm zu errichten, auf der Rinder gezüchtet werden sollten, deren Haut als Pergament zu verwenden war, um den hinter der Wand verborgenen Code aufzuschreiben. Auch keine ganz lineare Lösung.

Der Homo sapiens dinosauris wuchs in der Gewissheit auf, dass jedes Problem gelöst werden kann, indem man mehr Ressourcen verwendet. Mehr Nahrung erfordert mehr Land, Wasser oder Dünger. Schnellere Autos erfordern größere Motoren, gegen Krankheiten helfen stärkere Antibiotika. Sie sehen das Muster, nicht wahr? Den Homo millennials fehlt diese Gewissheit. Es steht kein ungenütztes

7 Kann der Homo millennial unsere großen …

Land mehr zur Verfügung und der Boden ist aufgrund des hohen Düngemitteleinsatzes bereits zu salzig. Motorgrößen tendieren dazu, sich zu verringern, und die meisten Bakterien sind gegen viele Antibiotika resistent geworden. Alte Antworten funktionieren oft nicht mehr.

Kein Grund zur Besorgnis. Die Homo millennials werden, wie jede Generation vor ihnen, ihre eigenen Antworten finden. Ein Geburtstagsgeschenk für den Bruder? Programmiere es. Ein Meeting vereinbaren? Doodle es. Die Anzahl der Elektronen in einem Deuteriumatom kennen? Google es.

Die Homo millennials trainieren multilaterale Kommunikation und zunehmend auch multilaterale Problemlösungsfähigkeit seit sie als Kleinkinder ihr erstes Tablet oder Smartphone bekamen. Sie sind mit allen verbunden und haben konstanten Zugriff zu einem Ozean an Informationen. Wir haben ihnen in jungen Jahren extrem leistungsfähige Werkzeuge zur Verfügung gestellt und sie haben weit mehr als 10.000 Stunden lang damit geübt. Natürlich sind sie Profis im multilateralen Denken und Kommunizieren. Für sie wird der Umgang mit Problemen wie dem Verfall der mexikanischen Währung, der meine tschechische Transaktion unterbunden hatte, ein Automatismus sein. Meine Söhne hätten meinen Fehler sicherlich vermieden.

Wird das die Homo millennials in die Lage versetzen, während ihrer Lebensspanne die Produktion der Güter zu versechzehnfachen? Es ist eine schwierige Aufgabe, aber da ihre Vorgänger die meisten Probleme gelöst haben, mit denen sie konfrontiert waren, warum sollte die neue, verbesserte menschliche Spezies nicht erfolgreich sein? Nehmen wir an, sie bleiben 40 Jahre lang produktiv, nachdem sie ihre Ausbildung abgeschlossen haben (bei den meisten wird das Anfang/Mitte 20 der Fall sein, da sie einen Hochschulabschluss machen werden). Angesichts der Erhöhung der Lebenserwartung um zwei Jahre pro Jahrzehnt ist das eine sehr konservative Annahme. In diesem Zeitraum müssten sie die Produktion auf 1600 Prozent steigern. Unmöglich? Nicht wirklich.

Der Weise, der ein Schachbrett voll Reis als Bezahlung für die Heilung des Moguls wollte, nutzte die Kraft der geometrischen Progression, und wir können das auch tun. Die Steigerung der Produktion auf das 16-fache kann man erreichen, wenn man die Produktion in den ersten zehn Jahren verdoppelt, in den nächsten zehn Jahren wieder verdoppelt und so fort. In vierzig Jahren muss sie sich insgesamt viermal verdoppeln, Zweimal zweimal zweimal zwei gleich 16. Wenn es dem Homo millennial gelingt, die globale Produktion alle zehn Jahre zu verdoppeln, wird sie sich in diesem Zeitraum auf das 16fache erhöht haben. Das erfordert eine jährliche Steigerung um sieben Prozent. Sieben Prozent für die ganze Welt sind eine Menge. Einzelne Länder wie China erreichen seit ein oder zwei Jahrzehnten höhere Zahlen, aber die ganze Welt und das 40 Jahre lang? Über einen so langen Zeitraum gelang das noch nie.

Aber es gibt mehrere Faktoren, die uns helfen. Erstens sind die beiden größten Länder, China und Indien, die zusammen für ein Drittel der Weltbevölkerung verantwortlich sind, auf einem guten Weg. Chinas Wachstum liegt seit langem etwas über sieben Prozent und genau diese Zahl ist ihr Wachstumsziel. Auch Indien hat diesen Wert in jüngster Zeit erreicht, aber es bleibt abzuwarten, ob das längerfristig der Fall sein wird.

Der zweite Faktor sind die Homo millennials selbst. Aufgrund ihrer Ausbildung sollten sie in der Lage sein, die Komplexität des modernen Lebens effizienter zu bewältigen als ihre Eltern und Großeltern. Genau wie die Olympiasieger von vor 100 Jahren, die heute nur noch Spitzensportler wären, können wir auch erwarten, dass die Leistungen der Wachstumswissenschaftler, Manager und Ingenieure des 21. Jahrhunderts die des 20. Jahrhunderts übertreffen.

Zudem ersetzen Effektivitätssteigerungen einen Teil der erforderlichen Produktionserhöhungen. Wenn ein Leuchtkörper nur ein Zehntel der Energie einer Glühbirne verbraucht, können mit der gleichen Lichtmenge zehnmal so viele Räume beleuchtet werden, wodurch Ressourcenengpässe vermieden werden können.

Zudem ist die Anforderung der Steigerung der Produktion innerhalb von vierzig Jahren vermutlich nicht erforderlich. Eine Verdoppelung der Weltbevölkerung ist selbst in den pessimistischeren Szenarien erst in 80 Jahren zu erwarten. Wenn wir von einer Steigerung der Bevölkerung der Bevölkerung in den nächsten 40 Jahren von nur 50 % ausgehen, bedingt dies allerdings immer noch eine Verzwölffachung der Produktion. Statt einer Erhöhung der Produktion um sieben Prozent pro Jahr sind nur mehr sechs Prozent erforderlich. Na eben.

Ist diese Aufgabe also nur eine Formsache? Sicherlich nicht. Die Ressourcenbeschränkungen werden gravierend sein, und die Steigerung der Produktion selbst auf das Fünffache des Ausgangsniveaus, ohne eine Umweltkatastrophe zu verursachen, ist eine große Herausforderung. Betrachtet man jedoch die Entwicklung der europäischen Industrieländer in den letzten knapp 200 Jahren, so stellt man fest, dass dies möglich ist. Die berühmten Gemälde von Turner aus den 1830er-Jahren, die ein nebliges London darstellen, sind ein ausgezeichnetes Beispiel dafür. In Wirklichkeit war der berühmte Londoner Nebel Smog, der durch Umweltverschmutzung verursacht wurde. Heutzutage ist die Luft in London ausgezeichnet und eine Vielzahl an Fischen bevölkern die Themse, den Rhein, die Donau und viele andere große europäische Flüsse, die vor 50 Jahren klinisch tot waren. Die dramatische Verbesserung der Umweltbelastung erfolgte zeitgleich mit einer ebenso dramatischen Verbesserung des Lebensstandards.

Megalopolen wie Mexico City und Kairo oder die vielen international nahezu unbekannten chinesischen Millionenstädte ähneln derzeit dem London des Jahres 1830: Smog und Slums sind allgegenwärtig. Aber die Verbesserungen in Europa lassen uns hoffen, dass wir diese Erfolgsgeschichte in den nächsten 40 Jahren in zahlreichen Ländern der Welt wiederholen können. Die Ausbildung multilateraler Profis in jedem einzelnen Land, welche in Zukunft das Steuer in der Hand halten werden, vereinfacht die Aufgabe weiter.

Wie steht es mit dem letzten Thema, *Innovation versus Hungersnot*? Wir haben das Innovationsthema auf den vorherigen Seiten angesprochen, aber eine implizite Annahme erfordert weitere Analysen. Die Produktionssteigerung auf das Sechzehnfache des heutigen Niveaus basiert auf einer Verdoppelung der Bevölkerung und geht davon aus, dass der durchschnittliche Erdenbewohner das Achtfache des verfügbaren Einkommens von heute haben wird. Zwei mal acht gleich sechzehn. Aber was passiert, wenn das Bevölkerungswachstum höher ist?

Historisch gesehen entspricht das Bevölkerungswachstum dem Produktionswachstum. Das basierte auf der Regel, dass gerade so viele Güter existierten, um alle am Leben zu erhalten. Wenn Sie zehn Prozent weniger produzieren würden, würden zehn Prozent der Bevölkerung in den nächsten Jahren sterben. Umgekehrt, wenn Sie zehn Prozent mehr produzieren könnten, würde die Bevölkerung um zehn Prozent wachsen.

Es gibt jedoch einen maximalen Anstieg pro Jahr, der biologisch bedingt ist. Es ist sehr schwierig, ein Bevölkerungswachstum von 2,8 % pro Jahr über einen langen Zeitraum zu übertreffen. Selbst wenn Sie die Produktion in einem höheren Ausmaß steigern, wird die Bevölkerung nicht schneller wachsen. Es gibt zahlreiche Ausnahmen von der Regel, die durch Alterspyramiden, Kriege, Hungersnöte und andere Faktoren bedingt sind, aber im Allgemeinen trifft sie zu. Ein Wachstum von 2,8 % pro Jahr bedeutet, dass sich die Bevölkerung alle 25 Jahre verdoppelt. Das entspricht etwa 4,5 Kindern pro Frau im gebärfähigen Alter, vorausgesetzt, dass 10 % aller Frauen keine Kinder haben, was ein typisches Verhältnis in Ländern mit einem gut entwickelten Gesundheitssystem ist. Wenn die Anzahl der Kinder 4,5 überschreitet, wächst die Bevölkerung schneller (derzeit nur in etlichen afrikanischen Ländern der Fall), wenn sie unter diesem Wert bleibt, ist der Anstieg geringer oder er kann sogar negativ sein, wie derzeit in den meisten reichen Ländern.

In unseren Berechnungen gingen wir von einem moderaten Bevölkerungswachstum von maximal 1 % p.a. aus, was zu einer Bevölkerungszahl auf dem doppelten aktuellen Niveau führt. Das ist keine Selbstverständlichkeit. Wenn die Wirtschaft mit 7 % p.a. wächst, könnte die Bevölkerung mit maximal 2,8 % p.a. wachsen. In diesem Fall verdoppelt sich die globale Bevölkerung nach 25 Jahren und könnte weiter steigen! Nach 40 Jahren hätten wir mehr als das Dreifache der heutigen Bevölkerung erreicht. In diesem Fall müsste die Produktion der anderen Güter auf das 25-fache Niveau erhöht werden (für die Nahrungsmittel reicht eine Steigerung leicht überproportional zum Bevölkerungswachstum aus).

Die reproduktiven Entscheidungen der (weiblichen) Homo millennials werden daher entscheidend sein. Sollten sie im globalen Mittel weniger als drei Kinder wollen, sind wir auf einem ausgezeichneten Weg. Sollte die ideale Kinderzahl höher sein, hätten wir ein Problem. Es ist zu früh, die Fortpflanzungspräferenzen der Homo millennials vor allem in den neuen und zukünftigen Industrieländern zu beurteilen. Wir können nur hoffen, dass sie die gleiche Mäßigung anwenden werden wie die Homo sapiens dinosauris in den bereits reichen Ländern, die alle negative Wachstumsraten aufweisen (ausgenommen Einwanderung).

Wir wissen also, dass wir das 1.5–3 fache der derzeitigen Weltbevölkerung ernähren werden müssen. Wie schaut es mit den anderen Elementen der Gleichung Ackerfläche mal Ernteertrag gleich Anzahl ernährter Menschen aus? Die

Ackerfläche schrumpft im Großen und Ganzen aufgrund der steigenden Bevölkerungszahlen und der Präferenz für Einfamilienhäuser gegenüber Platz sparenden Appartements. Es gibt gegenläufige Effekte (Rodung von Wäldern zugunsten von Feldern), die aus Umweltschutzgründen problematisch sind. In den letzten Jahrzehnten immer populärer wird der Anbau von Lebensmitteln in geschlossenen Räumen ohne Sonnenlicht, der auch mehrstöckig durchführbar ist. Derzeit werden primär kostspielige oder illegale Grünpflanzen sowie Pilze (die selber kein Licht benötigen) angebaut und es bleibt abzuwarten, ob das Indoor-Farming jemals die Massenanwendung erleben wird. Die Herstellung vollsynthetischer Nahrung (z. B. Steaks aus Zellkulturen) steht zudem substanziellen Imageproblemen gegenüber, worunter die erzielbaren Verkaufspreise leiden.

Somit wird es primär der Ernteertrag pro Hektar sein, der die steigende Bevölkerung ernähren wird müssen. Die Interessenslagen in diesem Bereich könnten unterschiedlicher nicht sein. In den armen Ländern der Welt, auf die sich das Bevölkerungswachstum konzentriert, steht die Erhöhung des Hektarertrags im Vordergrund. In den reichen Ländern hingegen laufen massive Bemühungen, den Hektarertrag zu senken. Letzteres hat gute Gründe: biologische Anbaumethoden sind weniger ertragreich und geringere Ernteerträge können die Qualität konventionell angebauter Gemüse und Früchte (besonders bei Wein) steigern. Zudem leiden die Finanzen der EU unter den Subventionszahlungen für die im Übermaß angebauten landwirtschaftlichen Produkte, und die zu ernährende Bevölkerung stagniert ohnehin.

Folglich wird es den außereuropäischen Anbaugebieten obliegen, die Erträge pro Hektar bis zu verdreifachen. Der Weg dorthin ist klar vorgezeichnet: hybride, genveränderte Anbausorten; intensiver Einsatz verbesserter Herbizide und Pestizide. In der EU wären diese Maßnahmen politisch nicht durchsetzbar, in den Schwellenländern wird die Ernährung ungeborener Generationen von ihrer erfolgreichen Einführung abhängen. Sollte das misslingen, bleibt uns als letzte Option die zwangsweise Einführung des verpflichtenden Vegetariertums, da die Kalorienzahl der für eine Tagesration Fleisch erforderlichen pflanzlichen Nahrungsmittel drei Vegetarier ernähren könnte. Aber ich vertraue felsenfest auf die Fähigkeit der Homo millennials, dieses Problem zu lösen, ohne die individuelle Freiheit beschneiden zu müssen.

In diesem Zusammenhang ist anzumerken, dass Homo millennials in den ärmsten Teilen der Welt fast genauso verbreitet sind wie in den reichsten. Der Homo erectus benötigte mehrere hunderttausend Jahre, die Erde zu erobern. Der Homo sapiens schaffte das gleiche innerhalb von 10.000 Jahren, aber der Homo millennial erreichte dies in weniger als 10 Jahren.

Zusammenfassung

Seit der erste menschliche Vorfahre die Bäume verließ, um am Boden zu leben, hat die Menschheit zahlreiche existenzielle Krisen erfolgreich gemeistert. Derzeit beherrscht er die Erde ohne ernsthafte äußere Bedrohungen, steht aber gleichzeitig vor zahlreichen selbstverschuldeten Herausforderungen.

a) *Privatsphäre ist ein Anachronismus*: Die Einführung des digitalen Dorfes bringt dörfliche Datenschutzstandards mit sich – jeder weiß alles über alle.
b) *Beschleunigung der Arbeitsgeschwindigkeit und des Wandels*: Geschützte, langsame Sektoren verschwinden und wir haben immer weniger Zeit, auf immer komplexere Probleme zu reagieren.
c) *Fehlende Abschottung*: Wenn in einer abgelegenen Ecke der Welt, von der Sie noch nie gehört haben, etwas Unerwartetes passiert, könnte das Ihr Leben massiv beeinträchtigen.
d) *Globales Wirtschaftswachstum*: Um der steigenden Weltbevölkerung den heutigen Lebensstandard der USA zu erlau-

ben, benötigen wir in Zukunft 16 Mal so viele Ressourcen und Infrastruktur wie heute.
e) *Innovation versus Hunger*: Trotz einer schrumpfenden Anbaufläche müssen wir bis zu drei Mal so viele Menschen wie heute ernähren.

Die Fähigkeiten des Homo millennial lassen uns optimistisch bleiben, diese Herausforderungen in Zukunft erfolgreich zu adressieren:

a) *Privatsphäre ist ein Anachronismus*: Homo millennials sind bereit, die meisten ihrer Aktivitäten mit praktisch jedem zu teilen.
b) *Beschleunigung der Arbeitsgeschwindigkeit und des Wandels*: Dank ihrer Erfahrung mit Smartphones und Tablets als Kleinkinder sind Homo millennials Profis bei Hochgeschwindigkeitsaufgaben.
c) *Fehlende Abschottung*: Homo millennials verstehen intuitiv die Auswirkungen ihres Handelns auf scheinbar nicht damit zusammenhängende Themenbereiche.
d) *Globales Wirtschaftswachstum*: Ihr fortgeschrittenes Verständnis vernetzter Systeme wird den Homo millennials helfen, die globale Produktion auf das bis zu Sechzehnfache des heutigen Niveaus zu steigern, ohne die Umweltbilanz weiter zu gefährden.
e) *Innovation versus Hungersnot*: Homo millennials sollten in der Lage sein, die Nahrungsmittelversorgung zu erhöhen, aber es bleibt abzuwarten, ob sie das globale Bevölkerungswachstum stoppen können.

Literatur

1. Diamond, J. / Vogel, S.: Kollaps: Warum Gesellschaften überleben oder untergehen; Fischer Taschenbuch (September 2011); Ein moderner Klassiker, der die multilaterale Komplexität moderner Gesellschaftsstrukturen beleuchtet.

2. Huntington, S. P. / Fießbach, H.: Kampf der Kulturen: Die Neugestaltung der Weltpolitik im 21. Jahrhundert; Goldmann Taschenbuch (1. Mai 2002). Ein weiterer moderner Klassiker der mit visionärer Voraussicht bereits 1993 als Artikel und 1996 als englischsprachiges Buch die politische Großwetterlage des 21. Jahrhunderts prognostizierte. Huntington gelingt eine einzigartige Verschmelzung quantitativer und qualitativer Wissenschaftsmethoden, die er zur Beschreibung wahrhaft disruptiver Veränderungen einsetzt
3. Kennedy, P. / Jurisch C.: Aufstieg und Fall der großen Mächte: Ökonomischer Wandel und militärischer Konflikt von 1500 bis 2000; Fischer Taschenbuch (16. November 2000). Die nächste Pflichtlektüre. Scharfsinnige Analyse des Kollapses bedeutender Reiche und des Einflusses multilateraler Faktoren.
4. Landes, D. / Enderwitz, U. / Noll, M., / Schubert, R.: Wohlstand und Armut der Nationen: Warum die einen reich und die anderen arm sind; Pantheon Taschenbuch (1. Dezember 2009). Die nächste Pflichtlektüre aus den 90ern, die nichts an Aktualität eingebüßt hat. Scharfsinnige Analyse multilateraler politischer und ökonomischer Entwicklungen.
5. Morris, I. / Binder, K. / Götting, W. / Simon dos Santos, A.: Wer regiert die Welt?: Warum Zivilisationen herrschen oder beherrscht werden; Campus Sonderausgabe (16. August 2012). Eine weitere lesenswerte Analyse multilateraler Entwicklungen und ihrer Konsequenzen.
6. OECD: World Population Prospects: The 2015 Revision, Key Findings and Advance Tables; United Nations New York 2015. Es gibt fast mehr demographische Vorhersagen als Menschen auf der Erde, aber den OECD Zahlen haftet der Ruf der zuverlässigsten Kristallkugel an.

Teil II

Der Dinosaurier in Ihrem Unternehmen

8

Welchen Einfluss hat Ihr Unternehmen auf Ihre Karriere?

Im ersten Teil dieses Buches führten wir eine genaue Analyse der Stärken und Schwächen des Homo millennials durch. Danach berechneten Sie Ihren eigenen Dinosaurier Quotienten (DQ). Auf Basis Ihres persönlichen DQ bekamen Sie Empfehlungen, die Herausforderungen zu meistern, welche die Ankunft der Homo millennials für Ihre Karriere darstellt. Aber hätten Sie gerne den Dienst auf der Titanic angetreten, selbst wenn das mit einer bedeutenden Beförderung einhergegangen wäre? Wahrscheinlich nicht. Was, wenn Ihr Unternehmen ebenfalls dazu verdammt ist, unterzugehen? Was, wenn Sie für die Dinosaurier AG arbeiten? In diesem Abschnitt des Buches werden Sie lernen, Ihr Unternehmen besser einzuschätzen und zu beurteilen, ob es kurz vor dem Aussterben steht oder ob noch Hoffnung auf seine Rettung besteht. Letztendlich werden Sie verstehen, wann Sie Ihr Unternehmen spätestens verlassen sollten und welcher andere Arbeitgeber für Sie besser geeignet wäre.

© Springer-Verlag GmbH Deutschland ein Teil von Springer Nature 2019
M. Fritsch, *Dinosaurier AG*,
https://doi.org/10.1007/978-3-662-59372-1_8

Um Sie in die richtige Stimmung zu bringen, möchte ich Sie zuerst auf eine Zeitreise mitnehmen: Wenige Jahre vor dem Ende des letzten Jahrtausends, ein nobles Restaurant in Wien, tiefe Teppiche, Kerzenlicht, gedämpfte Klaviermusik und fünf Kellner, die um den Tisch herum wieseln. Wir waren eine Abendgesellschaft angesehener Geschäftsleute (zumindest die anderen) und einer der Gäste an meinem Tisch, Carl, war ein besonders beeindruckender Manager. Er leitete ein erfolgreiches Versandhaus, das vorrangig Kleidung, aber auch viele andere Artikel wie Fernseher und Waschmaschinen verkaufte. Damals kauften die Menschen ihre Kleidung fast ausschließlich auf Einkaufsstraßen oder in Einkaufszentren. Lediglich die Landbevölkerung mit fehlendem Zugang zu diesen Einrichtungen bestellte per Katalog. E-Commerce existierte nur in Science-Fiction-Büchern.

Carls Firma gab mehrere Kataloge pro Jahr heraus. Die zu verkaufenden Artikel wurden vom Versandhaus sechs Monate vor Saisonbeginn fotografiert, die Kataloge entworfen, gedruckt und an Unmengen von Haushalten verschickt. Die Kosten für die Erstellung und den Versand der Kataloge waren horrend. Die Empfänger der Kataloge füllten die Bestellformulare aus und sendeten sie per Post zurück. Nach einigen Wochen erhielt die erste Welle von Kunden ihre Waren. Sie probierten die Kleidung aus und schickten zwei Drittel zurück. Die Retouren wurden dann an die nächsten Kunden geschickt, die ihrerseits zwei Drittel zurückschickten und so weiter. Eine der Hauptstärken des Unternehmens war seine Fähigkeit, den Zeitpunkt und das Ausmaß der Retoursendungen vorherzusagen. Eine andere Schlüsselfertigkeit war die Prognose der Mode in knapp einem Jahr, denn so lange dauerte der Entwurfs-, Produktions- und Lieferprozess.

Alle Tischgäste an diesem Abend waren im Einzelhandel tätig, so dass es nicht verwunderlich war, dass sich die Diskussionen auf Branchenthemen konzentrierten. Carl erwähnte nebenbei ein wirklich nützliches Startup in den USA, das amerikanische Bücher zu sehr günstigen Preisen nach Europa versandte. Die meisten von uns kauften ihre englischsprachigen Bücher in lokalen Buchhandlungen für das Doppelte des empfohlenen Verkaufspreises. Die Geeks unter uns notierten sich den Namen in ihrem Palm (elektronisches Notizbuch der Dinos), der Rest kritzelte ihn auf eine Serviette: amazon.com. Keiner von uns hatte ihn jemals gehört. Amazon hatte gerade erst mit seiner Geschäftstätigkeit begonnen und ging erst im folgenden Jahr an die Börse. Während wir alle von der Idee des internationalen Buchhandels per Internet fasziniert waren, dachte keiner der Retail-Experten an dem Abend daran, dass der Nischenspieler Amazon eines Tages mit dem allgemeinen Versandhandel konkurrieren könnte.

Selbst Carl, der in vielerlei Hinsicht ein außergewöhnlicher Manager war, kam nicht auf die Idee (oder zumindest äußerte er sie nicht mir gegenüber). Es dauerte einige Jahre, bis er verstand, dass der Katalogversand in seiner jetzigen Form zum Scheitern verurteilt war. Er versuchte sein Bestes, um sein Unternehmen neu zu erfinden, aber es gelang ihm nicht. Wenn es nicht kaputt ist, repariere es nicht, sagten viele damals. Carl zog die Konsequenzen und verließ das Unternehmen, das einige Jahre später seine Pforten für immer schließen musste.

Man könnte sagen, Carl wäre Leiter eines Unternehmens gewesen, und das wäre eine atypische Berufsgruppe mit atypischen Problemen und Lösungen. Schauen wir uns also Johanna an, die 1995 gerade ihren Abschluss an einer Top-Universität gemacht hatte. Sie war eine der besten in ihrem Jahrgang gewesen und hatte sich durch außerschulische Aktivitäten ausgezeichnet. In ihrem Lebenslauf fanden sich so viele hervorragende Marketing-Praktika, dass sie sich ihren Arbeitgeber aussuchen konnte. Theoretisch hätten sich auf ihrer Auswahlliste damals auch andere, ehemals klingende Namen befinden können. Blockbuster, Hertie, Woolworth und Motorola waren 1995 alle sehr erfolgreich. Johanna wurde Produktmanagerin für Kodak im Westen Deutschlands und betreute das Produkt ‚126-Rollfilme'. Sie war begeistert von ihrem Produkt, das vor allem für preiswerte Schnappschusskameras der Marke ‚Instamatic' verwendet wurde und in den 1960er-Jahren auf den Markt gekommen war. Unermüdlich reiste sie durch ihre Region, verhandelte mit ihren Kunden Promotion Kampagnen und arbeitete deutlich über 80 Stunden pro Woche. Aber die Verkäufe des 126-Rollfilms gingen weiter zurück, sie verfehlte jedes einzelne Umsatzziel. Der 126er Film war das erste Opfer eines neuen, unaufhaltsamen Phänomens: der digitalen Fotografie. Mitte der 90er-Jahre war die digitale Fotoqualität noch schlecht, aber das galt auch für den ‚Schnappschussfilm' 126. Johanna kämpfte eine verlorene Schlacht. 1998 stoppte Kodak die Produktion des 126er Films und Johanna wurde entlassen.

Johanna hatte sehr lange Stunden und ihren gesamten Einfallsreichtum investiert, um ein komatöses Produkt am Leben zu erhalten. Wann immer sie sich danach für einen neuen Job bewarb und die Beförderungen auflistete, die sie in ihrem ersten Job bei Kodak erhalten hatte, lächelten ihre Gesprächspartner anerkennend. Sobald sie die Antwort auf die Frage hörten, welches Produkt sie gemanagt hätte, wurde deren Lächeln spöttisch. Die meisten ihrer Interviewer versuchten es zu verbergen, aber sie und ihre Arbeitserfahrung waren zu einem schlechten Witz geworden, als wäre sie die letzte Verkäuferin von Hufeisen oder Schwarzweiß-Fernsehern gewesen. Natürlich fand sie einen anderen Job, aber alle ihre Leistungen in ihrem ersten Job erhielten nie die Anerkennung, die sie eigentlich verdient hätten. Heutzutage erwähnt sie den Job nur noch, wenn sie ausdrücklich danach gefragt wird.

Rishi, der ein Jahr später seinen Abschluss machte, kam ebenfalls zu Kodak, aber in die Finanzabteilung. Er war ein introvertierter Mensch und fand es schwierig, seine Leistun-

8 Welchen Einfluss hat Ihr Unternehmen ...

gen zu kommunizieren. Er machte immer einen anständigen Job, seine Zahlen stimmten und er schloss seine Bücher rechtzeitig. Ehrlich gesagt: Er machte alles, was man von ihm erwartete. Obwohl er im Gegensatz zu Johanna nicht das Talent zum Star hatte, hätte er innerhalb von sieben Jahren, das war die typische Zeitspanne in seinem Arbeitsbereich, vom Juniorbuchhalter zum Seniorbuchhalter befördert werden sollen. Aber Kodak musste die Kosten senken, und dazu gehörte auch die Finanzabteilung. Das erste, was das Management in Angriff nahm, waren die Verwaltungskosten. Jahr für Jahr wurden Management-Ebenen eliminiert.

Rishi war noch kein Manager, so dass er nicht direkt betroffen war. Aber während es vorher drei Kandidaten für eine offene Position im unteren Management gab, war diese Zahl nach dem Stellenabbau auf zehn gestiegen, von denen einige degradierte Junior-Manager waren, die Vorrechte geltend machten, ihren alten Status wiederzuerlangen. Um es kurz zu machen: Nach zehn Jahren war es ihm nicht nur nicht gelungen, Leiter des Rechnungswesens einer lokalen Einheit zu werden, sondern er wurde sogar gefeuert. Er fand eine Position bei einem anderen Unternehmen, aber dort arbeitete er in einem Team mit frisch gebackenen Absolventen; seine zehn Jahre Berufserfahrung wurden nicht honoriert.

Die Schlussfolgerung ist eindeutig: Ob Sie auf der unteren Ebene der Verwaltung arbeiten, ein aufstrebender Stern oder ein Vorstandsvorsitzender sind, das Schicksal des Unternehmens, für das Sie arbeiten, hat massiven Einfluss auf Ihre persönliche berufliche Entwicklung. Ein erfolgreiches Unternehmen muss wachsen. Nachhaltiger Erfolg ohne Wachstum existiert nicht dauerhaft. Wenn ein Unternehmen wächst, schafft es neue, spannende Karrieremöglichkeiten für Sie. Mehr Möglichkeiten bedeuten mehr Beförderungen, bedeutet eine steilere Karriere. Je steiler das Wachstum Ihres Unternehmens ist, desto steiler wird der Anstieg Ihres Karrierepfades sein. Es ist eine einfache Gleichung. Wenn Ihr Unternehmen schrumpft, verringern sich die Zahl der Stellenangebote ebenso wie Ihre Karriereaussichten.

Die einfachsten Kennzahlen, um dies zu bestimmen, die eigentlich immer verfügbar sind, sind Umsatz und Mitarbeiter. Der Umsatz wird auch durch Unternehmenskäufe und -verkäufe beeinflusst, so dass Sie vielleicht organische Wachstumsraten überprüfen sollten, aber sie werden nicht immer veröffentlicht. Das ist nicht weiter tragisch, denn als Faustregel kaufen Unternehmen, denen es gut geht und verkaufen solche, die in der Krise sind. Reines Umsatzwachstum ist jedoch ein ziemlich guter Indikator für den Zustand Ihres Unternehmens.[1] Wenn es Ihrem Unternehmen gut geht, wird sein Umsatz im Einklang mit Ihren Karrieremöglichkeiten steigen. Wenn Ihr Unternehmen zwei Jahre in Folge schrumpft, sollten Sie sich nach einem anderen Arbeitgeber umsehen. Das Gleiche gilt für die Zahl der Beschäftigten, allerdings ist die Korrelation mit ihren eigenen Karrierechancen nicht ganz so stark. Das Outsourcing des Zahlungsverkehrs reduziert die Mitarbeiterzahl, hat aber keinen Einfluss auf die Marketingabteilung (wohl aber auf den Finanzbereich). Im Zweifelsfall folgen Sie der Entwicklung der Einnahmen, die aussagekräftiger ist. Falls Sie für ein börsennotiertes Unternehmen arbeiten, ist die Marktkapitalisierung – der Gesamtwert aller ausgegebenen Aktien – ein exzellenter Indikator. Ihr Karrierepotenzial verläuft parallel zum Aktienkurs Ihres Arbeitgebers. Steigt der Aktienkurs, steigt auch Ihr Karrierepotenzial (und ab einer gewissen Karrierestufe Ihr Bonus).

Der Erfolg Ihres Unternehmens generiert auch externe Wachstumschancen für Sie. Headhunter versuchen, die für die Akquisition neuer Mandate erforderliche Zeit zu maximieren und den für die Ausführung dieser Mandate benö-

---

[1] Aktionäre sehen das anders, für sie ist nur der Gewinn pro Aktie interessant. Aber Aktionäre werden schließlich auch nicht befördert oder gefeuert.

8 Welchen Einfluss hat Ihr Unternehmen ...

tigten Aufwand zu minimieren. Für die Neubesetzung einer Position kontaktieren sie zeitsparend zuerst den aktuellen Stelleninhaber beim stärksten Wettbewerber in der Branche. Das Risiko einer Fehlbesetzung bei neuen Managern ist hoch, aber einstellende Manager können die meisten negativen Folgen für sie persönlich abwenden, falls sie sagen können: „Ich habe sogar den Herrn/die Frau von XYZ eingestellt, wirklich das beste Unternehmen der Branche, nicht meine Schuld, wenn er/sie versagt hat".

Nehmen Sie Francois, der während seines Studiums in Frankreich bestenfalls durch seine Unauffälligkeit auffiel. Er war sympathisch und anständig, ein wirklich netter Kerl, hatte aber keine spezifischen Talente. Auch stammte er nicht aus einer bemerkenswerten Familie und war weder besonders charmant noch gutaussehend. Francois war in fast jeder Hinsicht sehr mittelmäßig und auch die Frauen ignorierten diese graue Maus zumeist. Infolgedessen war es ihm nicht möglich gewesen, die französischen Spitzen-Unis Ècole Normale Superieure oder Ècole Polytechnique zu besuchen, sondern er musste an einer lokalen Universität in Lyon inskribieren. Alle wirklich guten Jobs in Paris wurden zwar unter den Alumni der besten Universitäten aufgeteilt, aber er wollte ohnehin nicht nach Paris ziehen. Also entschied er sich für eine Tätigkeit beim örtlichen Wasserwerk. Die meisten seiner Freunde lachten ihn aus. Die Arbeit für die Stadtwerke galt als eine berufliche Sackgasse, ein Rückzugsbereich für die schlechtesten Absolventen, die sich freuten, überhaupt eine Anstellung zu finden, die nichts mit dem Wenden von Hamburgern zu tun hatte. Francois jedoch war zuversichtlich, denn er hatte seine Hausaufgaben gemacht.

Deshalb wusste er, dass der charismatische PDG (Vorstandsvorsitzende) des Wasserwerks, Jean-Marie Messier, andere Pläne hatte. Innerhalb weniger Jahre erwarb Messier zahlreiche Unterhaltungs- und Telekommunikationsunternehmen und machte das langweilige Versorgungsunternehmen zu einem der attraktivsten und wertvollsten Unternehmen der Welt. Francois' Karriere ging stetig aufwärts, vom Abteilungsleiter über den Leiter eines kleinen Geschäftsbereichs bis zum Leiter einer Division. Dank der Firmenkäufe wuchs seine Division stetig weiter. Nun bewunderten ihn seine Freunde und baten ihn oft um einen Job. Als ‚interessanter' Single wurde er gerne auf Partys eingeladen und auch die Headhunter riefen ihn immer häufiger an. Als die Stimmung innerhalb des Unternehmens, das mittlerweile Vivendi hieß, vorsichtiger wurde, entschied er sich, eines dieser Jobangebote anzunehmen und wurde CEO eines mittelständischen französischen Dienstleisters. Bald darauf begann bei Vivendi eine Zeit voller Probleme, Abschreibungen und Umstrukturierungen, bevor sich das Unternehmen wieder stabilisierte. Francois' Karriere hatte bereits einen großen Schub erhalten und blieb davon unberührt. Sein kalkuliertes Risiko, sich den örtlichen Wasserwerken anzuschließen, hatte sich voll ausgezahlt.

Was lernen wir daraus? Ihr Lebenslauf ist wie ein Aktienportfolio und Ihre Arbeitgeber sind Ihre Aktienpositionen. Im Gegensatz zu Aktien kann man sie jedoch nicht verkaufen. Ihre Referenzen sind in Stein gemeißelt. Falls Sie sich wie Francois weise entscheiden oder einfach Glück haben, kann der Wert Ihrer Bestände exponentiell steigen. Wenn Sie wie Carl oder Johanna Branchentrends ignorieren, verlieren Ihre Lebenslaufpositionen an Wert und können sogar zu Verbindlichkeiten werden. Stellen Sie sich vor, Sie wären in der Finanzabteilung von Enron gewesen, als das Unternehmen unter der Last seiner Bilanzfälschungen zusammenbrach. Kein Wunder, dass HR-Mitarbeiter immer nach dem schwarzen Loch, den unerklärten Jahren, suchen.

Für mich waren die zukünftigen Entwicklungsperspektiven meines potenziellen nächsten Arbeitgebers bei einem Arbeitsplatzwechsel immer ein wichtiger Entscheidungsfaktor. Regelmäßig lehnte ich ansonsten interessante Stel-

8 Welchen Einfluss hat Ihr Unternehmer ...

lenangebote ab, wenn ich das Potenzial des neuen Unternehmens nicht sah. Der aktuelle Status Ihres neuen Arbeitgebers spielt keine Rolle (wenn man von den süffisanten Kommentaren der Freunde und Kollegen absieht). Wo das Unternehmen in fünf oder zehn Jahren sein wird, das ist die entscheidende Frage, so weit entfernt das heute auch klingen mag. Der Nettobarwert Ihrer Karriere, also die abgezinste Summe aller Ihrer zukünftigen Einnahmen, wird in erster Linie durch die übernächste Position bestimmt.

Es ist am einfachsten, den Wert alternativer Optionen zu vergleichen, wenn Sie als Hochschulabsolvent frisch in das Berufsleben einsteigen. Falls Sie kein Genie oder Absolvent einer Elite-Universität sind, werden Sie wahrscheinlich versuchen, bei einem Großunternehmen anzufangen. Wenn Sie einigermaßen gut in Vorstellungsgesprächen sind, werden Sie mehrere Stellenangebote erhalten. Es gibt einen klar definierten Marktpreis für Uni-Absolventen und Einstiegsgehälter sind fast immer ziemlich identisch, d. h. sie unterscheiden sich selten um mehr als 15 %. Ich erinnere mich, dass Kommilitonen mir erklärten, dass sie zu Unternehmen A gegangen wären, weil das Einstiegsgehalt 10 % höher gewesen wäre als das von Unternehmen B. Sie haben das verdient, was sie bekommen haben, nämlich ein weitaus niedrigeres Gehalt nach fünf Jahren als die meisten ihrer Kollegen. Wenn Unternehmen geringere Wachstumsraten aufweisen und damit schlechtere Karrierechance anbieten, müssen Sie ein höheres Einstiegsgehalt offerieren, um Kandidaten zu gewinnen. Dies ist das einfache Gesetz von Angebot und Nachfrage. Es gilt für frisch gebackene Schulabgänger ebenso wie für gestandene Manager.

Nehmen Sie den Fall eines anderen Mannes mit dem Namen Martin F., der einigen von Ihnen vielleicht bekannt vorkommt. Ich kenne ihn definitiv sehr gut, netter Kerl ... Nach dem Studium hatte Martin eine Reihe von Stellenangeboten. Er war ein sehr methodischer Typ, also erstellte er eine Tabellenkalkulation und bewertete die Positionen nach zehn gewichteten Kategorien. Allerdings beugte er die selbst aufgestellten Regeln und akzeptierte das Angebot mit der zweithöchsten Gesamtpunktzahl und dem zweitschlechtesten Einstiegsgehalt, da es nach mehr Spaß und Herausforderung klang. Außerdem sahen die Manager, die ihn befragten, so aus, als ob sie selbst viel Geld verdienen würden. Die Stelle mit dem höchsten Einstiegsgehalt belegte nur den dritten Platz.

Martin hatte eine gute Wahl getroffen. Das Unternehmen wuchs schnell und zahlreiche Wachstumsmöglichkeiten boten sich Martin. Er wurde alle sechs Monate befördert und hatte sein Anfangsgehalt innerhalb des ersten Jahres verdoppelt. Das von ihm gewählte Unternehmen war ein Gewinner und seine Karriere florierte dadurch. Das bedeutet nicht, dass Martin gescheitert wäre, wenn er sich für eines der anderen Angebote entschieden hätte, aber höchstwahrscheinlich wäre seine Karriere langsamer verlaufen.

Die Kunst, den richtigen Arbeitgeber zu wählen, erreicht ihren Höhepunkt bei Startups und Turnarounds. Die Wahl des richtigen Startups hat aller Wahrscheinlichkeit nach mehr mit Glück als mit Können zu tun. Startups verändern sich in der Regel in den ersten Jahren deutlich und werden oft unkenntlich. Das macht es für Normalsterbliche sehr schwierig, ihren zukünftigen Erfolg vorherzusagen.

Machen Sie wieder einen Zeitsprung und stellen Sie sich vor, dass Sie bei einem kleinen Startup ein Einstellungsgespräch hätten. Sie treffen auf ein Management, das weder über Führungserfahrung noch über irgendwelche formalen Qualifikationen verfügt. Offen gesagt, kämpfen sie damit, überhaupt verständlich zu kommunizieren. Das Unternehmen konzentriert sich auf die Entwicklung eines Nischenprodukts, einer Programmiersprache für Bastler, die für keine kommerzielle Anwendung geeignet ist. Sie kann nur auf einigen seltenen, untermotorisierten Spielzeugcomputern verwendet werden, die ebenfalls keinerlei kommerzielle Eignung besitzen. Es ist eine Nischenanwendung für ein Nischengerät.

Kein Wunder, dass dieses Produkt, das die Gründer anscheinend entwickelten, ohne Rücksicht auf die Frage zu nehmen, ob es Käufer dafür gäbe, sich als totaler Reinfall herausstellte. Hatte ich erwähnt, dass das Unternehmen keinerlei geistiges Eigentum besaß? Auf zeitgenössischen Bildern sehen die meisten Mitglieder des Managementteams aus, als würden sie Hasch unter ihren unmodernen, abgenutzten Pullovern verstecken, und man meint, im Hintergrund schwach den Klang von CCR zu hören.

Mittlerweile ist Ihnen vermutlich klargeworden, dass ich Microsoft im Jahr 1976 beschreibe, das in den folgenden 25 Jahren das wertvollste Unternehmen der Welt werden würde. Das Einzige, was Ihre Meinung über dieses Unternehmen und sein Microsoft Basic hätte ändern können, war sein Management. Selten hat ein kleines Unternehmen aus so hochkarätigen Persönlichkeiten bestanden. Sobald sie ein erfolgversprechenderes Produkt wie MS-DOS identifiziert hatten, packten sie den IBM-Bullen an den Hörnern. Damals zahlte Microsoft magere Gehälter, gab aber großzügige Aktienoptionen heraus. Vermutlich wurden so ziemlich alle der ersten 1000 Mitarbeiter, die bei dem Unternehmen blieben, Multimillionäre, einschließlich der Dame vom Empfang. Einige von ihnen realisierten sicherlich das Potenzial von Microsoft, aber für die Mehrheit war es mit einem Lotterielos vergleichbar.

Im Gegensatz zu landläufigen Vorstellungen ist das Konzept des Kaufs von Lotterielosen eine ernsthafte Geschäftsgrundlage. Eine ganze Branche, Venture Capital, basiert auf der Idee, dass es sich lohnt, lauter Optionen zu erwerben, von denen eine ein großer Lotteriegewinn sein könnte. Wenn Ihr statistischer Durchschnittsgewinn bei einem Los seinen Preis übersteigt, sind Sie gut beraten, Ihr ganzes

Geld für Lotterielose auszugeben. Leider gilt das nicht für die klassischen Lotterien, die oft nur 50 Cent pro Euro zurückzahlen. Die Kunst, ein Risikokapitalgeber zu sein, besteht darin, zu wissen, welche zehn Lose für jeweils einen Euro sie kaufen sollten. Das Geschäftsmodell beruht darauf, dass Sie zwei Gewinnerlose haben sollten, die jeweils zehn Euro Gewinn bringen. Eines zahlt den Kaufpreis für die Tickets zurück, das zweite ist Ihr Gewinn. Der Fairness halber sei hinzugefügt, dass die meisten VCs aktiv die Entwicklung ihrer Beteiligungen unterstützen. Das Silicon Valley (und seine deutschen Äquivalente in Berlin und München) wächst weiter, beschäftigt aber inklusive der von ihm finanzierten Startups nur ein Prozent der erwerbstätigen Bevölkerung. Die restlichen 99 % der Beschäftigten benötigen einen anderen Arbeitgeber.

Wie wäre es mit einer Tätigkeit bei einem Unternehmen in der Krise, bei dem Sie von Umstrukturierungen profitieren könnten? Wenn Sie nicht selbst der neue Unternehmenschef sind oder zu seinem Kernteam gehören und ihn wirklich hochschätzen, lautet die Antwort: Vermeiden Sie die Arbeit für schrumpfende Unternehmen, sofern Sie die Wahl haben. Wenn ein Unternehmen schrumpft, ist die Chance befördert zu werden niedriger und die Wahrscheinlichkeit gefeuert zu werden größer als in stabilen oder wachsenden Unternehmen. Falls das Management es bisher versäumt hat, das Unternehmen auf den richtigen Kurs zu bringen und es immer noch angeschlagen ist, halten Sie sich von ihm fern, sofern Sie können. Falls Sie arbeitslos sind und dies der einzige verfügbare Job ist, bleibt Ihnen wohl nichts anderes übrig. Sollten Sie eine Alternative haben, nehmen Sie den anderen Job. Sie kennen das Unternehmen nicht, Sie kennen das Management nicht; Sie kennen vielleicht nicht einmal das spezielle Segment der Branche. Alles, was Sie haben, sind die optimistischen Worte des Personalchefs und des

Mitarbeiter suchenden Vorgesetzten, die beide wahrscheinlich verzweifelt versuchen, einen Job zu besetzen, für den es keine anderen qualifizierten Bewerber gibt. Solange ein Unternehmen die Talsohle nicht erreicht hat, halten Sie sich von ihm fern.

Wenn Sie bereits für ein Unternehmen arbeiten, das zu schrumpfen begonnen hat, ist die Situation anders. Jetzt sind Sie ein Insider und haben Wissen, das externen Parteien nicht zur Verfügung steht. Sie kennen das Top-Management, können seine Strategie und deren Umsetzung bewerten und verstehen die Branche. Es gibt zwei Fragen, die Sie sich stellen sollten. Erstens: Wird mein Unternehmen überleben, und zweitens: Werde ich dann noch hier sein?

Die Antwort auf die erste Frage folgt den klassischen Kriterien: Existiert ein Kernprodukt, das profitabel und nachhaltig verkauft werden kann? Setzt das Management die richtigen Maßnahmen schnell genug um? Stehen genügend Geldmittel zur Verfügung? Die Antwort auf die zweite, für Sie persönlich entscheidende Frage ist komplexer. Wenn es ein gesundes Kerngeschäft gibt, Sie aber nicht in diesem Bereich arbeiten, ist das ein schlechtes Omen. Wenn Sie für den gesunden Teil arbeiten, aber das Produkt nicht physisch berühren, könnte Ihre Tätigkeit zu einem abrupten und vorzeitigen Ende kommen. Nach meiner Erfahrung sind indirekte Funktionen (Allgemeines Management insbesondere in Zentralen, Vertrieb und Verwaltung) bei einer Restrukturierung am stärksten und schnellsten betroffen. Außerdem neigen Häuptlinge dazu, alle Indianer zu feuern, um ihre eigenen Jobs zu retten. Wenn Sie Teil des mittleren Managements sind und zwischen der Zentrale und der Belegschaft stehen, die tatsächlich vor Ort produziert und verkauft, könnten Ihre Tage ebenfalls gezählt sein. Wenn Sie jedoch im Finanzwesen tätig sind, werden die Maßnahmen in Ihrem Bereich mit einer gewissen Verzögerung umgesetzt werden, da alle Restrukturierungsmaßnahmen richtig berechnet und gebucht werden müssen. Glauben Sie nur nicht, dass Sie als Finanzer langfristig sicher sind.

Wenn Sie nach reiflicher Überlegung zur Überzeugung kommen, dass Ihr schrumpfendes Unternehmen und Sie die nächsten Jahre überleben werden, sollten Sie vielleicht dabei bleiben. Dies umso mehr, als der Markt mit Ihren derzeitigen und ehemaligen Kollegen, die alle auf der Suche nach neuen Positionen sind, überflutet werden könnte. Wenn Sie unter solchen schwierigen Umständen wechseln, wird Ihre neue Rolle in einem anderen Unternehmen höchstwahrscheinlich schlechter sein als Ihre derzeitige. Falls der Turnaround erfolgreich ist, gehen Sie womöglich durch eine ‚positive Krise', aus der Ihr Unternehmen verjüngt und entschlackt hervorgeht. Aller Wahrscheinlichkeit nach werden Sie dann in der Lage sein, Ihren Marktanteil gegenüber Ihren weniger wendigen Konkurrenten zu steigern, was zu einem höheren externen Umsatzwachstum und Karrieremöglichkeiten für Sie persönlich führt. Einen Turnaround erfolgreich abzuschließen, kann eine großartige Erfahrung sein. Überlebende Teams erreichen häufig hierarchische Positionen, die sonst nicht in ihrer Reichweite gewesen wären.

Zusammenfassend sollten Sie erwägen, in einem Unternehmen zu bleiben, das versucht, einen Turnaround zu erreichen, wenn Sie gute Gründe haben, optimistisch zu sein, aber nicht einem Unternehmen beizutreten, das damit kämpft, einer Krise zu entkommen. Gibt es Ausnahmen? Ja, eine Ausnahme existiert tatsächlich. Sobald ein Unternehmen die Talsohle erreicht hat, gibt es ein Zeitfenster von ein bis zwei Jahren, in dem Sie immer noch leicht einen der Top-Jobs auswählen können. Die Informationen über die erfolgreiche Transformation sind noch nicht weit verbreitet und die vielversprechendsten externen Bewerber werden um das Unternehmen weiterhin einen weiten Bogen machen. Wenn Sie zu diesem Zeitpunkt eine Aufgabe übernehmen, können Sie als Teil des Siegerteams anerkannt werden. Damit dieses Spiel funktioniert, müssen Sie die Branche und die Strategie des Unternehmens wirklich verstehen. Zudem gelingt es Externen nur selten, in einer solchen Situation, die meist mit Aufnahmestopps einhergeht, ohne Spezialqualifikation angestellt zu werden.

Zusammenfassung

Nachdem wir in den vorangegangenen Kapiteln Ihre persönlichen Stärken und Schwächen als Homo sapiens dinosauris besprochen haben, untersuchen wir nun die Auswirkungen Ihres Arbeitgebers auf Ihre Karriere. Der wichtigste zu berücksichtigende Faktor ist das Wachstum Ihres Unternehmens, insbesondere das Umsatzwachstum. Ein wachsendes Unternehmen bietet Ihnen sowohl interne als auch externe Karrieremöglichkeiten. Wenn das Unternehmen schrumpft, sinken Ihre Beförderungschancen und Sie könnten sogar Ihren Job verlieren. Wenn der Umsatz steigt, verbessern sich zumeist Ihre eigene hierarchische Position und Ihr Marktwert. Die Maximierung Ihres persönlichen Nettobarwerts erfordert jedoch, dass Sie sich auf das Gehalt des übernächsten Jobs konzentrieren, nicht auf das Gehalt des nächsten.

Schließlich schlussfolgerten wir, dass Sie Startups und Turnaround-Situationen vermeiden sollten, es sei denn, Sie gehörten zum Top-Managementteam oder das Unternehmen hätte gerade seinen Durchbruch geschafft. Wenn Sie bereits für ein solches Unternehmen arbeiten, verfügen Sie über Insider-Informationen, die Sie in die Lage versetzen, die Chancen Ihres Unternehmens besser einzuschätzen.

9
Merkmale der Dinosaurier AG

Im ersten Teil des Buches analysierten wir die Unterschiede zwischen Homo millennial und Homo sapiens dinosauris. Es wäre naiv zu behaupten, dass die Veränderungen auf der individuellen Ebene enden würden. Unternehmen bestehen aus Mitarbeitern und natürlich wirken sich gravierende Veränderungen innerhalb der Belegschaft auf das Gesamtganze aus. Welchen Einfluss nehmen die Homo millennials auf die Unternehmenswelt? Derzeit wird kein großes Unternehmen von Homo millennials dominiert – noch nicht. Das liegt an der einfachen Tatsache, dass vor 1992 keine Homo millennials geboren wurden. Ihr Anteil unter den arbeitenden Hochschulabsolventen liegt derzeit bei 2 %, wie wir an einer früheren Stelle berechnet haben. Noch gibt es (fast) keine Homo-Millennials in den Vorstandsbüros, die Großunternehmen prägen könnten. Und die von ihnen gegründeten Unternehmen sind noch nicht groß genug.

Deshalb existiert die ‚Millennial SE',[1] wie wir sie nennen wollen, noch nicht in ihrer reinsten Form. Sie bemerken vielleicht die Häufung des Wortes ‚noch'. In wenigen Jahren werden diese Sätze Makulatur sein und die Situation wird sich erheblich geändert haben. Allerdings finden wir die hervorstechendsten Eigenschaften der Homo millennials bereits jetzt in zahlreichen kleineren Unternehmen, die begonnen haben, die im ersten Teil des Buches beschriebenen Stärken zu nutzen.

Um die Millennial SE zu erfassen, müssen wir zuerst ihren Vorgänger, die Dinosaurier AG, verstehen. Die Langlebigkeit der Dinosaurier wie auch der Dinosaurier AG verdient unsere uneingeschränkte Bewunderung. Dinosaurier beherrschten die Erde über 170 Millionen Jahre lang. Das ist tausendmal so lange, wie wir Homo sapiens dinosauris es bisher geschafft haben, zu überleben. Zudem dominierten die Dinosaurier die Erde viel länger, als es jede andere mehrzellige Gruppe von sich behaupten könnte. Kurz gesagt: Dinosaurier sind die erfolgreichsten mehrzelligen Tiere, die je gelebt haben. Unser Respekt und unsere Ehrfurcht vor ihnen können jedoch eine wichtige Tatsache nicht verbergen: Sie sind ausgestorben. Herausragender Erfolg schützt nicht für immer. Stellen Sie sich vor, Dinosaurier hätten reden und denken können wie wir Menschen. Was hätten sie eine Minute vor dem Aufprall des Meteors auf der Erde über ihre eigene Zukunft gesagt? Ich schätze, es hätte so ähnlich geklungen wie: „Wir Dinosaurier standen in unserem Leben immer wieder vor Herausforderungen, und durch Ausdauer, Einfallsreichtum und Flexibilität haben wir sie bis heute alle gemeistert. Wir blicken der gloriosen Zukunft der Dinosaurier als Herrscher über die Erde stolz

---

[1] Der Nachsatz ‚SE' verweist auf eine Gesellschaft Europäischen Rechts und ist der deutschen AG vergleichbar. AG steht für ‚Aktiengesellschaft', eine im deutschsprachigen Raum verbreitete Rechtsform. SE steht für ‚Societas Europaea', eine Gesellschaft nach EU-Recht, die leichter EU-weit betrieben werden kann

und optimistisch entgegen, in der Gewissheit, dass sie noch länger andauern wird als unsere ruhmreiche Vergangenheit."

Woher kommt die Dinosaurier AG? Sie ist eine ziemlich alte Institution (für menschliche Verhältnisse) und ihre Vorläufer gehen auf die Zeit von Marco Polo im 13. Jahrhundert zurück. Damals war der Fernhandel ein riskantes Unternehmen, und die Händler bündelten ihre Risiken oft, indem sie Anteile an einzelnen Handelsreisen kauften. Ein Kaufmann finanzierte 5 % einer Expedition nach Indien und zurück und statt sein ganzes Geld in eine einzelne riskante Mission zu investieren, erwarb er lieber Anteile an zwanzig Unternehmungen. Ein Drittel der Missionen waren Totalabschreibungen, schließlich konnte das Schiff durch Stürme oder Piraten zerstört werden und eine Karawane könnte ausgeraubt werden. Solange die anderen zwei Drittel der Expeditionen genügend Geld verdienten, um diese Verluste auszugleichen, war es eine sichere Sache für die Investoren (Erinnert Sie das auch an die Lotterielogik der Venture Capitalisten?). Schnell gründeten die italienischen Kaufleute Gesellschaften und verkauften Anteile an reine Finanziers, die sich nicht aktiv am Tagesgeschäft beteiligen wollten. Investoren in anderen Ländern folgten ihrem Beispiel und Investitionen in Fernhandelsunternehmen schufen und zerstörten regelmäßig Vermögen. Einige dieser Unternehmen erwiesen sich als reiner Betrug, frühe Beispiele für Ponzi Schemas.

Lassen Sie uns das berühmteste und erfolgreichste Unternehmen der frühen Neuzeit, die East India Company, analysieren, um zu sehen, wie die traditionellen Stärken der Dinosaurier AG zu tragen kamen. Ihre Geschichte beginnt 1599, als sich mehrere Londoner Kaufleute trafen, die Queen Elizabeth I. um Erlaubnis bitten wollten, mehrere Schiffe finanzieren zu dürfen. Sie wollten Gewürzhandel mit Ostindien (dem heutigen Indonesien) betreiben und den Niederländern und Spaniern Marktanteile wegnehmen. Einige der Schiffe gingen unter, aber in den folgenden

Jahren kamen genug von ihnen zurück, um den Investoren und der Krone eine gesunde Rendite zu sichern. Mehr Schiffe wurden in Dienst gestellt, ein fester Stützpunkt konnte in Indien mit militärischen Mitteln erobert und zur Unterstützung des Ostindienhandels ausgebaut werden, worauf die Einnahmen des Unternehmens weiter stiegen. Bald wurde die East India Company zu einem attraktiven Arbeitgeber für abenteuerlustige junge Männer mit Ambitionen, die ihre finanziellen Mittel überstiegen. In Bezug auf die Unternehmensführung glich sie weitgehend einem modernen Unternehmen. Das Eigentum wurde durch öffentlich gehandelte Aktien verbrieft, wobei die Investoren in der Regel nicht aktiv an der Führung des Unternehmens beteiligt waren. Das Top-Management bestand aus einem globalen Vorstand unter der Leitung eines Vorstandsvorsitzenden und überließ den lokalen Geschäftsführern ein hohes Maß an operativer Unabhängigkeit.

Wo kommen die Tugenden der traditionellen Dinosaurier AG ins Spiel, welche die Fähigkeiten des Homo sapiens dinosauris widerspiegeln? Funktions- und Branchenkenntnisse waren von entscheidender Bedeutung. Das Management der East India Company musste genau wissen, welche Waren wo und zu welchem Preis gekauft und verkauft werden sollen. Ebenso wichtig war ihre logistische Expertise, den erfolgreichen Transport der Waren zwischen Indien und England zu gewährleisten.

Managementfähigkeiten wurden benötigt, da das Unternehmen regelmäßig vor zwei Herausforderungen stand: interkulturelle Spannungen in Indien und Veruntreuung von Gewinnen durch das lokale Management. Gemessen nach heutigen Standards scheiterte das Unternehmen kläglich. Besonders die Behandlung von lokalem Personal wäre heutzutage inakzeptabel, Rassismus war allgegenwärtig. Im Vergleich zu anderen damals tätigen – noch rassistischeren und intoleranteren – Händlern war die East India Company jedoch vergleichsweise weltoffen und kulturell sensibel. Es gelang dem Unternehmen, lokale Mitarbeiter einzustellen und zu halten, sowie stabile lokale Geschäftspartnerschaften und Allianzen mit regionalen Herrschern zu bilden.

Ähnliches ist über die Ehrlichkeit der Mitarbeiter und die Veruntreuung von Unternehmensgeldern zu sagen. Als Robert Clive Mitte des 18. Jahrhunderts als regionaler Geschäftsführer nach Indien kam, war er relativ arm. Bei seiner Rückkehr nach England war er einer der reichsten Männer seiner Zeit. Insgesamt waren die von der East India Company an die Aktionäre ausgeschütteten Dividenden moderat, der Großteil der Gewinne floss in die Taschen des Managements. Gemessen an Konkurrenzunternehmen waren die Gewinne und Dividenden der East India Company hingegen sehr hoch. Veruntreuung war damals ein fester Bestandteil des Geschäftsbetriebs, und die Tatsache, dass es dem Unternehmen gelang, seine eigene Expansion zu finanzieren und dennoch Dividenden auszuschütten, war eine positive Ausnahme.

Politische Fähigkeiten waren ebenfalls eine unabdingbare Voraussetzung. Zwar hatten britische Soldaten 1590 bereits primitive Geschütze, während sich ihre indischen Gegner auf Elefanten und Speere verließen, aber die indische Bevölkerung belief sich zu dieser Zeit auf etwa 100 Millionen Menschen; während England 5 Millionen Einwohner hatte und die militärische Präsenz des Unternehmens in Indien bis 1750 unter 3000 Soldaten lag. Danach, als Clive Indien erobert hatte, änderte sich der Charakter der East India Company und sie wandelte sich zu einer militärischen Institution.[2] Für unsere Zwecke wollen wir uns jedoch auf die Periode 1590–1750 konzentrieren. Ohne politische Fähigkeiten hätte die East India Company nicht existieren können. Sie brauchte die politische Unterstützung des britischen

---

[2] Die ekelhafte Angewohnheit, den Handel mit China als Mittel zu nützen, um mit der Lieferung von Opium China sowohl zu schwächen als auch mit dieser Sucht noch Geld zu verdienen, soll hier nur am Rande erwähnt werden.

Monarchen als Verteidigung gegen ihre europäischen Gegner aus Spanien und den Niederlanden, welche das Handelsduopol beibehalten wollten. Vor Ort musste sich das Unternehmen auf indische Behörden verlassen, die es ihnen ermöglichten, ihre im Wettbewerb mit lokalen und arabischen Händlern stehenden Handelsstationen zu betreiben.

Kurz gesagt, die East India Company war das weltweit erste multinationale Unternehmen und agierte mit ihren klassischen Dinosaurier-Stärken (Branchen- und Funktionswissen, Management- und politische Fähigkeiten) mehr als 200 Jahren lang erfolgreich. Sein Ende kam, als seine politischen Fähigkeiten versagten und es zu gierig wurde und anfing, Indien zu erobern. Während das Unternehmen weiterhin erfolgreich war, weckte es den Appetit der britischen Krone, die schließlich das Unternehmen verstaatlichte, um Indien als Kolonie zu beherrschen.

Man könnte argumentieren, dass sich seit der Gründung der East India Company vor mehr als 400 Jahren vieles verändert hat. Ein fairer Punkt, aber zeigen Sie mir das moderne Unternehmen, das nicht den Anspruch erheben würde, über Branchen- und Funktionskenntnisse zu verfügen; den Manager, der abstreitet, Management- und politische Fähigkeiten zu besitzen. Diese Qualitäten sind unerlässlich. Wenn Sie Autos herstellen, müssen sie sicher und zuverlässig sein (Branchen- und Funktionswissen), mit Arbeitskräften, die nicht regelmäßig streiken (Managementfähigkeiten) und in einem Rechtsrahmen, der die Automobilhersteller nicht unzumutbar belastet (politische Fähigkeiten). Wenn Sie Fast Food verkaufen, muss es bezahlbar, schnell und sicher sein, mit einer Belegschaft, die niedrige Gehälter akzeptiert, und das Ganze in einem rechtlichen Rahmen, der es Ihnen ermöglicht, zu operieren (denken Sie an Öffnungszeiten und Lizenzen). Jede Firma braucht diese Fähigkeiten. Glauben Sie, dass Google ohne sie existieren könnte? Google Glass (die Brillen mit den digitalen Einblendungen) waren eine coole Idee, floppten aber nicht zuletzt wegen Googles Mangel an politischen Fähigkeiten. Die Erhebung personenbezogener Daten, die im Mittelpunkt des Geschäftsmodells von Google steht, ist in hohem Maße anfällig für öffentlichen Druck.

Jetzt ist ein guter Zeitpunkt, um sich an den Unterschied zwischen ‚notwendig‘ und ‚ausreichend‘ zu erinnern. Notwendige Fähigkeiten sind für die Ausführung bestimmter Aufgaben erforderlich, aber sie reichen nicht aus, es braucht mehr. Wenn Sie ein Ei braten wollen, ist es toll, wenn Sie die notwendigen Kompetenzen und Fertigkeiten haben, aber nichts wird passieren, wenn Sie kein Ei haben. Geschicklichkeit plus ein Ei plus Wärme und eine passende Pfanne sind ‚ausreichend‘, mehr brauchen Sie nicht.

Betrachten wir die Automobilindustrie. Henry Ford, der Erfinder des industriell hergestellten Automobils, war entschlossen, die Kompetenzen und Fähigkeiten seines Unternehmens zu maximieren. Exzellente Ingenieure konstruierten sein Modell T und verbesserten ständig die Produktionsschritte. Das Preis-Leistungs-Verhältnis seines Autos blieb 15 Jahre lang unübertroffen. Seine Managementfähigkeiten bei der Verbesserung der Logistik außerhalb und innerhalb seiner Fabriken waren herausragend und seine politischen Fähigkeiten waren zumindest gut genug, um diese Fabriken am Laufen zu halten.[3] Er versuchte, ein standardisiertes Produkt zu möglichst niedrigen Kosten herzustellen, so dass es sich jeder Arbeiter leisten konnte. Henry Ford soll gesagt haben, dass man ein Model T in jeder Farbe kaufen könne, vorausgesetzt, sie sei schwarz. Das Unternehmen war bestens gerüstet, um in einem stabilen Umfeld zu agieren. Doch dann änderten sich das Umfeld und die Nachfrage der Konsumenten, die modernere, farbige Autos haben wollten. Der Absatz des Model T kollabierte und stürzte Ford in die Krise.

---

[3] Auch hier gilt, dass seine politischen, antisemitischen und rassistischen Äußerungen aus heutiger Sicht absolut inakzeptabel sind.

Lange Zeit war externer Wandel unwichtig gewesen. Bis 1800 unterschied sich die Welt, in der Sie am Ende Ihres Lebens lebten, nicht sehr von der Welt, in die Sie hinein geboren wurden. Seitdem hat sich die Gesellschaft weiterentwickelt. Der Bau des billigsten schwarzen Familienautos ist nicht hilfreich, wenn jeder schnelle, farbenfrohe Cabriolets haben will. Der Bau des billigsten schwarz-weißen Kathodenstrahlfernsehers der Welt ist auch keine Erfolgsformel mehr. Keiner unserer Dinosaurier-Kernwerte (Branchen- und Funktionswissen, Management- und politische Fähigkeiten) reicht in der heutigen Welt mehr aus. Sie sind weiterhin notwendig, aber es bedarf weiterer Fähigkeiten. Und genau hier setzt die Tragödie der Dinosaurier AG an. Es ist die traurige Geschichte des hochkompetenten Versandhandelsunternehmens, das die Ankunft des Internets übersieht; des auf Einkaufszentren spezialisierten Immobilienentwicklers, der vom eCommerce weggefegt wird; und des Eigentümers von Call Centern in Ländern mit hohen Lohnkosten, die automatisiert oder in billigere Länder verlagert werden. Es könnte die traurige Geschichte Ihrer Firma sein.

Werfen wir zum Beispiel einen genaueren Blick auf die Autoindustrie. Die meisten Hersteller haben ihre Fabrikstore vor vielen Jahrzehnten geschlossen. Eine limitierte Zahl an Großunternehmen teilen sich 90 % des Weltmarktes. Sobald ein großes Schwellenland das kritische Pro-Kopf-Einkommen erreicht, dass viele Einwohner sich Autos leisten können, kommen ein paar nationale Hersteller hinzu, die zumeist aber auch nicht allzu lange selbstständig bleiben. Das dominante Design (vier Räder, Motor, Lenkrad, Türen, Windscheibe, Fahrer) wurde nie verändert. Henry Ford würde nicht sprachlos sein, wenn er ein modernes Fahrzeug sähe; seit dem Modell T ist nichts Revolutionäres geschehen. Die Motoren sind stärker geworden (und das uralte Konzept der Elektromotoren erfreut sich einer Renaissance), das Handling ist komfortabler, die Fahrt sicherer und die gesamte Konstruktion zuverlässiger, aber das sind nur graduelle Verbesserungen. Vergleichen Sie es mit einer ähnlich alten Erfindung, der Glühbirne, bei der alle zehn Jahre eine völlig neue Technologie den Markt dominiert. Thomas Edison hätte keine Chance, die Funktionsweise eines modernen LED-Chips zu verstehen. Aber Autos?

Im Lauf der Jahrzehnte überstieg der Elektronikgehalt der Autos wertmäßig die Stahlkomponente. Gleichzeitig wurden die externen Dienstleister immer kompetenter im Bau ganzer Autos. Henry Ford hatte seine eigene Gummiplantage, um Ford-Reifen herzustellen. Outsourcing-Spezialisten wie Magna produzieren heute mit Freude ein komplettes Fahrzeug. In der Vergangenheit waren externe Lieferanten nicht in der Lage, adäquate Motoren oder Getriebesysteme zu liefern, die das Kern-Know-how der Automobilhersteller darstellten. Diese Zeiten sind längst vorbei, aber die meisten Automobilhersteller leben noch in der Vergangenheit.

Wie zufrieden sind Sie mit der elektronischen Ausstattung Ihres Autos im Vergleich zu Ihrem Handy? Ich kann Ihnen sagen, dass ich mich ständig über die mangelnde Konnektivität, veraltete Informationen, unzureichende Updates und schlechte Benutzeroberflächen meiner Autos ärgere. Mein letztes Auto war neu und galt als Premium, aber seine Navigationsdaten waren von Beginn an hoffnungslos veraltet. Oft empfahl es mir große Umwege, weil es vor fünf Jahren gebaute Autobahnen nicht kannte. Eines Tages reichte es mir und ich beschloss, ein Daten-Update zu bekommen. Bitte beachten Sie, dass das System dies nicht automatisch durchführte. Ich ging zu meinem örtlichen Vertragshändler, der eine DVD bestellte, die vor Monaten mit Daten, die zu diesem Zeitpunkt ein Jahr alt waren, gebrannt worden war. Als die DVD ankam, musste ich in meine Werkstatt fahren, damit der Mechaniker die Daten hochladen konnte, und ich musste das Auto wieder abholen, sobald er fertig war. Ich brauchte zwei Fahrten zur Werkstatt und viel Geld für seine Arbeitszeit und die DVD, um veraltete Daten zu erhalten.

Vergleichen Sie das mit der App, die auf jedem billigen Smartphone bereits seit Ewigkeiten vorinstalliert ist und deren Straßen- und Verkehrsdaten automatisch in Echtzeit aktualisiert werden. Sie meinen, der Datenschutz wäre beim Auto besser gegeben? Wirklich? Lassen Sie mich kurz schmunzeln und Sie auf das Kleingedruckte bei der Nutzungsvereinbarung Ihres Autos hinweisen. Was glauben Sie, wie ich mein Auto hinsichtlich Kundenfreundlichkeit und Innovation beurteile? Verstehen Sie mich bitte nicht falsch: Es vermittelt wirklich Freude, es zu fahren. Aber hinsichtlich seiner Elektronik ziehen Kindheitserinnerungen an Schwarzweißfernseher vor meinem geistigen Auge auf.

Die zugrunde liegende Logik ist recht einfach. Traditionell dauert es sechs Jahre, ein Premium-Auto (eine komplette Plattform) zu entwickeln, das insgesamt zwölf Jahre in Produktion bleibt und zur Halbzeit mit einem Facelift versehen wird. Wenn Sie mit der Entwicklung beginnen, müssen Sie folglich 18 Jahre im Voraus planen. Vergleichen Sie das mit einem Smartphone. Seine Konstruktion dauert 18 Monate, und es wird für 36 Monate hergestellt, was einer Gesamtlebensdauer von 54 Monaten entspricht. Haben Sie bemerkt, dass wir für Elektronik Monate zur Messung heranziehen und für Autos Jahre? Der Unterschied ist beträchtlich.

Ein gutes anderes Beispiel finden wir bei Siemens. Das Unternehmen wurde Mitte des 19. Jahrhunderts gegründet und konzentrierte sich von Beginn weg auf zeitgenössische High-Tech: zuerst Telegrafie, später drahtlose Kommunikation, Telefonsysteme und Großrechner. Kurz nach dem Ende des Zweiten Weltkriegs expandierte das Unternehmen in den beginnenden Mobiltelefoniemarkt. Natürlich nutzten sie diese Expertise, als die ehemals klobigen Geräte in den 90er-Jahren zum Massenprodukt wurden. Exzellente Kenntnisse bei Telefonen, Computern und sogar analogen Mobiltelefonen, Siemens hatte alles, was für die Herstellung von modernen digitalen Mobiltelefonen erforderlich war. Theoretisch müssten Siemens-Mobiltelefone heute die Welt dominieren. Was lief schief? Siemens baute in guter, altehrwürdiger Tradition robuste Qualitätsprodukte, auf die jeder Ingenieur stolz sein konnte. Ihre Mobiltelefone waren darauf ausgelegt, zehn Jahre und länger zuverlässig zu funktionieren; Siemens war wirklich gut in der Herstellung hochqualitativer Hardware.

Siemens hatte eine lange Tradition in der Produktion von Software, die sich jedoch zumeist an professionelle Nutzer richtete. Warum sollte Software für Mobiltelefone auch wichtig sein? Ein Telefon war zum Wählen und Sprechen da, nicht wahr? Leider folgten Mobiltelefone schnell einem anderen Entwicklungspfad, sobald sie in den 90er-Jahren digitalisiert wurden, lange vor der Einführung der Smartphones. Von nun an hatten sie Menüs für Kalendereinträge, Telefonbücher, Spiele und so weiter. Das Schreiben von Software für ein Betriebssystem wurde für Handyhersteller schnell zur Notwendigkeit. Viele Kunden von Siemens beklagten sich zunehmend über instabile und schwer zu bedienende Betriebssysteme. Die Tatsache, dass die Hardware ihrer Telefone zumindest zehn Jahre halten würde, half nicht. Den Kunden war es egal, wie lange das Telefon noch hätte funktionieren können, sobald es veraltet war. Die Software entwickelte sich so schnell, dass die Konsumenten gerne alle zwei oder drei Jahre ein neues Telefon kauften. Qualität hat immer ihren Preis, und ein Telefon, das für zehn Jahre ausgelegt ist, war in der Herstellung deutlich teurer als ein Gerät, das für drei Jahre gebaut wurde. Die ursprünglich sehr erfolgreiche Mobilfunksparte geriet in die Verlustzone und verlor Marktanteile, bis sie verkauft und schließlich geschlossen wurde. Auf eBay können Sie problemlos voll funktionsfähige Modelle erwerben, die im letzten Jahrtausend gebaut wurden; die Qualität der Hardware war schließlich exzellent.

Siemens Mobiltelefone waren ein klassisches Beispiel für Produkte eines Unternehmens mit hervorragender Funk- und Telefonkompetenz und ausgezeichneter Qualität in der Hardwareentwicklung (Funktions- und Branchenwissen); exzellenten Managementfähigkeiten und hervorragenden politischen Fähigkeiten. Kurz gesagt, Siemens Mobiltelefone waren ein perfektes Beispiel sowohl für die Stärken als auch für die Schwächen der Dinosaurier AG. Es ist leider kein Zufall, dass sie auch das Schicksal der Dinosaurier teilten. Siemens hatte übersehen, dass sich das langlebige Investitionsgut Mobiltelefon zu einem kurzlebigen Konsumgut entwickelt hatte. Die Produkte veralteten lange vor dem Ende der technischen Lebensdauer. Vor allem aber änderten sich die technischen Anforderungen an das Mobiltelefon: aus dem Hardwareprodukt wurde ein gemischtes Hardware-Software-Produkt, dessen Benutzeroberfläche zunehmend entscheidend für die Kaufentscheidung wurde. Erkennen Sie eine Ähnlichkeit zu meiner mangelnden Zufriedenheit mit meinem Premium-Auto?

Die Kraft, die Siemens Mobiltelefone und viele andere Vertreter der Spezies Dinosaurier AG getötet hat, lässt sich leicht in einem Wort zusammenfassen: *Innovation*. Es war die Innovation, die den Mobilfunkmarkt veränderte, und es ist die Innovation, die derzeit droht, die traditionellen Automobilhersteller auszurotten. Die Automobilherstellung hat sich bereits von einer stahlbasierten Industrie zu einer siliziumbasierten entwickelt. Die Gesamtkosten aller elektronischen Komponenten in einem Auto übersteigen die der Stahlkomponenten erheblich. In den nächsten Jahren wird es zu einer softwarebasierten Branche werden, und es ist kein Zufall, dass Unternehmen, die stark im Schreiben benutzerfreundlicher Schnittstellen sind, wie Apple und Google, mit dem Einstieg in diese Branche kokettieren.

Es ist aber bei weitem nicht die einzige Branche, die durch Produktinnovationen, um nicht zu sagen Mutationen, vor revolutionären Wandlungen steht. Als die Zentralheizung in unserem Ferienhaus ihren Geist aufgab, war meine Kernanforderung an das Nachfolgemodell die Fernbedienbarkeit per App. Vor kurzem beschwerte meine Frau, die im Verkehrsstau steckte, sich bei mir, dass sie unser Backrohr nicht per App abschalten könne. Natürlich verrichtet in unserem Garten ein Roboter seinen Dienst und der Kauf eines Staubsaugroboters ist nur eine Frage der Zeit. Die Produktinnovation betrifft nicht nur Haushaltsgeräte, fast alle Branchen sind davon betroffen.

Wenn wir von Innovation sprechen, ist damit nicht nur Produktinnovation gemeint. In den letzten Jahren wurden hunderte Bücher und zehntausende Artikel über zwei andere Begriffe geschrieben, die eher in den Bereich der Prozessinnovation fallen: Agilität und Digitalisierung. Was verbirgt sich dahinter? In der Theorie ist Agilität („Agility") die Fähigkeit eines Unternehmens, schnell auf Änderungen der Umwelt zu reagieren. In der Praxis ist die Anzahl der Nennungen dieses Begriffs in der internen Unternehmenskommunikation ein exzellenter Indikator für den Grad der Bürokratisierung des betreffenden Unternehmens. Ich kann mich nicht erinnern, den Begriff jemals aus dem Mund des Mitarbeiters eines Startups gehört zu haben. Dagegen versuchen viele Großunternehmen (besonders Banken), sich gemäß Agility-Prinzipien neu zu erfinden. Prinzipiell macht das Sinn: Startups sind schlichtweg zu klein, um nicht agil zu sein. Großunternehmen erzielen erhebliche Kostenvorteile durch hochgradige Spezialisierung ihrer Mitarbeiter, was im Gegenzug aber mit dem Risiko des Aufbaus überflüssiger Hierarchiestufen und der damit verbundenen Sklerotisierung des Gesamtunternehmens einhergeht. Agility ist der bemühte Ansatz, diese Erstarrung aufzuweichen und dem Unternehmen die schnelle Reaktionsfähigkeit zurückzugeben.

In den meisten Fällen ist der erste Schritt zur Erhöhung der Agilität der Abbau interner Hierarchien. Aus Bereichen werden ‚tribes' (Stämme), aus Abteilungen, bzw. Projektteams werden ‚squads' (Trupps bzw. Gruppen). Jeder kann mit jedem reden und die Arbeit erfolgt in ‚sprints' (ein- bis mehrwöchigen Arbeitsabschnitten). Im besten Fall gelingt es Großunternehmen, die Qualitäten von Startups zu erwerben, ohne auf ihre Größenvorteile in Einkauf, Produktion und Vertrieb verzichten zu müssen. Im schlechtesten Fall ist es alter Wein in neuen Schläuchen. Aus dem Bereichsleiter wird ein ‚tribes chief' und aus den quartalsmäßigen Sitzungen des Steuerungsausschusses bei dem die Fachabteilungen präsentieren, werden quartalsmäßige Präsentationen in Form von ‚design sprints' durch die ‚squads', ohne dass das betreffende Unternehmen ein Jota agiler wäre als zuvor.

Grundsätzlich lässt sich festhalten, dass die Einführung eines Agility-Programmes einer bürokratisch geprägten Dinosaurier AG helfen kann, innere Verkrustungen zu entfernen und die Reaktionsfähigkeit des Unternehmens zu erhöhen. Typische Indikationen sind viele Hierarchieebenen (Maßnahme: Eliminierung); hierarchisch geprägte Kommunikation, die nicht mehrere Ebenen überspringt (Maßnahme: Anfragen grundsätzlich direkt an Expertiseträger); quartalsweise Projektsitzungen (Maßnahme: wöchentlich oder abschaffen). Richtig durchgeführt sind Agility-Implementierungen für eine bürokratisch geprägte Dinosaurier AG ein notwendiger Schritt auf dem Weg zur Millennium SE.

Der Begriff ‚Digitalisierung' (seltener ‚Digitisierung') hat in den letzten Jahren an Bedeutung gewonnen, beschreibt aber keine grundsätzlich neuen Sachverhalte. Im engsten Sinn steht er für die Umwandlung von Informationen in von

Computern lesbare Formate. Im weiteren Sinn steht er für den Ersatz papierbasierter, physischer Prozesse durch digitale, nicht-physische Prozesse, wobei letzteres spätestens seit Verbreitung des ‚Elektronengehirns' in den 1960ern stattfindet. Der Begriff ‚Computer' ist selbst das beste Beispiel für Digitalisierung, denn bis 1950 war das eine Berufsbezeichnung für Menschen, die den ganzen Tag lang mittels mechanischer Rechenmaschinen Summen addierten und deren Tätigkeit nunmehr durch besagte Computer digitalisiert wurde.

Die Digitalisierung der Produkte hatten wir bereits in Zusammenhang mit Autos und Mobiltelefonen besprochen. Daher wollen wir uns an dieser Stelle auf die Digitalisierung unternehmensinterner Prozesse konzentrieren. Sagt Ihnen der Begriff RPA etwas? Wenn ja, können Sie diesen Absatz getrost überspringen. Für die 99 % der Leser, die davon noch nie gehört haben sei es genauer erklärt. Robotic Process Automation (RPA) steht für eine Software, die in der Lage ist, weitgehend standardisierte Eingaben in Computerprogramme zu automatisieren. Ein Beispiel: Sie wollen Kunde bei einem Mobiltelefonanbieter werden. Dazu füllen Sie das Formular auf der Website des Telefonunternehmens aus. Das RPA-Programm übernimmt nun Ihre Angaben aus dem Formular und kopiert die betreffenden Felder in eine Nachricht an einen Bonitätsprüfungsdienst (z. B. SCHUFA) und eine weitere Nachricht an Ihre Bank für die Einrichtung eines Zahlungsverfahrens (z. B. Kreditkarte). Sobald die SCHUFA und Ihre Bank geantwortet haben, prüft das RPA-Programm, ob die Antwort positiv war. Falls nein, sendet es dem Antragsteller eine Ablehnung oder fragt um nähere Informationen nach. Falls ja, dann sendet es eine Nachricht an die Versandabteilung, die nun eine SIM-Karte dem Transportdienst übergibt. Dieser händigt Ihnen die SIM-Karte persönlich aus und sendet dem Telefonunternehmen eine Bestätigung. Diese Nachricht erhält das RPA-Programm, überprüft sie und gibt, wenn alles in Ordnung ist, die Freigabe zur Aktivierung Ihrer SIM-Karte. Das RPA-Programm ersetzt viele Sachbearbeiter, kostet aber nur ein Zehntel davon. Für die IT-Experten unter Ihnen: das RPA-Programm handelt wie ein Makro, das Daten zwischen mehreren, miteinander nicht verknüpften Programmen austauschen kann. Sobald Sie klare Wenn-Dann Regeln formulieren können, kann RPA zum Einsatz kommen. Der Vollständigkeit halber sei hinzugefügt, dass selten alle Entscheidungen regelbasiert gefällt werden können und fast jede Implementierung eines RPA-Programms eine Eskalation zu menschlichen Ansprechpartnern vorsieht.

Die zu erwartenden Auswirkungen der Einführung der RPA-Technologie sind sehr erheblich. Große Teile der innerbetrieblichen Verwaltungsprozesse können dadurch automatisiert werden. Das RPA-Programm der Telekom-Firma wird mit dem RPA-Programm der Banken und anderen Geschäftspartnern direkt und ohne Einbeziehung menschlicher Gesprächspartner kommunizieren und diese Programme werden autonome Entscheidungen fällen. Sollten Sie jetzt sagen, dass sie ja von Menschen definierte Regeln befolgen, dann würde ich Sie bitten, sich ein wenig in Geduld zu fassen. Das muss nicht so sein, mehr später.

Für Startups bedeutet dies, dass Sie viele Neueinstellungen von Mitarbeitern vermeiden und einen klaren Kostenvorteil aufbauen können. Mittelgroße Unternehmen und Behörden haben ein echtes Problem. Auf der einen Seite gibt es Heerscharen von Sachbearbeitern, die durch RPA eigentlich kostengünstig ersetzbar wären. Auf der anderen Seite gibt es Betriebsräte, Betriebsvereinbarungen, Kollektivverträge und die öffentliche Meinung, auf deren Bedeutung wir später noch eingehender eingehen werden. Massenkündigungen sind zumindest im deutschsprachigen Raum keine realistische Option. Folglich steht zu erwarten, dass die Implementierung von RPA bei mittelgroßen deutschsprachigen Unternehmen langsam erfolgen wird. Dies sichert den sozialen

Frieden, senkt aber die Konkurrenzfähigkeit der betreffenden Unternehmen gegenüber Neueinsteigern in der Branche.

Bei Großunternehmen, beziehungsweise stark international präsenten Mittelunternehmen sitzen die Leidtragenden der RPA-Implementierung in Indien, China und den Philippinen. Denn diese Unternehmen haben seit der Jahrtausendwende die meisten standardisierten, regelbasierten Tätigkeiten in Niedriglohn-Länder wie die drei angeführten ausgelagert. Es sind diese ‚Shared Service Centers', die besonders durch die RPA-Technologie in Mitleidenschaft gezogen werden.

Können wir daraus schließen, dass die Konsequenzen der Digitalisierung sich darauf beschränken werden, die Tätigkeit vieler Sacharbeiter zu automatisieren? Die Antwort ist klar: absolut nicht. RPA ist den Kinderschuhen seit kurzem entschlüpft und wird gerade im großen Maßstab ausgerollt. Die nächste große Digitalisierungs-Welle wird oft in den Medien erwähnt, ist aber in freier Wildbahn derzeit primär in Nischenbereichen wie Börsenhandelsprogrammen zu finden: Künstliche Intelligenz (KI, bzw. AI für Artificial Intelligence). Wenn Sie jetzt den Impuls haben, diese Seite zu überspringen, weil der Erfolg der KI ja seit Jahrzehnten prophezeit wurde und nie eingetreten ist, dann bitte ich Sie, lesen Sie weiter.

In den 1960ern gab es mit ‚Eliza' das erste Computerprogramm, das mit einem Gesprächspartner per Bildschirm so ähnlich sprach wie ein Psychologe.[4] Das schürte die Erwartungen und bis in die 80er stand die Künstliche Intelligenz kurz vor dem Durchbruch. Ich selbst lernte am Ende dieses Hypes PROLOG, eine für KI-Zwecke entwickelte Programmiersprache, mit der ich Programme schreiben konnte,

---

[4] Ich kann Ihnen nur empfehlen, Eliza im Internet auf Englisch auszuprobieren, es funktioniert bemerkenswert gut, versagt aber beim Turing-Test, bei dem es darum geht, sich 10 Minuten mit einem Computer zu unterhalten, ohne ihn als solchen zu identifizieren.

die in der Lage waren, einen Intelligenztest (oder zumindest Teile davon) mit Bravour zu absolvieren. Und dann kam – nichts. Es stellte sich heraus, dass die Performance der KI-Applikationen auf den damaligen Computern ungenügend war. Jede halbwegs komplexe Anfrage von mir legte den Großrechner, an dem ich arbeitete, ungebührlich lange lahm.

Das änderte sich erst in den letzten Jahren. Mittlerweile ist es kein Problem mehr, mit handelsüblichen PCs ernsthafte KI-Datenanalysen durchzuführen. Die Bearbeitungsdauer wird teilweise immer noch in Stunden gemessen, aber das ist auf dedizierten Geräten oder in der Cloud durchaus kosteneffizient machbar. Zudem gelang es in den letzten Jahrzehnten, wesentlich bessere Lösungsalgorithmen zu entwickeln (insbesondere Varianten von neuronalen Netzen). KI ist nach wie vor kein Werkzeug, das ohne intensive Schulung von jedermann genützt werden könnte. Allerdings ist es auch nicht so komplex, dass es nicht möglich wäre, es im betrieblichen Alltag bereits einzusetzen.

Die Einsatzbereiche von KI sind breit gestreut. Einerseits kann KI zum Beispiel die Regeln für den Abschluss von Mobiltelefonverträgen optimieren. Das Hauptrisiko für das Telekomunternehmen besteht dabei darin, dass der Kunde seine Rechnung nicht bezahlt. Mit KI ist es kein Problem, die Zahlungsausfälle der Kunden zu analysieren und daraus Regeln abzuleiten, welche Kunden ihre Rechnung vermutlich nicht bezahlen werden und daher abzulehnen sind. Diese Regeln können sodann an die RPA-Programme übermittelt werden, die wir vorhin erwähnten. Das Aufstellen dieser Regeln bringt unter Umständen große ethische und legale Probleme mit sich, aber es würde den Rahmen sprengen, auf diese einzugehen.

Der andere große Anwendungsbereich für KI sind Prognosen, mit denen wir Dinos uns ohnehin schwer tun. Die Erstellung von Vorhersagen ist mittels KI verhältnismäßig gut möglich. Zwar ist unter Umständen kein

Mensch mehr in der Lage, zu erklären, warum die Prognosen so berechnet werden, wie der Computer dies macht, aber die Zuverlässigkeit der Ergebnisse lässt die meisten Kritiker verstummen. Derzeit ist die Erstellung von Vorhersagen oft eine Aufgabe von Mitgliedern des unteren und mittleren Managements, denen in Zukunft heftige Konkurrenz durch ihre siliziumbasierten Kollegen erwachsen wird. Prognosen sind eng verknüpft mit strategischen und taktischen Entscheidungen. Folglich ist die Automatisierung und damit Eliminierung vieler klassischer Managementpositionen, derzeit vor allem des unteren Managements, aber in absehbarer Zeit wohl auch höherer Etagen zu erwarten.

Die Nutzung von KI wird für Unternehmen aller Größenordnungen einen Quantensprung hinsichtlich unternehmensinterner Prozessinnovationen darstellen, aber es wird einer sein, der auf allen hierarchischen Ebenen spürbar sein wird. Firmen, die sich dieser Herausforderung stellen, werden gestärkt, vermutlich aber auch geschrumpft aus dem Prozess hervorgehen. Dinos, die sich den zu erwartenden Wachstumsschmerzen entziehen wollen, werden vermutlich nicht lange Gelegenheit haben, das zu bedauern.

Ist Innovation die einzige tödliche Gefahr für Dinosaurier AG? Leider gibt es noch viele andere. Betrachten wir eine weitere lebensbedrohliche Krise für einen herausragenden Akteur seiner Branche. Nike begann seine Existenz in den 1960er-Jahren als Distributor von japanischen Schuhen. Durch das Marketing-Genie seines Gründers Phil Knight wurde das Unternehmen im Laufe der Jahre zu einem der größten Hersteller von Sportbekleidung weltweit. In den 90er-Jahren wurde die Produktion weitgehend an hauptsächlich asiatische Lieferanten ausgelagert. Nike selbst konzentrierte sich auf Design, Marketing und Logistik. Nike war keineswegs einzigartig in dieser Hinsicht; die meisten anderen Konsumgüterunternehmen verfolgten einen ähnlichen Ansatz, obwohl Nike vielleicht konsequenter war. Die Arbeitsbedingungen der asiatischen Lieferanten entsprachen oft nicht den westlichen Standards und widersprachen laut Presseberichten manchmal sogar den nachsichtigeren lokalen Gesetzen. Gewerkschaften befürchteten den Abbau von Arbeitsplätzen für ihre in den USA ansässigen Mitglieder durch weitere Produktionsauslagerung, was Verbraucher nicht zu irritieren schien, solange der Preis stimmte. Die Strafverfolgungsbehörden sahen keinen Grund, gegen Nike vorzugehen, da das Unternehmen alle geltenden US-Gesetze einhielt. Nike führte sogar bestimmte über die gesetzlichen Anforderungen hinausgehende Protokolle zur Überwachung der Arbeitsbedingungen bei seinen Lieferanten ein, aber die Kontrolle der Einhaltung wurde teilweise kritisiert.

Um das Jahr 2000 herum lösten mehrere Publikationen, unter anderem von Naomi Klein [2] und Michael Moore, eine starke öffentliche Reaktion gegen diese Praktiken aus. Die starke Markenidentität in Kombination mit der weitgehenden Produktionsauslagerung machte Nike zu einem idealen Ziel der Proteste. Über Nacht wurde Nike zum Symbol für alles, was am Kapitalismus der Jahrtausendwende zu kritisieren war. Gewerkschaften, Globalisierungsgegner und linke Demonstranten schlossen sich mit Journalisten zusammen, es kam zu zahlreichen Protesten und das Unternehmen befand sich im Zentrum des perfekten Sturms. Vor diesen Ereignissen wurde das Image des Unternehmens häufig als ‚cool' beschrieben, jetzt betrachteten manche es als ‚böse, gierig und Arbeitsplatz vernichtend'.

Der Unternehmenswert von Nike beruhte nicht auf seinen Fabriken oder Immobilien, sondern fast ausschließlich auf seiner Marke. Über Nacht sah es so aus, als wäre diese schwer beschädigt, möglicherweise sogar zerstört worden. Hätte ein Feind einen Angriff auf das Unternehmen geplant, er hätte kein strategischeres Ziel als dessen Marke identifizieren können.

Nike drehte das Ruder herum, indem es neue Richtlinien einführte, um die Einhaltung der Arbeitsnormen durch Lieferanten sicherzustellen, und diese Tatsache in den wichtigsten Vertriebsmärkten intensiv kommunizierte. Einige Leute argumentieren, dass sich die tatsächlichen Arbeitsbedingungen nicht wirklich verbessert hätten. Laut Wikipedia erklärte Nike noch 2011, dass zwei Drittel seiner ‚Converse'-Produkte in Fabriken hergestellt würden, die nicht den Standards des Unternehmens für die Behandlung von Arbeitnehmern entsprächen.[5] Wie immer die Faktenlage sein mag, Nike hatte durch die Maßnahmen und deren Kommunikation die Marke vor weiterer Beschädigung bewahrt und damit das Franchise erhalten.

In diesem kritischen Moment, kurz nach Beginn des neuen Jahrtausends, machte Nike einen großen Schritt auf dem Weg von der Dinosaurier AG zur Millennial SE (die Erklärung für den Ausdruck kommt bald). Das Nike-Management verstand, dass es bei der gesamten Debatte nicht um Fakten ging, sondern um die Wahrnehmung des Unternehmensimages durch Kunden, denn für dieses Image waren Kunden bereit, Geld zu zahlen. In Bezug auf harte Fakten scheinen sich die großen Sportbekleidungshersteller für Außenstehende kaum voneinander zu unterscheiden. In Bezug auf die Wahrnehmung liegt für viele Konsumenten eine ganze Welt zwischen Nike und etlichen seiner Konkurrenten. Nike hat sich in dieser Hinsicht erfolgreich neu erfunden.

Die Dinosaurier AG ist großartig, wenn es um den Umgang mit stabilen, harten Fakten geht. Leider ist sie nicht in der Lage, mit ihrem natürlichen Feind Nummer Zwei umzugehen: der Wahrnehmung. Ich scheue vor dem Begriff

---

[5] https://en.wikipedia.org/wiki/Nike,_Inc. Zugegriffen am 05.01.2019.

‚weiche Fakten' zurück, weil er eine Stabilität impliziert, die nicht mehr existiert. Die Attribute einer Marke werden oft als ‚weiche Fakten' betrachtet, aber sie können sich über Nacht ändern, wie Nike erfahren musste. Der Mond hat eine durchschnittliche Entfernung zur Erde von 385.000 Kilometern. Das ist eine harte Tatsache. Aber ist das Mondlicht romantisch, kalt oder gruselig? Die Antwort wird von der Wahrnehmung des Beobachters bestimmt, sie ist keine Tatsache, ob weich oder hart. Die Dinosaurier AG in ihrer reinsten Form ignoriert die *Externe Wahrnehmung* („In Wirklichkeit halten wir uns an alle Gesetze. Das werden die Journalisten von selbst einsehen und verstummen."), die Millennial SE umarmt sie und nutzt die externe Wahrnehmung zu ihrem eigenen Vorteil.

Jetzt haben wir zwei tödliche Feinde der Dinosaurier AG identifiziert: *Innovation* und *Externe Wahrnehmung*. Erinnern Sie sich an mein Geschäft in der Tschechischen Republik mit dem taiwanesischen Käufer, das wegen der mexikanischen Peso-Krise scheiterte? Vor kurzem nutzte ich meine multilateralen Fähigkeiten zur Senkung meiner Heizkosten. Meine Heizung wird mit Heizöl betrieben und in meinem Keller steht ein riesiger Tank, den ich zweimal jährlich auffüllen lasse. Ich achte immer darauf, genau dann zu bestellen, wenn der Preis für Heizöl auf dem Minimum angekommen ist, wobei ich einige Wochen mit der Bestellung warten kann. Zur Festlegung des optimalen Bestellzeitpunkts nutzte ich diesmal die Wettervorhersage. „Was sonst?", werden Sie vielleicht entgegnen. Wenn es kalt wird, steigt vermutlich der Preis. Mein Interesse galt hingegen den Regenvorhersagen für die nächsten Wochen. Zu der Zeit war Deutschland, wo ich wohnte, von einer ausgeprägten Dürreperiode betroffen, die dazu führte, dass der Wasserstand des Rheins erheblich sank, wodurch die Rheinschifffahrt erheblich beeinträchtigt wurde. Wie sich herausstellte, werden Erdölprodukte in Deutschland primär über den Rhein von den Niederlanden her transportiert. Der Ausfall der Schifffahrt führte jedoch zu erheblichen Engpässen und wesentlich teureren Transporten mittels LKW. Sobald reichliche Regenfälle einsetzten, so meine Spekulation, müsste der Heizölpreis sinken. Ich verzögerte die Bestellung, die Regenprognosen stimmten, der Preis sank und ich reduzierte meine Ölkosten dank multilateraler Logik um 30 %.

Lassen Sie mich Ihnen ein weiteres Beispiel für diese dritte Herausforderung nennen, die *Multilaterale Komplexität*, die einen meiner Kunden fast in den Bankrott getrieben hätte. Flymouth plc. (Name geändert) war ein Hersteller von Kabeln für die Telekommunikationsindustrie in England. Sie waren ein eher kleiner Spieler und hatten wenig Geld. Es handelte sich um eine Branche mit niedrigen Margen, und der Wettbewerb war brutal. Das Hauptprodukt von Flymouth waren Lichtwellenleiter, die für die Datenfernübertragung und die lokale Datenübertragung eingesetzt werden. Die Branche war nicht sehr innovativ und die Produktion hoch automatisiert. Haupttreiber der Produktionskosten waren die Rohstoffe, die für die Herstellung von Glasfasern und deren Beschichtung benötigt werden. Lange Zeit waren die Preise für die benötigten chemischen Komponenten sehr stabil. Es gab keine geeigneten Börsen zum Hedging der Rohstoffe, aber aufgrund der vorherrschenden Preisstabilität störte das niemanden. Die Kunden, vor allem Telekommunikationsunternehmen, bevorzugten mehrjährige Festpreisvereinbarungen und Flymouth sah – wie andere Anbieter auch – kein Problem darin, dies zu gewähren. Und dann passierte das Äquivalent der Mexiko-Krise.

Eine der Vorläuferchemikalien für die Glasfaserherstellung, ein petrochemisches Nebenprodukt, wurde auch für die Herstellung einiger anderer Chemikalien in anderen Branchen verwendet, von denen das Management von Flymouth noch nie gehört hatte. Als der chinesische Wachstumsmotor zu brummen begann, verfünffachte sich der chinesische Auftragseingang für dieses Vorläuferprodukt innerhalb eines Jahres. Der Preis der Vorläuferchemikalie explodierte, da die Weltproduktion nicht kurzfristig gesteigert werden konnte. Nach einem Jahr standen andere Chemikalien zur Verfügung, die als Alternative für die Herstellung von Glasfasern eingesetzt werden konnten und alle entspannten sich wieder. Aber in diesem Jahr erwirtschaftete Flymouth zum ersten Mal seit langer Zeit Verluste, sogar sehr ernsthafte Verluste. Das Unternehmen wurde durch den Gongschlag gerettet, denn die Kundenverträge liefen kurz danach aus und es gelang, höhere Preise für die neuen Verträge zu verhandeln, aber das war reines Glück. Sie wurden vom dritten Feind der Dinosaurier AG fast ausgelöscht: der *Multilateralen Komplexität*.

Sind wir fertig mit der Liste der tödlichen Bedrohungen der Dinosaurier AG? Ich schätze, Sie ahnen die Antwort. In den USA sind Polizisten vor allem in Ballungszentren mit ethnischen Spannungen regelmäßig mit PR-Krisen konfrontiert. Als Teil Ihrer Berufsausübung beggnen Polizeibeamte verdächtig handelnden Personen und Gruppen jeder ethnischen Zugehörigkeit, jedes Alters und Geschlechts. Je mehr CCTV-Geräte, am Körper montierte Kameras und Smartphones im Umlauf sind, desto wahrscheinlicher ist es, dass die daraus resultierenden Polizeiaktionen aufgezeichnet und hochgeladen werden. Je mehr polizeiliche Maßnahmen im Internet zu finden sind, desto mehr Möglichkeiten zur Kritik an der Behandlung der Verdächtigen bestehen. Auch wenn sich die Polizeikräfte nicht anders verhalten als früher, verschlechtert sich ihr PR-Status. Sie sind ein Opfer des ‚Always-on'-Syndroms, einer Gesellschaft, die rund um die Uhr verbunden ist und deren audiovisuelle Eindrücke konstant übertragen und gespeichert werden.

Die Unternehmenswelt steht vor ähnlichen Herausforderungen, verursacht durch das ‚Always-on'-Syndrom. Was auch immer ein Mitarbeiter tut, kann ins Internet hochgeladen werden. Bestehende Verdachtsmomente gegenüber einem Unternehmen – ob berechtigt oder urbaner Mythos – werden angeheizt und die Folgen können dramatisch sein.

Wenn Sie nach ‚Burger King Skandal' googeln, finden Sie viele Artikel über Ereignisse bei denen Burger King nicht einmal eines Vergehens schuldig war. Im Jahr 2014 gelang es einem bekannten Ermittlungsjournalisten, Günter Wallraff, Videos und Interviews zu produzieren, die belegten, dass ein deutscher Burger King-Franchisenehmer, die Yi-Ko Holding, mehrere Gesundheitsvorschriften gebrochen hatte, wie z. B. die Umetikettierung alter Lebensmittel mit neuen Verfallsdaten. Die Publikationen verursachten einen großen Aufruhr und beeinträchtigten die Umsätze und Gewinne aller Burger King-Filialen in Deutschland, nicht nur die des betroffenen Franchisenehmers. Juristisch war der Verdächtige ein unabhängiges Unternehmen, nicht Burger King, aber den deutschen Kunden war das schlichtweg egal. Die Fast Food-Kette hatte ihr Vertrauen verloren. In diesem Fall war es ein investigativer Journalist und kein Handy oder CCTV, aber es gibt vergleichbare Aufnahmen von Mitarbeitern anderer Unternehmen in anderen Branchen, die ihr Material auf YouTube hochladen. Es könnte einer der Mitarbeiter Ihres Unternehmens sein, der gerade geschäftsschädigende Videos hoch lädt, kaum ein Unternehmen im B2C-Bereich ist davor gefeit. Vielen B2B-Unternehmen fehlt der Bekanntheitsgrad bei Otto Normalverbraucher; in diesem Fall ist die Gefahr geringer.

Diese zunehmend größer werdende Gefahr nennen wir: ‚Big Brother'. Jeder muss immer davon ausgehen, beobachtet zu werden. Es ist kein Zufall, dass die TV-Show mit diesem Titel gleichzeitig mit dem Durchbruch des Internets populär wurde, was das ausgeprägte Gespür der Produzenten für Trends beweist. Die nächste Beobachtungswelle rollt in Form des Internet of Things (IoT) an, sendefähigen Computerkomponenten, die Umweltreize (wie z. B. Ihre Stimme und Ihr Bild) an einen Server weitersenden. Es erfordert keine bösen Absichten der Hersteller, Sie zu kompromittieren. Es reicht ein gut positioniertes Computer-Virus; sei es in dem Lautsprecher bei Ihnen oder in der zentralen Server-Farm, die diese Signale empfängt.

Zusammenfassung

In diesem Kapitel kamen wir zu dem Schluss, dass die traditionellen Fähigkeiten des Homo sapiens dinosauris identisch mit den Hauptfähigkeiten der Dinosaurier AG zur Bewältigung von Herausforderungen sind:

1) Funktions- und Branchenwissen
2) Managementfähigkeiten
3) Politische Fähigkeiten

Die Dinosaurier AG ist seit mehr als 500 Jahren sehr erfolgreich tätig, stößt aber zunehmend an ihre Grenzen. Ihre Kernkompetenzen sind weiterhin notwendig, aber nicht mehr ausreichend, um den ständig steigenden Anforderungen gerecht zu werden. Es bedarf weiterer Kompetenzen, um er-

folgreich auf die folgenden Herausforderungen reagieren zu können:

1) *Innovation*
2) *Multilaterale Komplexität*
3) *Externe Wahrnehmung*
4) *Großer Bruder*

Literatur

1. Harvey, R.: Clive: The Life and Death of a British Emperor; Thomas Dunne Books 1st edition (16. November 2000). Exzellente Beschreibung der East India Company, der ich mein diesbezügliches Wissen verdanke (außerdem lag Clives Wohnsitz am Berkeley Square in London ganz nahe bei meinem damaligen Büro, was mein Interesse weiter anfachte).
2. Klein, N. / Schlatterer, H. / Dierlamm, H.: No Logo!: Der Kampf der Global Players um Marktmacht – Ein Spiel mit vielen Verlierern und wenigen Gewinnern; Fischer Taschenbuch (23. April 2015). Kritische Analyse der Outsourcing-Praktiken und Arbeitsbedingungen der Zulieferbetriebe. Neuauflage.
3. Shakespeare, W. / Schlegel, A. W.: Der Kaufmann von Venedig; Holzinger Taschenbuch (14. März 2015); Detailgetreue Schilderung des Fernhandels der Renaissance, sowie der dafür genutzten Finanzierungsinstrumente und Besicherungen aus Geld, Waren und Menschenfleisch (letzteres wohl eher literarische Freiheit).
4. Snow, R.: I Invented the Modern Age: The Rise of Henry Ford; Scribner (13. Mai 2014). Vertiefende Studie über die Ikone des Traditionellen Unternehmertums.

10

Arbeiten Sie für die Dinosaurier AG?

Ihr derzeitiger Arbeitgeber ist entscheidend für Ihre zukünftigen Karriereaussichten. In diesem Kapitel werden wir ihn folglich nach allen Regeln der Kunst analysieren, um herauszufinden, ob er den neuen Herausforderungen gewachsen ist. Am Ende dieses Abschnitts werden Sie wissen, ob Sie für eine Dinosaurier AG arbeiten, die in den nächsten Jahren zum Aussterben verurteilt ist. Sobald Sie Ihre berufliche Lage verstanden haben, können Sie alles so lassen, wie es ist und auf das Beste hoffen (erinnert Sie das an einen bestimmten Vogel?). Sie können aber auch versuchen, Ihren Arbeitgeber von innen heraus zu ändern oder Ihr Unternehmen verlassen und ein zukunftsträchtigeres finden.

Wenn Sie denken sollten, dass Ihr Unternehmen hochprofitabel und über jeden Zukunftszweifel erhaben ist und Sie dieses Kapitel lieber überspringen wollen, geben Sie ihm eine Chance. Eines der großen Probleme bei revolutionären Veränderungen besteht darin, dass lange Zeit fast nichts passiert und dann plötzlich alles auf einmal kommt, sodass es

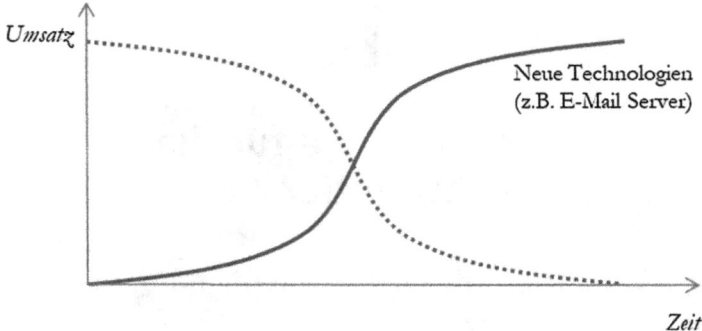

Abb. 10.1 Inverse S-Kurven

für eine Reaktion zu spät ist. Wir sind es gewohnt, S-Kurven zu betrachten, die nach oben tendieren, aber leider werden unsere Märkte tendenziell von Null-Summen-Spielen dominiert. Zu (fast) jeder positiv tendierenden S-Kurve existiert ein abwärts zeigendes Gegenstück (Abb. 10.1).

Denken Sie nur an Faxgeräte. Das letzte Exemplar kaufte ich 1995, als der Markt für diese Büromaschinen stabil war. Einige Nerds verschickten E-Mails, aber die meisten Leute hatten nicht einmal eine E-Mail Adresse. Zwei Jahre später kaufte fast niemand mehr ein solches Gerät. Der Markt war zusammengebrochen. Oder nehmen Sie Fotoabzüge. Zuerst überlebten sie fast unbeschadet die Ankunft der digitalen Fotografie. Selbst die Nutzer digitaler Fotoapparate druckten Fotos weiterhin aus. Sobald Smartphones verbreitet waren und Flickr sowie ähnliche Cloud-basierte Dienste ihren Durchbruch hatten, kollabierte der Fotoverarbeitungsmarkt in relativ kurzer Zeit. Oder Videokameras, die bis zur Ankunft des Smartphones solide steigende Umsätze verbuchen konnten. Wann haben Sie Ihre letzte gekauft? Was gibt Ihnen also die Sicherheit, dass Sie nicht für Dinosaurier AG arbeiten? Sollten Sie der Eigentümer eines Unternehmens sein, nicht dessen Mitarbeiter, sind Ihre Einsätze noch höher.

Wie erkennen Sie, ob Ihre Organisation auf die bevorstehenden Herausforderungen vorbereitet ist? Auf den nächsten Seiten stellen wir Ihnen einen Test vor, um den Status Ihres Unternehmens auf Basis seines Millennium Quotienten (MQ) zu beurteilen. Wir werden jede der fünf Kerndimensionen analysieren, die zuvor abgedeckt wurden, und in Kombination ermöglichen sie es Ihnen, den MQ Ihres Unternehmens zu berechnen.

Umgang mit mehreren großen Gruppen

Sowohl Unternehmen als auch Einzelpersonen sehen sich mit einer schnell wachsenden Zahl externer Bezugsgruppen konfrontiert. Dies ist ein Erfolgsfaktor, bei dem große Unternehmen in der Regel im Vorteil sind. In einem großen Unternehmen gibt es so viele interne und externe Interessengruppen, dass nur wenige wichtige Entscheidungen getroffen werden, ohne mehrere große Gruppen einzubeziehen. Absurderweise sind ineffiziente, überbordende Bürokratien weitaus besser gerüstet, um sich mit diesem Thema auseinanderzusetzen, als schlanke Unternehmen, die auf die Eigeninitiative der Mitarbeiter bauen.

Nehmen Sie den Fall von 23andme, einer Silicon Valley Firma, die DNA-Tests per Versand anbietet. Das Unternehmen rühmt sich, fortschrittliche Datenanalysetechniken einzusetzen, um das Genom seiner Kunden zu analysieren. Nach ein bis zwei Wochen erhält der Absender einen vollständigen Datensatz mit Kommentaren über seine Abstammung und Aussagen, an welchen Krankheiten er aufgrund seines Genoms möglicherweise erkranken könnte, plus ein paar weiterer Informationen. Als ich vor einigen Jahren davon hörte, faszinierte mich das und ich bestellte sofort ein Set, schickte meine DNA-Probe an 23andme – und erhielt nie die Analyse; sondern stattdessen mein Geld zurück.

Was war geschehen? Dem Unternehmen war ein Fehler unterlaufen, der nur in einer kleinen, effizienten, unbürokratischen Organisation passieren konnte. Riesige multinationale Unternehmen mit ihren oft aufgeblähten Bürokratien sind fast immun gegen dieses Risiko, da ihre Mitglieder genau wissen, wie sie mit komplexen Bezugsgruppen und Bürokratien umgehen müssen.

23andme bot medizinische Tests an, die von der US-Gesundheitsbehörde (FDA) reguliert werden. Das Unternehmen hatte der FDA nicht fristgemäß die angeforderten Informationen zur Verfügung gestellt, und nach dem Senden einer Warnung verbot die FDA 23andme den weiteren Verkauf der Tests, solange die Firma keine Zulassung durch die FDA hätte. Die meisten Kommentatoren betonten die Geduld, die die FDA durch die Festlegung leicht erreichbarer Fristen gezeigt hätte. Wie war so ein Versagen möglich? 23andme hatte fast seine gesamten Ressourcen für die Analyse des Genoms eingesetzt und sehr wenig Geld für regulatorische Fragen ausgegeben. Als die Leiterin der Rechtsabteilung, der die Verhandlungen mit der FDA oblagen, 23andme verließ, standen offenbar nicht genügend Ressourcen zur Verfügung, um die Verhandlungen mit der FDA ordnungsgemäß fortzusetzen.

Das hätte in Ihrem Unternehmen nicht passieren können, da bin ich mir sicher. Große Unternehmen wissen, dass diese Art von Verhalten keine Option für den Umgang mit Regulierungsbehörden wie der FDA ist. Pharmariesen beschäftigen große Abteilungen, deren einziger Zweck im Leben darin besteht, externe Vorschriften einzuhalten. Es mag nicht sexy sein, aber es ist eine Schlüsselanforderung für die Arbeit in diesem Bereich. Außerdem sind Großunternehmen hervorragend in der Identifikation von (Interims-)Nachfolgern. Falls der Leiter der Rechtsabteilung das Unternehmen verlässt, kann die Personalabteilung eine fertige Liste geeigneter Kandidaten für die interimistische Amtsführung aus dem Drucker ziehen.

10 Arbeiten Sie für die Dinosaurier AG?

Also ist Größe gut, wenn es darum geht, mit mehreren großen Gruppen umzugehen. Aber es besteht eine massive Gefahr: Sobald die Bürokratie eine bestimmte Größenordnung überschreitet, beschäftigen sich die Abteilungen gegenseitig und konzentrieren ihre Aufmerksamkeit auf das Innere des Unternehmens. Ein Freund von mir arbeitete als Berater für ein wirtschaftlich angeschlagenes Unternehmen und erzählte mir von ihrem jährlichen Management Meeting, zu dem er eingeladen worden war. Er war schockiert, zu sehen, dass die Anwesenden drei Tage lang 100 % ihrer Zeit mit internen Neuausrichtungs- und Effizienzprojekten verbrachten und kein ein einziger Vortrag oder Workshop sich auf die Kunden des Unternehmens konzentrierte oder diese zumindest erwähnte.

Betrachten Sie Ihr Unternehmen als einen Organismus. Wenn es schlank und gesund ist, befinden sich die meisten seiner Sinnesorgane wie Augen, Ohren und Nase auf der Außenseite. Wenn das Unternehmen eine kritische Schwelle der Verfettung erreicht, stülpt der Organismus sich um und richtet Augen, Ohren und Nase nach innen aus. Massenhaft entstehen Abteilungen, die sich nur mit der Tätigkeit anderer Abteilungen auseinandersetzen, Beförderungen basieren auf Clanzugehörigkeit und der Einhaltung interner Standards. Da dieser armen Kreatur jegliche externe sensorische Ausrüstung fehlt, ist sie einem Feind hilflos ausgeliefert. Die Konkurrenten wissen das natürlich und zögern nicht, diesem blinden, unbeweglichen Organismus die Kunden zu entführen.

Es gibt zwei Fragen, die Sie beantworten müssen, um festzustellen, wie gut Ihr Unternehmen im Umgang mit mehreren großen Gruppen ist. Auf einer Skala von 0 bis 10 mit 0 für ‚überhaupt nicht' und 10 für ‚absolut einverstanden', wie würden Sie Ihr Unternehmen bewerten?

a) Wir sind ein sehr komplexes Unternehmen mit vielen Interessengruppen, deren Meinungen bei der Entscheidungsfindung berücksichtigt werden müssen.
b) Wir konzentrieren unsere ganze Aufmerksamkeit auf externe Angelegenheiten und versuchen immer, die Präferenzen und Wünsche unserer Kunden zu verstehen.

Bitte addieren Sie die Ergebnisse von a) und b) und teilen Sie sie durch zwei, was Ihren Faktor U_{mgang} für *Umgang mit mehreren großen Gruppen* ergibt.

$$\frac{Resultat\ a + Resultat\ b}{2} = Faktor\ U_{mgang}$$

$$\frac{[\qquad] + [\qquad]}{2} = [\qquad]$$

Kurze Überprüfung: Wenn Faktor U größer als 10 oder kleiner als 0 ist, wiederholen Sie die Rechnung bitte. Das Ergebnis a) sowie das Ergebnis b) muss jeweils eine Zahl von 0 bis 10 sein. Ein leicht zu verwendendes Tool finden Sie auch auf meiner Website martin-fritsch.com.

Multilaterales Denken

Sie erinnern sich an die treibende Vase im Kochtopf, in die wir Wasser gossen. Die Lösung dieses Problems war schwierig, da es nicht der linearen Logik folgt, die wir zumeist anwenden. Im Unternehmenskontext profitiert das multilaterale Denken davon, dass mehrere heterogene Gruppen offen und ohne Angst vor Bestrafungen miteinander kommunizieren und so ihr kreatives Potenzial besser nutzen können. Dieser Logik folgen auch die derzeit populären Agility-Ansätze. Wenn die Teammitglieder nicht kreativ sind, haben sie keine Ideen. Wenn sie nicht heterogen sind, ähneln sich alle Ideen. Wenn sie Angst vor Sanktionen haben, werden sie ihre Ideen nicht äußern, da die meisten unrealistisch oder einfach dumm sind.

Kreatives multilaterales Denken ist nicht der beste Weg, um ein lineares Problem zu lösen, da die meisten Lösungsansätze Sackgassen sind. Wenn Sie eine einwöchige Wüstenreise mit vier Teilnehmern planen und wissen, dass jeder Teilnehmer 10 Liter Wasser pro Tag trinkt, brauchen Sie für die Berechnung des erforderlichen Wasservorrats keine heterogenen kreativen Benutzergruppen einzurichten. Der simple Taschenrechner Ihres Handys reicht allemal aus, das Produkt aus siebenmal viermal zehn zu bilden. Sollten Sie einmal auf einer einsamen Insel ohne Wasser festsitzen, könnte sich multilaterales Denken jedoch als nützlich erweisen.

Für die Messung der Fähigkeiten Ihres Unternehmens zum multilateralen Denken ziehen wir drei Faktoren heran. Auf einer Skala von 0 bis 10 mit 0 für ‚überhaupt nicht' und 10 für ‚absolut einverstanden', wie würden Sie Ihr Unternehmen bewerten?

a) Kreativität ist eine karrierefördernde Eigenschaft in unserem Unternehmen. Das Top-Management zeichnet sich durch Kreativität aus, betont immer seine Bedeutung und motiviert die Mitarbeiter mit substanziellen Anreizen.
b) Bei der Belegschaft und dem Management sind alle Altersgruppen, Geschlechter, Nationalitäten, Ausbildungsrichtungen und Nationalitäten gleichmäßig vertreten.
c) Bei der Problemlösung äußern alle Mitarbeiter ihre Ideen frei, ohne Angst vor Bestrafung haben zu müssen.

Bitte addieren Sie die Ergebnisse von a), b) und c) und teilen Sie die Summe durch 3, was zu Ihrem Faktor M für ‚Multilaterales Denken' führt.

$$\frac{Resultat\ a + Resultat\ b + Resultat\ c}{3} = Faktor\ M_{ultilateral}$$

$$\frac{[\quad\quad] + [\quad\quad] + [\quad\quad]}{3} = [\quad\quad]$$

Kurze Überprüfung: Wenn Faktor M größer als 10 oder kleiner als 0 ist, wiederholen Sie die Rechnung bitte. Das Ergebnis für a), b) und c) muss jeweils eine Zahl von 0 bis 10 sein.

Native Nutzung fortgeschrittener Technologien

Der Einsatz von Technologien ändert sich jedes Jahr, neuere Geräte und Methoden ersetzen konstant ältere. Eine Analyse Ihres Unternehmens sollte sich daher nicht auf die in diesem Moment verwendeten konkreten Technologien konzentrieren, sondern Ihr Unternehmen mit Ihren Wettbewerbern und dem Rest der Gesellschaft vergleichen. Sollten Sie meinen, dass Sie nicht für ein Technologieunternehmen arbeiten und dass moderne Technologien nur Modererscheinungen sind, sollten Sie das überdenken. Wenn Sie „21st century is the century of" googeln, wird Ihnen sofort „21st century is the century of technology" (Das 21. Jahrhundert ist das Jahrhundert der Technologie) vorgeschlagen.

Bis zur Jahrtausendwende waren Nerds und Tech-Freaks Leute, über die man sich lustig machte (wenn man von den Ausdrücken überhaupt gehört hatte). Als ich an der Universität studierte, hatte IT einen schlechten Ruf. Wer wirklich gescheit war, studierte Naturwissenschaften, so hieß es. Wer gewitzt war, sollte sich für Jura oder Betriebswirtschaft entscheiden. Technikern wurde nachgesagt, gescheite Langeweiler zu sein. Geisteswissenschaften seien etwas für Schöngeister und nur bei den Informatikstudenten bedauerten die Verwandten, er oder sie wäre doch so gescheit, wie schade, dass sie nichts Anständiges studiert hätten. Den Absolventen stünde eine Laufbahn als elektronischer Hausmeister bevor.

Dann kam die ‚Silicon Valleysierung' unserer Gesellschaft während des dot.com-Booms der 90er-Jahre und veränderte alles. Die hässlichen Kinder mit der dicken Brille, die die ganze Nacht vor ihren Computern saßen, während die coolen Kinder den ganzen Spaß hatten, waren Millionäre und Milliardäre geworden und wurden von der ganzen Welt verehrt. Plötzlich wollten alle die nächsten Bill Gates oder Steve Jobs werden. Das ehemals hässliche Entlein an der Computertastatur übertraf plötzlich jeden Starathleten und Medizinstudenten in Bezug auf Sexappeal und Tauglichkeit als Schwiegersohn/-tochter.

Die Nutzung fortgeschrittener Technologien ist das Paradigma des beginnenden dritten Jahrtausends geworden. In den letzten zwanzig Jahren haben wir die Tatsache akzeptiert, dass es eine großartige Idee sein kann, das Rad neu zu erfinden, auch wenn der Prozess der Bewegung nicht gebrochen ist. Die Geschäfte in den Hauptstraßen werden durch den Einkauf via Internet ersetzt, Festnetztelefonie durch das Handy, Fernsehen durch das Internet, persönlicher Kundenservice durch den Chatbot …, die Liste ist nie endend und das Rad des Wandels beschleunigt sich mit jeder Umdrehung.

In der Vergangenheit war es ein sehr sinnvolles Geschäftsmodell für Großunternehmen, zur späten Mehrheit zu gehören. Pioniere scheiterten in der Regel und erreichten selten einen bedeutenden Marktanteil. Der ‚First Mover Advantage' (Pioniersvorteil) war ein reiner Marketinggag, dem es an faktenbasierten Beweisen fehlte. Es gab zahlreiche Studien, die belegten, dass Pioniere im Laufe der Geschichte praktisch nie besonders viel Geld verdient hatten. Sie vergeudeten Mittel für Forschungssackgassen, und selbst wenn sie erfolgreich waren, wurde ihr proprietäres Wissen schnell durch ihre Mitarbeiter verbreitet, die von Konkurrenten abengagiert wurden. Selbst die Unternehmen der Frühen Mehrheit sahen sich mit erheblichen Problemen konfrontiert, da die von ihnen genutzten Technologien teuer und die Qualität ihrer Produkte bescheiden waren. Weise Unternehmen warteten darauf, dass die Technologien so weit reiften, dass sie von zahlreichen Lieferanten zu vernünftigen Preisen bezogen werden konnten, was zu einer konstanten Produktionsqualität führte. Pioniere schafften es selten, ihre Produktion überhaupt zu steigern, und die Frühe Mehrheit ruinierte ihren Ruf, bevor es ihr gelang, die Qualität und Quantität ihrer Produktion zu stabilisieren. Zu den ersten Unternehmen der Späten Mehrheit zu gehören und große Wetten abzuschließen, sobald eine Technologie zum Gewinner erklärt wurde, war bis in die 1980er-Jahre hinein die beste Strategie.

In den 1980er-Jahren führte die flächendeckende Einführung von Six Sigma-Methoden zu signifikanten und schnellen Qualitätsverbesserungen in den frühen Phasen einer Technologie. Kein Wunder, dass Six Sigma von Intel, einem High-Tech-Unternehmen, erfunden wurde, das intensiv daran arbeitete, besagte Qualitätsprobleme am Beginn des Innovationszyklus zu lösen. Vor Six Sigma dauerte es zumeist Jahrzehnte, die Qualität einer neuen Technologieplattform zu gewährleisten. Denken Sie nur an die Dampfmaschine, die Eisenbahn, das Auto, die Stromerzeugung und die Beleuchtung. In jedem einzelnen Fall lagen mehrere Jahrzehnte zwischen der Erfindung des Ur-Produktes und seiner zuverlässigen, wirtschaftlich sinnvollen Verfügbarkeit. Die ersten Automobile mit Verbrennungsmotor wurden um 1880 entwickelt, aber erst die Serienproduktion des Modells T im Jahr 1914, 34 Jahre später, entsprach der Anforderung, zugleich zuverlässig und wirtschaftlich sinnvoll zu sein. Vor 1914 waren Automobile Luxusspielzeuge, erst danach war ihre Verwendung kommerziell rentabel.

Da Six Sigma und seine Derivate am Ende der 1980er weit verbreitet waren, schrumpfte die für neue Technologien erforderliche Zeit bis zur Eroberung eines Massenmarktes dramatisch. Ford trat 28 Jahre nach der Erfindung des Autos in den Markt ein und eroberte ihn (im zweiten Anlauf) binnen weniger Jahre. Heutzutage haben die meisten Technologien nicht einmal eine Lebensdauer von 28 Jahren.

Eine dieser seltenen Technologien mit über 28 Jahren Lebensdauer ist die Bürosoftware. Der Startschuss fiel 1979 durch die Einführung von VisiCalc, dem ersten Tabellenkalkulationsprogramm, während Microsoft zunächst den Trend verpasste und erst Ende der 80er-Jahre mit seiner eigenen Neuentwicklung, Excel, Boden gut machte. Durch geschicktes Marketing erreichte Microsoft Excel 1993 die Marktführerschaft, 14 Jahre nachdem VisiCalc den Markt erfunden hatte, während VisiCalc wegen der Konkurrenz durch andere Wettbewerber 1985 den Konkurs erklären musste. Soviel zum Pioniersvorteil. Fünfzehn Jahre später versuchte Microsoft, den Erfolg mit Internetbrowsern zu wiederholen. Dem Internet fehlten am Anfang benutzerfreundliche Browser (wer jemals ‚Gopher' verwendete, weiß, wovon ich spreche) und der 1994 erstmals vorgestellte Netscape Explorer dominierte schnell den Markt.

Microsoft konkurrierte ab 1995, aber es dauerte mehrere Jahre und erforderte enorm kostspielige Aufwendungen sowie den Vorteil einer starken installierten Betriebssystem-Basis, um 1999 Nummer Eins in diesem Bereich zu werden.

In den 1990ern waren zwei Jahre Marktführerschaft bereits fast entscheidend und die Geschwindigkeit der IT-Entwicklung nimmt seitdem ständig zu. Dabei fungiert sie als Schrittmacher und zwingt Branchen mit großen IT-Anteilen, die eigene Entwicklung zu beschleunigen. Besonders betroffen sind Autoindustrie, Telekommunikation, Medien, Sport, Tourismus, der Einzelhandel, Versicherungen und Banken. Sollten Sie in einer anderen Branche arbeiten, frohlocken Sie nicht zu früh: es fällt mir schwer, eine Branche zu identifizieren, die nicht betroffen wäre. Selbst so IT-arme Branchen wie Begräbnisunternehmen, Altenpflege und Blumenbinderei stehen vor gravierenden Umwälzungen; es fehlt schlichtweg der Platz, auf alle einzugehen.

Wie Sie sich erinnern, bedeutet bei Einzelpersonen die ‚native' Beherrschung einer Fähigkeit, dass sie sozusagen mit der Muttermilch aufgesogen wurde, sprich in den ersten sechs Lebensjahren erlernt wurde. Im Fall eines Unternehmens sind die Lebensjahre wenig aussagekräftig und gesäugt werden sie üblicherweise auch nicht. Hier steht die Frage im Raum, ob es sich bei der Nutzung fortgeschrittener Technologien um eine Kernkompetenz des Unternehmens handelt, ob sie in der DNA des Unternehmens steckt. Beachten Sie bitte das entscheidende Adjektiv ‚fortgeschritten'. Technologien nutzt jeder, aber liegt in der Nutzung fortgeschrittener Technologien (versus den allgemein üblichen Technologien) die Kernkompetenz Ihres Unternehmens?

Das erste Maß für den nativen Einsatz fortgeschrittener Technologien in Ihrem Unternehmen liefert ein Vergleich

10 Arbeiten Sie für die Dinosaurier AG?

mit Ihren Wettbewerbern. Wimmelt Ihr Unternehmen von IT-Freaks, die mit den neuesten Gadgets herumlaufen und alle Ihre Prozesse automatisieren? Ist die Digitalisierung Ihr neues Mantra? Die entscheidende Frage ist: ‚*Halten Ihre Kunden, Lieferanten und Mitarbeiter Sie für das technologisch fortschrittlichste Unternehmen in Ihrer Branche?*' Wenn Sie ehrlich und faktenbasiert überzeugt davon sind, dass alle Bezugsgruppen Ihr Unternehmen als technisch versiertestes in Ihrer Branche einstufen, haben Sie 10 Punkte erreicht. Wenn Sie für das schlechteste Unternehmen arbeiten, erhalten Sie 0 Punkte. Das ist Ihr Faktor a).

Was wäre, wenn Sie der fortschrittlichste Wettbewerber in einer technologisch rückständigen Branche sind? Stellen Sie sich vor, Sie arbeiteten 1910 für den technologisch versiertesten Hufschmied oder den innovativsten Betreiber von Pferdefuhrwerken. Hier kommt der zweite Faktor ins Spiel. Wenn Sie in einer Umgebung arbeiten, die von neuen Technologien bedroht wird, könnte das Ende für Ihr Unternehmen grausam und nahe sein. Fortschrittliche Konkurrenzprodukte oder technologisch kompetentere Markteindringlinge werden irgendwann die Oberhand gewinnen, es ist nur eine Frage der Zeit. Für die Messung des Faktors b) schätzen Sie bitte die Antwort auf folgende Frage: ‚*Wie viele Prozent der von Ihnen verwendeten Technologien wurden in den letzten drei Jahren dramatisch verändert oder komplett ersetzt.*' Drei Jahre sind die Dauer des technologischen Zyklus in den schnelllebigen Branchen. 100 % ergibt 10 Punkte, 0 % führt zu 0 Punkten.

Bitte addieren Sie die Ergebnisse von a) und b) und teilen Sie die Summe durch 2, was Ihren Faktor T für ‚Native Nutzung fortgeschrittener Technologien' ergibt.

$$\frac{Resultat\ a + Resultat\ b}{2} = Faktor\ T_{echnologie}$$

$$\frac{[\qquad]+[\qquad]}{2}=[\qquad]$$

Kurze Überprüfung: Wenn Faktor T größer als 10 oder kleiner als 0 ist, wiederholen Sie die Rechnung bitte. Das Ergebnis a) sowie das Ergebnis b) muss jeweils eine Zahl von 0 bis 10 sein.

Gewöhnung an schnelles Handeln

Die Wichtigkeit der schnellen Reaktion von Unternehmen auf einen externen Stimulus sollte inzwischen klar geworden sein. Wenn Ihr Unternehmen vor einer Herausforderung oder einer Chance steht, muss es schnell und entschlossen reagieren, um das Beste aus der betreffenden Situation herauszuholen. Dies sollte nicht mit Panik verwechselt werden. Panik bedeutet, dass Sie einen Reiz wahrnehmen und ohne eine angemessene kognitive Beurteilung darauf reagieren. Das ist genau die richtige Reaktion, wenn Sie stolpern und das Gleichgewicht verlieren. Eine ausgewogene kognitive Beurteilung des Stolperns führt unweigerlich dazu, dass Sie auf dem Boden landen werden. Sollten Sie unbewaffnet von einem gefährlichen Tier angegriffen werden, ist es zumeist eine hervorragende Idee, ohne ausgewogene kognitive Beurteilung einfach davonzulaufen und sich nach Möglichkeit zu verstecken.

Wenn Sie jedoch von einem Kollegen in einem Geschäftstreffen oder von einem Konkurrenten in einer Ausschreibung attackiert werden, sieht das anders aus. Genetisch bedingt haben Sie die Tendenz, in Panik zu geraten und zu reagieren, ohne nachzudenken, was auch Kampf bedeuten kann, aber jetzt sollten Sie diesem Impuls widerstehen. Eines der wichtigsten Lernziele für eine Führungskraft ist es, die angemessene Reaktionsgeschwindigkeit zu beherrschen. Von einem Top-Manager wird erwartet, dass er weder in Panik gerät, noch die Entscheidung verzögert. In einem geschäftlichen Zusammenhang verfügen Sie fast immer über genügend Zeit zum Nachdenken, bevor Sie reagieren. Bei Unternehmen erhöht die Unternehmensgröße die Reaktionszeit exponentiell: Groß ist praktisch immer mit langsam gleichzusetzen. Zwar nimmt die allgemeine Reaktionsgeschwindigkeit in der Wirtschaft stetig zu, aber für große Unternehmen bedeutet das, dass Reaktionszeiten auf bedeutende Herausforderungen derzeit oft in Monaten gemessen werden, während sie in der Vergangenheit Jahre betrugen. Oft werden Großunternehmen mit Supertankern verglichen, deren Wendekreis in Kilometern gemessen wird. Wenn Sie noch nie zuvor in einem Großunternehmen gearbeitet haben, klingt das vielleicht unverständlich. Große Entscheidungen gefährden jedoch Milliarden von Euro, möglicherweise sogar das gesamte Unternehmen. Wenn Sie sich die Zeit für die Entscheidung nehmen können (und das ist der Regelfall), sind Sie gut beraten, diesen Luxus zu nutzen und gründlich nachzudenken. Jeff Bezos nannte das treffend ‚Einbahnentscheidungen', die der CEO zu treffen hätte, denn sie könnten nicht ungeschehen gemacht werden. Viele stolze Unternehmensschiffe wurden durch vorschnelle Entscheidungen mit unvollständiger Bewertung der Fakten zum Sinken gebracht.

Dank umfangreicher Datensätze, die heutzutage in der Regel fast in Realzeit verfügbar sind, ist die Datenerfassung zu einem viel kürzeren Prozess geworden. Mit der Verbesserung des analytischen Instrumentariums wurde der Prozess der Bewertung der Fakten ebenfalls verkürzt und dank Künstlicher Intelligenz sind weitere Beschleunigungen und Qualitätsverbesserungen in diesem Bereich zu erwarten. Dank des Einsatzes moderner Werkzeuge ist es einfach, Fakten und Ergebnisse schnell und breit gestreut zu kommunizieren. Der kritische Pfad der Analyse eines komplexen Problems hat sich in den letzten zehn Jahren erheblich verkürzt, von den quasi-neolithischen Arbeitsbedingungen vor Einführung des World Wide Webs ganz zu schweigen.

Wie misst man ‚Gewöhnung an schnelles Handeln'? In der Theorie ist es die Zeit zwischen dem Empfangen einer Herausforderung, dem Reiz und der Reaktion, der Antwort. Angenommen, es gibt eine einzige richtige Antwort, dann besteht Ihre Aufgabe lediglich darin, die Zeit zwischen Herausforderung und Antwort zu messen. Denken Sie an ein Klassenzimmer, in dem der Lehrer fragt, ob jeder Winkel in einem Quadrat ein rechter Winkel sei. Wer zuerst die Hand hebt und ‚Ja' sagt, hat die höchste Handlungsgeschwindigkeit.

In der Praxis hilft Ihnen dies kaum, zu beurteilen, ob Sie in einem Unternehmen arbeiten, das an schnelles Handeln gewöhnt ist. Erstens können Sie nur eine kleine Anzahl von Transaktionen beobachten, von denen die meisten interner Natur sind und keine externen Herausforderungen darstellen. Noch problematischer ist die Beurteilung der Antwort, die selten eindeutig richtig oder falsch ist. Unternehmen, die mehr Zeit mit der Analyse komplexer Probleme verbringen, finden möglicherweise bessere Lösungen, als solche, die schnell reagieren. Um zu dem Beispiel in der Schulklasse zurückzukehren, was hätten Sie getan, wenn ein andere Schülerin kurz danach so geantwortet hätte: „Es kommt darauf an, ob das Quadrat auf einer ebenen oder einer gekrümmten Fläche gezeichnet wird. Im letzteren Fall sind es keine rechten Winkel." Diese Antwort war langsamer als die erste, aber sie ist inhaltlich besser, da sie die nicht-euklidische Komplexität einer anderen Dimension inkludiert.

10 Arbeiten Sie für die Dinosaurier AG?

Was machen Wissenschaftler in einer perfekten Welt? Sie wählen eine Laborumgebung und definieren einen Standardreiz, der eine Standardantwort auslöst. Wann immer eine Laborratte einen definierten Ton hört, erhält sie eine definierte Befriedigung an einem definierten Ort, sollte sie auf eine definierte Weise reagieren. Was wir zu messen versuchen, ist folglich die Zeit, die Ihr Unternehmen benötigt, um auf eine Standardherausforderung mit einer standardisierten Antwort zu reagieren.

Diese Charakterisierung trifft perfekt auf Finanzberichte zu. Die Konsolidierung von Finanzdaten, die Überprüfung auf Richtigkeit und die Darstellung in einem vereinbarten Format ist eine Aufgabe, die für jedes Unternehmen ähnlich ist. Wenn es länger dauert, bis die Produktion abgeschlossen ist, zeigt dies deutlich, dass Ihr Unternehmen langsamer ist. Die Unternehmensgröße ist kein Treiber, da selbst sehr große und komplexe Unternehmen mit Tausenden von Einzelunternehmen auf der ganzen Welt ein einziges globales IT-System nutzen können. Die Veröffentlichungstermine für Quartalsberichte für Ihr börsennotiertes Unternehmen finden Sie auf der Internet-Seite Ihrer Firma, wenn Sie ‚Investoren' bzw. ‚Investor Relations' anklicken. Nehmen Sie entweder den letzten Berichtszeitpunkt oder die nächste geplante Veröffentlichung der Quartalsdaten, aber vermeiden Sie das Jahresende, da hier ein anderer, unter Umständen längerer Prozess erforderlich ist. Bei US-Unternehmen geht es noch einfacher, Sie müssen nur zu www.sec.gov/ gehen und dort ‚Company Filings' anklicken. Geben Sie einfach Ihr Tickersymbol ein und suchen Sie nach 10-Q-Berichten (Quartalsberichte).

Wenn Sie den Termin gefunden haben, zählen Sie die Anzahl der Kalendertage (nicht Arbeitstage) seit dem Quartalsende bis zur Veröffentlichung. Sollten Sie innerhalb von 10 Tagen veröffentlichen, geben Sie Ihrem Unternehmen

10 Punkte. Wenn Sie nach genau 90 Tagen veröffentlichen, 1 Punkt, danach 0 Punkte. 9 Tage sind immer 1 Punkt wert. Das ist Ihr Faktor $G_{eschwindigkeit}$. Die besten börsennotierten Unternehmen liegen derzeit zwischen 24 und 30 Tagen.

$$\frac{100 - \# \textit{Kalendertage seit Quartalsende}}{9} = \textit{Faktor } G_{eschwindigkeit}$$

$$\frac{100 - [\qquad\qquad]}{9} = [\qquad\qquad]$$

Kurze Überprüfung: Wenn Faktor G größer als 10 oder kleiner als 0 ist, wiederholen Sie die Rechnung bitte.

Sollte Ihr Unternehmen nicht börsennotiert sein, müssen Sie auf weniger objektive Kennzahlen zurückgreifen. Es gibt zahlreiche andere Standardprozesse, die Sie für das Benchmarking verwenden könnten, aber es ist schwierig, präzise Vergleichszahlen Ihrer Wettbewerber zu erhalten. Wie lange dauert die Erstellung eines Stellenangebots für Nicht-Führungskräfte, wie lange die Bestellung einer Standardbüroausstattung, wie lange die Beantwortung einer internen E-Mail von mittlerer Bedeutung. Das sind Routineprozesse, die weitgehend unabhängig von der Branche und der finanziellen Situation des Unternehmens erfolgen. Wenn Sie eindeutig Klassenbeste sind, haben Sie eine 10 verdient, wenn Sie Schwierigkeiten haben, die Grundanforderungen zu erfüllen, geben Sie sich eine 1.

Ein Wort zur Vorsicht: Halten Sie sich von Kennzahlen fern, die Teil Ihres Geschäftsmodells sind. Wenn ein Kunde einen Anruf tätigt, um ein Zimmer in einem Luxushotel zu buchen, muss er mit Sicherheit viel kürzer warten, als wenn er eine Beschwerde bei einer Billigfluggesellschaft einreicht. Unternehmen wollen gerne hochpreisige Zimmer verkaufen, aber nicht unbedingt teure Arbeitszeit für unprofitable

Beschwerden einsetzen. In diesem Fall ist Geschwindigkeit kein Indikator für Effizienz, sondern wird durch die Kostenstruktur der Branche und die Strategie des Unternehmens bestimmt. Kein Unternehmen verdient mehr Geld, wenn es einen Finanzbericht eine Woche früher herausgibt, eine Nicht-Kunden-E-Mail 10 Minuten schneller beantwortet und so weiter. Das macht diese Faktoren zu guten, unverfälschten Messwerten für die Geschwindigkeit Ihres Unternehmens. Wenn immer möglich, halten Sie sich jedoch an den Zeitplan für den Quartalsbericht, der am einfachsten objektiv zu vergleichen ist.

Wunsch nach ständiger Online-Verbindung mit wenig Bedürfnis nach Privatsphäre

Falls Sie jemals das sehr empfehlenswerte, semi-fiktive Buch ‚Der Circle' von Dave Eggers [3] gelesen haben, haben Sie dort ein Unternehmen beschrieben gesehen, das in der Kategorie ‚Wunsch nach ständiger Online-Verbindung mit wenig Bedürfnis nach Privatsphäre' eine klare 10 als Klassenbester erhalten hätte. Die Mitarbeiter dieser Firma nutzen freiwillig und dauerhaft zahlreiche soziale Instrumente, solange sie wach sind und jede ihrer Bewegungen wird im Web übertragen und aufgezeichnet.

Das ist bei weitem nicht so weit hergeholt, wie man meinen sollte. Erinnern Sie sich an Google Glass, die Brillen, die mit Online-Videokameras und Projektoren ausgerüstet waren? In der Vergangenheit waren interkontinentale Flüge eine der letzten Domänen der unschuldigen Entspannung und des Vergnügens. Sie schlürften Ihre Getränke, sahen Filme und schliefen. Wenn ich heute einen Flug nehme, bin ich fast immer online (zumindest wenn die Verbindung funktioniert) und bearbeite meine E-Mails und Präsentationen. Programme zeigen den Status der Mitarbeiter, ob sie aktiv, offline, in Meetings oder inaktiv sind. Nicht nur, dass viele Angestellte in der Freizeit ihre E-Mails regelmäßig überprüfen, mittlerweile erwarten das ihre Kollegen zudem.

Die Situation ist definitiv im Umbruch begriffen und die Grenzen werden jedes Jahr neu abgesteckt. In vielen Ländern gelten zudem gesetzliche Beschränkungen, die zu unternehmensinternen Unterschieden führen können. Aber im Allgemeinen können wir zwischen zwei Komponenten unterscheiden, die diesen Faktor bestimmen: *Privatsphäre* und *Transparenz*. Der Faktor $P_{rivatsphäre}$ ist einfach zu berechnen: *"Wie viele Stunden lang können Sie Ihnen direkt unterstellten Mitarbeiter und Kollegen außer den Kernschlafzeiten durchschnittlich erreichen?"* Dazu gehören auch die Wochenenden. Wenn 100 % Ihrer Kollegen 16/7, d. h. 16 Stunden am Tag, 7 Tage die Woche einschließlich Urlaub, verfügbar sind, sind sie 100 % verfügbar. Wenn alle Ihre Kollegen und Mitarbeiter nur während der Arbeitsstunden erreichbar sind, sind sie zu 30 % verfügbar (der Wert bezieht auch die Nichterreichbarkeit im Urlaub ein). Wenn die Hälfte Ihrer Mitarbeiter und Kollegen immer verfügbar ist und die andere während der Arbeitsstunden, liegt der Wert in der Mitte bei 65 %. Diesen Wert multiplizieren Sie mit 10 und das Ergebnis ist der Faktor $P_{rivatsphäre}$.

$$\frac{\text{\# der durchschnittlich verfügbaren Stunden pro Woche} * 10}{112} = Faktor\ P_{rivatsphäre}$$

$$\frac{[\qquad\qquad\qquad\qquad] * 10}{112} = [\qquad\qquad]$$

Kurze Überprüfung: Wenn Faktor P größer als 10 oder kleiner als 0 ist, wiederholen Sie die Rechnung bitte.

10 Arbeiten Sie für die Dinosaurier AG? 241

Der Faktor $K_{enntnis}$ wird ähnlich gemessen: *‚Für wie viele Prozent Ihrer Kollegen können Sie sagen, was genau sie gerade jetzt tun?'* Um den Faktor $K_{enntnis}$ zu berechnen, müssen Sie 1) mit ihnen verbunden sein und 2) wissen, was genau sie tun. Wenn Sie sich auf dem gleichen Server befinden, besteht eine gute Chance, dass Sie eine gewisse Transparenz für 100 % Ihrer Kollegen haben, was eine typische Funktionalität von Office-Systemen ist. Das ist Ihre Komponente *Prozentsatz der Mitarbeiter, mit denen Sie online verbunden sind*, wobei eine gute Schätzung ausreichend ist. Die zweite Komponente ist der *Grad Ihrer detaillierten Kenntnisse* über die aktuellen Aktivitäten dieser Kollegen. Wenn Sie immer wissen, dass Mesut mit Erika ab 14:15 Uhr im Raum 2.51 über das neue Produkt X sprechen wird, erhalten Sie 100 %. Wenn Sie wissen, dass sich Mesut und Erika von 14–15 Uhr treffen, aber keine Ahnung haben, wo und warum, erhalten Sie 50 %. Wenn Sie wissen, dass Mesut einen Termin von 14–15 Uhr hat, aber unklar ist, wo, mit wem und warum, erhalten Sie 25 %. Wissenswerte Informationen sind: wann, wer, was, wo. Sie erhalten 25 % für jede Komponente.

Sie multiplizieren den *Prozentsatz der Personen, mit denen Sie verbunden sind*, mit dem *Grad Ihres Detailwissens in Prozent* und multiplizieren das Ergebnis mit 10. Wenn Sie von allen Ihren Kollegen (100 %) wissen, dass sie von 14:00 Uhr an Meetings teilnehmen, aber kein Thema oder Teilnehmer kennen (25 %), ist das Ergebnis 100 % × 25 % = 25 %. Multipliziert mit 10 ergibt sich eine Bewertung von 2,5.

*Verbundene Personen (in%) * Detailwissen (in%) * 10 = Faktor $K_{enntnis}$*

[   ] * [   ] * 10 = [   ]

Kurze Überprüfung: Wenn Faktor K unter 0 oder über 10 beträgt, wiederholen Sie bitte die Berechnung.

Bitte multiplizieren Sie die Ergebnisse von a) und b) und teilen Sie das Ergebnis durch 10, was Ihnen den Faktor $V_{erbunden}$ für ‚*Konstant verbunden mit weniger Bedarf an Privatsphäre*' gibt.

$$\frac{\text{Faktor } \boldsymbol{P}_{rivatsphäre} * \text{Faktor } \boldsymbol{K}_{enntnis}}{10} = \text{Faktor } V_{erbunden}$$

$$\frac{[] * []}{10} = []$$

Kurze Überprüfung: Wenn Faktor V größer als 10 oder kleiner als 0 ist, wiederholen Sie die Rechnung bitte. Faktor P und Faktor K muss jeweils eine Zahl von 0 bis 10 sein.

Ich verspreche, dass wir das Ende der Berechnungen erreicht haben. Jetzt kennen wir alle fünf Faktoren, von denen jeder einen Wert zwischen 0 und 10 haben sollte. Wenn Sie eine andere Zahl haben, berechnen Sie den betreffenden Faktor bitte neu. Nun folgt der einfachste Teil, sie summieren die Faktoren U_{mgang}, $M_{ultilateral}$, $T_{echnologie}$, $G_{eschwindigkeit}$ und $V_{erbindung}$, das Ergebnis wird mit 4 multipliziert.

$$\left(U_{mgang} + M_{ultilateral} + T_{echnologie} + G_{eschwindigkeit} + V_{erbunden} \right) * 4$$
$$= \boldsymbol{\textit{Millennium Quotient (MQ)}}$$

$$([] + [] + [] + [] + []) * 4$$
$$= []$$

Sollten Sie es vorziehen, ein Computermodell zu verwenden, das alle Berechnungen für Sie durchführen kann, dann gehen Sie bitte auf meine Website martin-fritsch.com und laden Sie eine einfache, garantiert virusfreie Tabelle herunter.

Los geht's. Die Scheinwerfer gehen an, Trommelwirbel ertönen, wir haben ein Ergebnis. Sie haben den Millennium Quotienten (MQ) Ihres Unternehmens berechnet, aber was sagt er aus? Arbeiten Sie für eine Dinosaurier AG oder ist es eine echte Millennium SE? Wenn der Millennium Quotient (MQ) hoch ist, handelt es sich um eine Millennium SE; wenn der MQ niedrig ist, steckt die Firma noch im Stadium der Dinosaurier AG fest.

0–20 Punkte: *Antiquiert*

Beschreibung Dinosaurier AG in ihrer reinsten Form. Direkt aus der guten alten Zeit, als Dinosaurier noch die Erde beherrschten.

Beispiele Altmodische Familienunternehmen mit einem technologiefeindlichen, diktatorischen Stil. Debatten und Kollektiventscheidungen sind ein Fremdwort. Der alte Mann (selten Frau) befiehlt und führt das Geschäft so, wie es immer geführt wurde, der Rest gehorcht stumm.

Empfehlung Laufen Sie so schnell wie möglich weg. Das Unternehmen in seiner derzeitigen Führungsstruktur ist nicht reformierbar.

21–50 Punkte: *Traditionell*

Beschreibung Eine große Anzahl von Unternehmen fällt in diese Kategorie. In der Adenauer-Ära vor sechzig Jahren war das der letzte Schrei, danach verpassten diese Unternehmen den Anschluss.

Beispiele Low-Tech-Unternehmen mit stabilen Produktionsmethoden, Handwerk, staatliche Unternehmen und Behörden.

Empfehlung Falls kein spürbarer externer Druck durch neue Technologien existiert, muss das Top-Management leidenschaftlich an die Erhöhung des MQ glauben. Andernfalls wird Ihr Arbeitsplatz in zehn Jahren genauso aussehen wie heute, bevor die große Krise möglicherweise eintritt. Wenn Sie erwarten, innerhalb von 10 Jahren in den Ruhestand zu gehen, müssen Sie in diesem Fall nichts ändern. Andernfalls sollten Sie einen anderen Arbeitgeber in Betracht ziehen.

51–100 Punkte: *Wettbewerbsfähig*

Beschreibung Wahrscheinlich arbeiten Sie für ein Unternehmen dieser Kategorie; dieses Segment umfasst mehr als 75 % der DAX und Fortune-500-Unternehmen. Diese Unternehmen sind in einem sehr wettbewerbsintensiven Umfeld tätig, die Geschwindigkeit des Technologie- und Produktionsmethodenwechsels ist gering bis mittelmäßig und sie sind es gewohnt, ihren Kunden einigermaßen zuzuhören. Aufgrund ihrer Größe sind wettbewerbsfähige Unternehmen sowohl im Umgang mit multilateralen Themen als auch mit komplexen Großgruppen erfahren. KMUs fallen nur dann in diese Kategorie, wenn sie in Märkten mit mittlerer bis hoher Geschwindigkeit der Produktänderungen tätig sind.

Beispiele Die meisten DAX und Fortune-500-Unternehmen, Modehäuser, Maschinenbauer.

Empfehlung Ihr Unternehmen hat alle Möglichkeiten, um erfolgreich zu sein. Die meisten Hierarchieebenen sind in den Führungsprozess eingebunden, was Ihnen Raum für Ihre persönliche Entwicklung lässt. Reiten Sie auf der Welle, bis sich eine noch bessere Gelegenheit ergibt.

101–150 Punkte: *Avantgarde*

Beschreibung Herzlichen Glückwunsch, nicht viele Unternehmen fallen in diese Kategorie. Um sich für diese Entwicklungsstufe zu qualifizieren, muss Ihr Unternehmen eine bestimmte Größe erreicht haben und in einem äußerst innovativen und wettbewerbsorientierten Umfeld agieren. Avantgardistische Unternehmen sind in der Regel nicht älter als 15 Jahre und haben mit ziemlicher Sicherheit für Schlagzeilen gesorgt. Es besteht die faire Chance, dass sie irgendwann in ihrer Vergangenheit Einhörner waren, d. h. Venture Capital finanzierte Startups mit einer Bewertung von über 1 Milliarde Dollar. Um mehr als 100 Punkte zu erreichen, müssen diese Unternehmen in fast allen Kategorien hohe Werte erreicht haben.

Beispiele Große Hightech-Unternehmen, insbesondere im Bereich Social Media, oft mit Sitz im Silicon Valley; Hedgefonds.

Empfehlung Ein toller Platz zum Arbeiten, aber mit ziemlicher Sicherheit sehr anspruchsvoll. Genießen Sie die Fahrt, da Sie an der Spitze der Innovation stehen. Aber achten Sie auf Anzeichen von körperlicher und psychischer Erschöpfung. Nicht viele Menschen bleiben in avantgardistischen Unternehmen nach ihrem 40. Geburtstag erfolgreich (oder gesund).

151–200 Punkte: *Futuristisch*

Beschreibung Die einzige Unternehmensform, die die Charakterisierung als ‚Millennial SE' wirklich verdient hat. Futuristische Unternehmen müssen in allen Dimensionen extrem hohe Werte erreichen und kein Unternehmen erreicht nach meinem Wissensstand derzeit diesen Status. Es wird mehr Homo millennials in unserer Belegschaft brauchen, um dorthin zu gelangen.

Beispiele Wahrscheinlich keine, aber mehrere Spieler wie Google könnten sehr nah dran sein. Wenn Sie von einem Unternehmen wissen, von dem Sie denken, dass es sich um ein futuristisches Unternehmen handelt, kontaktieren Sie mich bitte über meine Website martin-fritsch.com.

Empfehlung Halten Sie Ausschau nach einem Unternehmen dieser Kategorie und springen Sie an Bord, wenn Sie können. Die Welt wird ihnen gehören.

Zusammenfassung

In diesem Kapitel stellten wir die Auswirkungen der neuen Fähigkeiten, die der Homo millennial erworben hat, auf moderne Unternehmen dar. Wir unterschieden fünf Faktoren und quantifizierten diese:

Umgang mit mehreren großen Gruppen
Auf einer Skala von 1 bis 10 mit 1 für „überhaupt nicht" und 10 für „absolut einverstanden", wie würden Sie Ihr Unternehmen bewerten:

a) Wir sind ein sehr komplexes Unternehmen mit vielen Interessengruppen, deren Meinungen bei der Entscheidungsfindung berücksichtigt werden müssen.
b) Wir konzentrieren unsere ganze Aufmerksamkeit auf externe Angelegenheiten und versuchen immer, die Präferenzen und Wünsche unserer Kunden zu verstehen.

$$\frac{\text{Resultat a} + \text{Resultat b}}{2} = \text{Faktor } U_{ngang}$$

Multilaterales Denken
Auf einer Skala von 1 bis 10 mit 1 für „überhaupt nicht" und 10 für „absolut einverstanden", wie würden Sie Ihr Unternehmen bewerten:

a) Kreativität ist eine karrierefördernde Eigenschaft in unserem Unternehmen. Das Top-Management zeichnet sich durch Kreativität aus, betont immer seine Bedeutung und motiviert die Mitarbeiter mit substanziellen Anreizen.
b) Bei der Belegschaft und dem Management sind alle Altersgruppen, Geschlechter, Nationalitäten, Ausbildungsrichtungen und Nationalitäten gleichmäßig vertreten.
c) Bei der Problemlösung äußern alle Mitarbeiter ihre Ideen frei, ohne Angst vor Bestrafung haben zu müssen.

$$\frac{\text{Resultat a} + \text{Resultat b} + \text{Resultat c}}{3} = \text{Faktor } M_{ultilateral}$$

Native Nutzung fortschrittlicher Technologien
Auf einer Skala von 1 bis 10 mit 1 für „überhaupt nicht" und 10 für „absolut einverstanden", wie würden Sie Ihr Unternehmen bewerten:

a) Halten Ihre Kunden, Lieferanten und Mitarbeiter Sie für das technologisch fortschrittlichste Unternehmen in Ihrer Branche?

b) Wie viele Prozent der von Ihnen verwendeten Technologien wurden in den letzten drei Jahren dramatisch verändert oder komplett ersetzt

$$\frac{\text{Resultat a} + \text{Resultat b}}{2} = \text{Faktor } T_{echnologie}$$

Gewöhnt an hohe Handlungsschnelligkeit
Zählen Sie die Anzahl der Kalendertage (nicht Arbeitstage) seit dem Quartalsende bis zur Veröffentlichung Ihrer finanziellen Quartalsberichte. Sollten Sie innerhalb von 10 Tagen veröffentlichen, geben Sie Ihrem Unternehmen 10 Punkte. Wenn Sie nach genau 90 Tagen veröffentlichen, 1 Punkt, danach 0 Punkte. 9 Tage sind immer 1 Punkt wert.

$$\frac{100 - \text{\# Kalendertage seit Quartalsende}}{9} = \text{Faktor } G_{eschwindigkeit}$$

Ständige Online-Verbindung mit weniger Bedürfnis nach Privatsphäre
Wie viele Stunden lang können Sie Ihnen direkt unterstellten Mitarbeiter und Kollegen außer den Kernschlafzeiten durchschnittlich erreichen?

$$\frac{\text{\# der durchschnittlich verfügbaren Stunden pro Woche} * 10}{112} = \text{Faktor } P_{rivatsphäre}$$

Für wie viele Prozent Ihrer Kollegen können Sie sagen, was genau sie gerade jetzt tun (Verbundene Personen).

Detailwissen über die aktuellen Aktivitäten dieser Kollegen. Wissenswerte Informationen sind: wann, wer, was, wo. Sie erhalten 25 % für jede Komponente.

Verbundene Personen $(in\%) *$ Detailwissen $(in\%) * 10$
$= $ Faktor $K_{enntnis}$

$$\frac{\text{Faktor } P_{rivatsphäre} * \text{Faktor } K_{enntnis}}{10} = \text{Faktor } V_{erbunden}$$

Sobald Sie alle fünf Faktoren kennen (jeder von ihnen darf nicht kleiner als 0 und nicht größer als 10 sein), können Sie den Millennium Quotient (MQ) berechnen:

$(U_{mgang} + M_{ultilateral} + T_{echnologie} + G_{eschwindigkeit} + V_{erbunden}) * 4$
$= $ **Millennium Quotient (MQ)**

Abhängig von ihrem Millennium Quotienten (MQ) können Unternehmen klassifiziert werden als:

Antiquiert (0–20 Punkte): 150 % Dinosaurier AG
Traditionell (21–50 Punkte): 100 % Dinosaurier AG
Wettbewerbsfähig (51–100 Punkte): die meisten DAX und Fortune-500-Unternehmen
Avantgarde (101–150 Punkte): fast schon Millennial SE
Futuristisch (151–200 Punkte): reine Millennial SE

Literatur

1. Collins, J. / Baltes, M. / Böhler, F.: Der Weg zu den Besten: Die sieben Management-Prinzipien für dauerhaften Unternehmenserfolg; Campus (August 2011). Gute Anleitung für Wettbewerbsfähige Unternehmen, um ihre Konkurrenzfähigkeit beizubehalten.

2. Collins, J.: How the Mighty Fall: And Why Some Companies Never Give In; Random House Business (Juni 2009). Exzellente Lektüre für Unternehmen in der Krise.
3. Eggers, D. / Wasel, U. / Timmermann, K.: Der Circle; KiWi Taschenbuch (8. Oktober 2015). Technisch gesehen ein Roman liest es sich mehr wie eine Dokumentation über das Leben in Silicon Valley.
4. Moore, G. A.: Crossing the Chasm: Marketing and Selling Disruptive Products to Mainstream Customers; HarperBusiness 3 edition (28. Januar 2014). Pflichtliteratur für die Vertriebschefs von Startup-Unternehmen und Venture Capitalisten.
5. Paulinyi, A. / Troitzsch, U.: Propyläen Technikgeschichte, Bd. 3: Mechanisierung und Maschinisierung. 1600 bis 1840; Propyläen (1995). Die fünfbändige Propyläen Technikgeschichte zählt zu meinen Lieblingswerken und ist gebraucht noch erhältlich. Die Anschaffung lohnt sich.

11

Wird die Millennium SE die Dinosaurier AG verdrängen?

In den 1920er-Jahren war Ford ein sehr erfolgreiches Traditionelles Unternehmen, eine der modernsten und am besten geführten Firmen ihrer Zeit. Wenn ich die Firma als Beispiel für die Dinosaurier AG benutze, soll das den Erfolg des Unternehmens in keiner Weise herabsetzen. Im Gegenteil: wie wir sehen werden, wäre die Millennium SE damals kläglich gescheitert. Der Handel basierte in dieser Periode auf persönlichen Beziehungen und die Markttransparenz war begrenzt. Die Qualitätsstandards waren nicht einheitlich, wurden häufig nicht eingehalten und nur wenige Rohstoffe wurden über die Börse gehandelt. Tatsächlich waren nur wenige Produkte überhaupt standardisiert. Heute können Sie Schrauben in China bestellen und wenn Sie dem Produzenten die Dimensionen mitteilen, können Sie sich darauf verlassen, dass er Waren der richtigen Größe, Form und Qualität zur richtigen Zeit liefert. Nichts davon war in den 1920er-Jahren gesichert. Die Größen wurden gerade erst vereinheitlicht, ebenso wie die Materialien. Es gab regionale

Lieferketten, aber internationale Lieferketten konnten nur für leicht ersetzbare Massengüter genutzt werden, da sie für kritische Komponenten nicht zuverlässig genug waren. Schiffe änderten ihre Routen, erlitten Motorschäden, gingen in Stürmen unter, wurden durch Seeräuber ausgeraubt oder im Hafen verspätet gelöscht. Während der häufigen Kriege wurden zudem Embargos verhängt und Schiffe beschlagnahmt.

In einem Umfeld mit wenig Transparenz hinsichtlich der Lieferanten und der Qualität ihrer Produkte, in dem Zwischenhändler die Kosten erheblich erhöhten und die Transportzeiten stark variierten, war die Eigenproduktion eine rentable Alternative für Großunternehmen. Die Gesamtkosten sanken, die Qualität stieg und die kontinuierliche Belieferung wurde gesichert. Der Nachteil der mangelnden Expertise bei der Herstellung dieser Produkte wurde durch die Vorteile des Insourcings überkompensiert.

Vor dem Zweiten Weltkrieg hatten Industriekonzerne routinemäßig Niederlassungen in zahlreichen Ländern der Welt, kauften oder fertigten dort Komponenten und exportierten sie in die Mutterfabrik, wo sie für die Herstellung des Hauptprodukts verwendet wurden, das auf dem nationalen und in geringerem Maße auf dem internationalen Markt verkauft wurde. Ford baute in Südamerika seinen eigenen Kautschuk an und produzierte seine eigenen Reifen, Schrauben, Motoröl, Maschinen und nahezu alle Fahrzeugkomponenten. Auf diese Weise sicherte Ford seine Lieferkette während des Ersten Weltkriegs und in der Zwischenkriegszeit erfolgreich ab. Dies entsprach dem damaligen Industriestandard, während Outsourcing die Ausnahme darstellte. Krupp siedelte seine Fabriken Mitte des 19. Jahrhunderts in der Nähe seiner bedeutendsten Rohstoffe, Eisenerz und Kohle, in dünn besiedelten Gebieten an. Die Arbeiterinnen und Arbeiter produzierten nicht nur alle für die Stahlproduktion benötigten Geräte wie später Ford, sondern lebten auch in firmeneigenen Häusern, nahmen den firmeneigenen Pferdebus zur Arbeit, kauften in Firmenläden ein, schickten ihre Kinder in Firmenschulen, gingen in Firmenkirchen, genossen ihren Urlaub in Firmenferienzentren, besuchten den Betriebsarzt und wurden möglicherweise sogar auf firmeneigenen Friedhöfen begraben. Je nachdem, in welchem Unternehmen Sie arbeiten, können Sie Elemente davon möglicherweise noch an Ihrem eigenen Arbeitsplatz erkennen, denn diese Vorgangsweise war in den deutschsprachigen Ländern bis in die 1980er-Jahre bei Großunternehmen üblich.

Den Insourcing-Vorteilen (keine Zwischenhändler, Standardisierung, Zuverlässigkeit) stehen die damit einhergehenden Kosten gegenüber (fehlende Größenvorteile und Wettbewerbsfähigkeit in Nicht-Kernbereichen). Bis in die 1950er-Jahre überwogen die Vorteile in der Regel die Kosten. Nachdem die beiden Weltkriege vorbei waren, die Europäische Wirtschaftsgemeinschaft, aus der sich die EU entwickelte, eingeführt wurde und sich die westeuropäische politische Lage stabilisiert hatte, begann das Outsourcing seinen großen Moment zu erleben. Großhandelsorganisationen reduzierten die Anzahl der benötigten Zwischenhändler und stellten das logistische Know-how in Kombination mit effizienteren Transportsystemen zur Verfügung. In Europa machte die Europäische Wirtschaftsgemeinschaft die Standardisierung von Waren zu einer ihrer obersten Prioritäten und zunehmend sanken Zölle, nicht-tarifäre Handelshemmnisse wurden abgebaut. Seit den 1980er-Jahren setzte sich das neue Paradigma der ‚Konzentration auf Kernkompetenzen' zunehmend durch.

Betrachten wir noch einmal Nike, ein Paradebeispiel für ein virtuelles Unternehmen, das sich möglicherweise am unteren Ende der avantgardistischen Unternehmen einordnen lässt. Produktion und Transport sind weitgehend ausgelagert, ebenso wie der stationäre Einzelhandel seiner Produkte. Hätte

Nike in den 1920er-Jahren bereits existiert und auf die gleiche Weise operiert, wäre die Qualität der Produktion schrecklich gewesen. Es wäre fast unmöglich gewesen, in zwei Fabriken das gleiche Kleidungsstück herzustellen. Tatsächlich war es damals eine Herausforderung, überhaupt mehrere Fabriken zu betreiben und ihre Produktion zu synchronisieren. Fast alle konzentrierten sich auf einen einzigen Standort, um logistische Probleme zu vermeiden. Es war das Zeitalter der Riesenfabriken. Nike hingegen hat nicht einen Produktionsstandort oder zwei, sondern Hunderte, die nicht in der gleichen Stadt, nicht einmal in der gleichen Region oder auf dem gleichen Kontinent liegen und keinen einzigen kann Nike kontrollieren, weil keiner im Besitz von Nike steht. Nur ein Verrückter hätte das in den 1920er-Jahren versucht.

Ein Zeitsprung in die 90er-Jahre. Die Mauer ist gefallen, die EWG gerade in die EU übergegangen und in Amerika wurde das NAFTA-Abkommen unterzeichnet. Jetzt ist das Nike-System perfekt an seine Umgebung angepasst. Die Vorteile der billigeren und flexibleren Produktion überwiegen bei weitem die Nachteile des Outsourcings. Business Process Outsourcing (BPO) wächst viel schneller als die Gesamtwirtschaft.

Der nächste Satz vorwärts führt uns in die Gegenwart. Fast alles wird ausgelagert, nicht nur die Fertigung. Wenn Sie morgens in Ihrem Bürogebäude (ausgelagert) ankommen, wird Sie ein Rezeptionist (ausgelagert) begrüßen. Sie nehmen den Aufzug (Eigentum und Wartung ausgelagert), trinken einen Kaffee (ausgelagert), sitzen an Ihrem Schreibtisch (oft ausgelagert) und starten Ihren Computer (Ausrüstung, Datenleitungen und Wartung ausgelagert). Beim Mittagessen gehen Sie in Ihre Kantine (ausgelagert), fahren nach der Arbeit mit Ihrem Firmenwagen (ausgelagert) nach Hause und erhalten einen Gehaltsscheck (Zustellung, Abrechnung und Lohnbuchhaltung ausgelagert). Ein Traditionelles Unternehmen verzichtet auf all diese Effizienzsteigerungen. Stellen Sie sich vor, Sie gingen heute als Berater zu einer Vorstandssitzung von Ford und schlügen vor, in Gummiplantagen zu investieren, um Kautschuk für Ihre eigene zukünftige Reifenproduktion zu ernten. Sie würden viele erstaunte Gesichter mit offenen Mündern sehen, bevor Sie mit dem Hinweis aus dem Raum gebeten würden, Sie sollten doch dringend einen Arzt aufsuchen.

Der historische Vergleich zeigt, dass es keine ‚absolut beste' Unternehmensform gibt, die immer erfolgreich sein wird. Unterschiedliche Epochen erfordern unterschiedliche Strukturen. In der Antike wurden Experimente strikte vermieden, da es kaum Produktionsüberschüsse gab. Ein misslungener Großversuch hätte für viele Menschen Hunger und den sicheren Tod bedeutet. Manche Familienunternehmen und besonders landwirtschaftliche Betriebe handeln bis heute nach diesen Grundsätzen; wir nennen sie ‚Antiquierte' Unternehmen.

Historisch folgten ‚Traditionelle' Unternehmen wie die East India Company, die seit der Gründung von Handelsgesellschaften in der Renaissance die Unternehmenswelt beherrschten, den Antiquierten Unternehmen nach. Die Traditionellen Unternehmen behielten ihre Dominanz bis in die 1960er-Jahre bei, als die stabile Weltordnung, der Konsum und die sich beschleunigende Innovationsgeschwindigkeit eine zunehmende Konzentration auf Kernkompetenzen erforderten.

Die Zeit zwischen Ende der 60er- und Ende der 90er-Jahre gehörte den ‚Wettbewerbsfähigen' Unternehmen, die bis heute die dominierende Kraft auf dem Weltmarkt sind. In den letzten 15 Jahren schrumpfte ihre Macht jedoch, da sie einer neuen Gattung weichen müssen, den ‚Avantgarde' Unternehmen. Warum gewinnen diese Marktanteile und Macht? Welche ihrer Eigenschaften sind für ihren Erfolg verantwortlich?

Die Entwicklung der Unternehmen ähnelt der Evolution der Tiere. Die Nachkommen verfügen über eine DNA, die sich geringfügig von der ihrer Eltern unterscheidet. Die Veränderungsrate ist je nach Gattung sehr unterschiedlich. Es gibt

Tiere, die eine niedrige Mutationsrate haben, wie Primaten. Andere Tiere, z. B. bestimmte Arten von Bakterien, ändern ihre Erbsubstanz sehr schnell. Mutationen sind fast immer entweder wirkungslos oder schädlich, selten von Vorteil. In einer stabilen Umgebung lohnt es sich für komplexe Organismen, keine Mutationen zu haben. Die möglichen Vorteile der Veränderung sind gering, während die Wahrscheinlichkeit negativer Folgen groß ist. Stellen Sie sich vor, Sie nähmen einen modernen Automotor mit Turbolader und änderten eine beliebige Komponente willkürlich; Sie verdoppeln die Größe einer Schraube oder montieren ein Ventil seitenverkehrt. Die Wahrscheinlichkeit einer Leistungssteigerung wäre astronomisch gering, die eines vorzeitigen Motorschadens sehr hoch.

Das ist auch der Grund, warum wir Menschen uns so langsam entwickelten. Genetisch sind wir fast identisch mit dem ersten Homo sapiens vor ungefähr 160.000 Jahren. Organismen mit geringer Komplexität, die in einer sich schnell verändernden Umgebung leben, profitieren von einem hohen Grad an Mutation. Bakterien und Viren können sich innerhalb weniger Stunden an fast jede Umgebung und jede medizinische Behandlung ihrer Wirte anpassen, weshalb sie so schnell gegen Medikamente resistent werden. Für komplexe Organismen wie den Menschen erfordert eine substanzielle, erfolgreiche Veränderung Zehntausende von Jahren und länger. Kleine Details wie Hautfarbe oder Nasenform können sich schnell ändern (Anpassungen der Hautfarbe an die Sonneneinstrahlung der Wohnregion erfordern rund 2000 Jahre), aber drastische Anpassungen wie revidierte Organe erfordern Millionen von Jahren. Infolgedessen unterscheiden sich die inneren Organe von Schweinen in ihrer Größe, aber kaum in ihrer Struktur oder Funktion von den menschlichen, so wenig hat sich unser Innenleben in den zig Millionen Jahren unterschiedlicher Evolution verändert.

Unternehmen entwickeln sich ebenfalls. Ein Innovator ändert nicht nur bestehende Produkte, sondern auch bestehende Prozesse und Strukturen (in seltenen Fällen entwickelt er sie komplett neu), und die Innovation setzt sich am Markt durch (selten) oder verschwindet wieder (die Regel). Es hängt vom Umfeld ab, ob diese Mutationen die Überlebenschancen des Unternehmens erhöhen oder verringern. Beginnen wir daher mit den fünf Änderungen der Millennial SE gegenüber der Dinosaurier AG und analysieren wir deren Auswirkungen.

Umgang mit mehreren großen Gruppen

Wir hatten den Faktor U_{mgang} anhand der Anzahl der internen Interessensgruppen gemessen, die für eine Entscheidung erforderlich wären, sowie der Fähigkeit, sich vollständig auf die Präferenzen und Wünsche der Kunden zu konzentrieren. Wenn Sie viele interne Interessensgruppen haben, bedeutet das zumeist, dass Sie lange brauchen, um eine Entscheidung zu treffen. Der vorherrschenden Meinung zufolge, kann dies in einer Krisensituation tödlich sein, denn eine Krise erfordere schnelle Entscheidungen, um eine drohende Gefahr zu bewältigen. Daher dürfe keine Zeit mit der Konsensfindung verschwendet werden. Spaltende Gruppendynamiken durch Diskussionen sollten ebenfalls vermieden werden, wofür meistens militärische Beispiele zitiert werden.

Aber die Antwort ist weniger offensichtlich, als man meinen könnte, selbst in Bezug auf militärische Situationen. Alexander der Große wird häufig als der begabteste General aller Zeiten bezeichnet. Man sollte daher von ihm erwarten, dass er ein starker, visionärer Führer gewesen sei, der seinen Willen immer durchgesetzt hätte. Weit entfernt von der Wahrheit. Er war Mazedonier und in seiner Heimat herrschten Könige nicht absolut, sondern waren die Ersten unter Gleichen, eher einer heutigen Hells Angels Bande ähnelnd.

333 v. Chr. kämpfte Alexander bei Issus seine erste große Schlacht. Sein Gegner war niemand anders als der mächtigste Herrscher der westlichen Hemisphäre, der persische König Dareios III. Alexander war krasser Außenseiter, ein Jugendlicher aus der Provinz mit einer ziemlich kleinen Armee. Dareios hatte ihm bereits mehr Ehre als erwartet erwiesen, indem er seine Armee persönlich anführte. Vor der Schlacht hörten Alexanders Truppenführer nicht auf, mit ihm den Schlachtplan zu diskutieren und wiesen ihn gnadenlos und direkt auf alle seine Fehler hin. Dareios' Worte hingegen galten als göttlich und niemand wäre jemals auf die Idee gekommen, ihm im Ansatz zu widersprechen. In der Familie hatten Riesen-Egos Tradition: Sein Vater Xerxes hatte das Schwarze Meer auspeitschen lassen, um es für seine hohen Wellen zu bestrafen, die seine Schiffe an der Überquerung hinderten. Zur allgemeinen Überraschung gewann Alexander die Schlacht dank der besser durchdachten Strategie und wohl auch dank der Motivation seiner Truppen, die im Vorfeld aktiv einbezogen worden waren.

Das soll nicht bedeuten, dass Diskussionen bei der Kriegsführung immer hilfreich sind. Als Hannibal 216 v. Chr. mit seinen Elefanten über die Alpen in Richtung Rom marschierte, beauftragte der römische Senat zwei Konsuln, Gaius Varro und Lucius Paullus, gegen ihn zu kämpfen. Ihre Armee war Hannibal überlegen und er war weit von seinem Heimatland Karthago (heutiges Tunesien) entfernt, was das Auffrischen seiner Vorräte zu einem logistischen Alptraum machte. Die römische Armee war zudem besser ausgebildet und es hätte ein leichter Sieg für sie werden müssen. Paullus und Varro konnten einander jedoch nicht ausstehen und waren sich konstant uneins über die anzuwendende Taktik. Verfassungsgemäß wechselte ihre Herrschaft über die Truppen jeden Tag. Am ersten Tag gab Varro die Befehle, am zweiten Tag Paullus, am dritten Tag Varro und so weiter.

Jeden Tag revidierte der jeweils befehligende Konsul die Befehle des anderen vom Vortag. Es wird die meisten Leser nicht überraschen, dass ein fähiger Befehlshaber wie Hannibal nicht nur die Schlacht von Cannae gewann, sondern die ihn bekämpfende römische Armee dabei vollständig auslöschte. Es war die schlimmste römische Niederlage bis zur Schlacht im Teutoburger Wald gegen die Germanen mehr als zweihundert Jahre später.

Ist die Anwesenheit zahlreicher interner Bezugsgruppen also ein Vorteil oder ein Hindernis? Die Antwort ist leider ambivalent: Es kommt darauf an. Wie bereits erwähnt, sind Unternehmen selten gezwungen, sofort zu handeln. In der Regel bleibt Zeit, um die Optionen abzuwägen. Fehlen die internen Bezugsgruppen, herrscht eine einzelne Stimme vor, fehlen die unterschiedlichen Blickwinkel. Auf der anderen Seite haben wir wahrscheinlich schon alle Beispiele von internen Grabenkämpfen und endlosen Debatten erlebt, die zu absolut nichts geführt haben. Unternehmen in geschützten Bereichen neigen zu wuchernden Bürokratien, bei denen sich Heerscharen hochbezahlter Angestellter gegenseitig beschäftigen. Dies ändert sich in der Regel, sobald der Wind des Wettbewerbs weht.

In einer simplen Umgebung sind nur wenige Themen zu berücksichtigen. Falls Sie alleine einen Bauernhof führen und im Wesentlichen alle Produkte selbst konsumieren, fällt die Entscheidung, welche Pflanzen Sie anbauen, ohne Diskussionen. In der DAX-Welt moderner Großunternehmen sind spezielle thematische Fokusgruppen Teil des Alltags. Sie zu ignorieren, garantiert die Katastrophe. Stellen Sie sich vor, Ihr Unternehmen produzierte das beste Smartphone der Welt zu einem unschlagbaren Preis. Leider ist sein SAR-Wert, der die Strahlungsintensität misst, extrem hoch und das Gerät wird von 8-jährigen unterernährten, halbversklavten Kindern unter Verwendung von Rohstoffen aus extremistischen

Bürgerkriegsregionen in Fabriken montiert, deren Abwässer Unmassen krebserregender Substanzen enthalten. Es könnte das billigste High-End-Telefon der Welt sein, aber sollte Ihr Unternehmen diese Faktoren ignorieren, steht ihm ein baldiges, unrühmliches Ende bevor. Vor 40 Jahren hätte all das keine Rolle gespielt; Ihr Unternehmen hätte mit diesem Produkt die Welt erobert.

Die Komplexität Ihres Unternehmens muss die Komplexität der Märkte widerspiegeln, in denen es tätig ist. Die Prozesse sollten so einfach wie möglich und so komplex wie nötig sein. Ähnlich dem Zweiten Thermodynamischen Gesetz lässt sich postulieren: „Die Komplexität unserer Gesellschaft und der darin tätigen Unternehmen nimmt stetig zu".

Mit zahlreichen großen Gruppen umzugehen, ohne gelähmt oder durch hohe Kosten in den Ruin getrieben zu werden, ist zu einem wichtigen Erfolgsfaktor für Unternehmen geworden. Vorbei sind die Zeiten, in denen ganze Abteilungen diesen speziellen Themen gewidmet waren. Millennial SE überträgt seinen Mitarbeitern Mehrfachfunktionen und Homo millennials verfügen über den nativen Gleichgewichtssinn, die unterschiedlichen Ansprüche auszutarieren, ohne ihre Work-Life Balance zu gefährden.

Hilft es dem Erfolg Ihres Unternehmens, sich auf die Wünsche Ihrer Kunden zu konzentrieren? Ist die Erde rund? Können Schweine fliegen? Der Schwierigkeitsgrad der Beantwortung dieser Fragen dürfte sich ungefähr gleichen. In einem Markt, in dem die Produktionskapazität die Nachfrage übersteigt und es mehr als einen Anbieter gibt, sind Kundenwünsche essenziell. Insofern erfordert die zweite Komponente des Faktors U_{mgang} keine weitere Diskussion. An dieser Stelle, soll nicht näher darauf eingegangen werden, wann und in welcher Form Kundenpräferenzen in Ihre Überlegungen einfließen sollten, denn die Meinungen hierzu sind geteilt, aber die Tatsache, dass dies erforderlich ist, ist wohl unstritten.

Multilaterales Denken

Der Millennium Quotient Ihres Unternehmens ist höher, wenn Ihre Mitarbeiter und insbesondere Ihre Führungskräfte besonders kreativ sind, ohne für schlechte Ideen bestraft zu werden. Die Diversität Ihrer Mitarbeiter trägt dazu entscheidend bei, besagt die Theorie. Ist das nur ein politisch korrektes Lippenbekenntnis oder wird das die Überlebensfähigkeit Ihres Unternehmens wirklich verbessern?

Beginnen wir mit einem frischen Blick auf die Kreativität. Kreativität ist großartig und muss in der Belegschaft unterstützt werden, so heißt es. Half das Unternehmen in der Vergangenheit wirklich immer? Ganz und gar nicht, ist die ehrliche Antwort. Kreativität war schon immer brandgefährlich und musste mit Gewalt eingedämmt werden. Kreativität ist großartig, falls Sie neue Wege finden wollen, um eine bestimmtes Problem zu lösen, denn sie fördert die Vielfalt der Lösungsansätze. Aber wie Adam Smith bereits 1776 in seiner Analyse der Nagelproduktion betonte, ist die Varianz in einem Produktionsprozess schlecht. Die höchste Produktivität wird erreicht, wenn alle Arbeiter genau das gleiche Bauteil auf genau die gleiche Weise produzieren. So kann für jeden Arbeitsschritt die effizienteste Methode angewendet werden. Das Gleiche gilt für ein Call Center oder jede andere standardisierte Tätigkeit. In einer traditionellen Umgebung ist die Zeit, die mit der wiederholten Lösung eines Problems verbracht wird, vergeudet. Seit Gutenbergs Erfindung des Buchdrucks war der größte Produktivitätsfaktor die Standardisierung der Prozesse. Ein Ingenieur optimiert den Prozess, 1000 Arbeiter folgen seinen Instruktionen. Die Kreativität der 1000 Mitarbeiter war in der Regel nachteilig, weil sie der Standardisierung zuwiderlief.

Das bedeutet nicht, dass traditionelle Unternehmen das kreative Denken ganz abschafften, sie dämmten es nur ein.

Ingenieure wurden bezahlt, um kreativ zu sein, und Arbeiter wurden bezahlt, um nicht kreativ zu sein. Ich erinnere mich, dass ich in den 1980er-Jahren ein Interview mit einem japanischen Manager las, der über die Notwendigkeit sprach, vielleicht ein oder zwei wirklich kreative Menschen in einem Unternehmen zu haben, nicht mehr, da dies das Gleichgewicht des Unternehmens gefährdet hätte.

Seitdem hat sich die Wirtschaft spürbar weiterentwickelt. 1946 waren nur westliche Länder in der Lage, qualitativ hochwertige Waren herzustellen. Dies wurde durch den Einsatz besagter standardisierter Produktionsmethoden erreicht, die von kreativen Ingenieuren konzipiert wurden. Im Japan der Nachkriegszeit begann die Revolution des Total Quality Management (TQM), die es dem Land ermöglichte, eine vergleichbare und bald sogar höhere Produktionsqualität als im Westen zu erreichen. Schwellenländer nutzten TQM zur Ansiedlung von Fabriken, in denen zunehmend komplexere Produkte hergestellt werden konnten.

Ob Ihr Computer ‚Made in Japan' oder Deutschland oder Vietnam oder China ist, spielt technisch keine Rolle mehr. Gleiches gilt für standardisierte Büroprozesse wie Rechnungsbearbeitung, Buchhaltung etc. Warum sollte jemand in Japan oder den USA oder Deutschland hohe Gehälter zahlen, wenn er die gleiche Dienstleistung mit gleicher Qualität aus einem Billiglohnland beziehen kann? Das Call Center meines deutschen Telefonanbieters sitzt beispielsweise in Ägypten. Dank der umfassend verfügbaren Feedback-Plattformen sind die Tage unzureichender Qualitätsnormen weitgehend gezählt. Produkte, welche den Qualitätsanforderungen nicht genügen, verschwinden sehr schnell vom Markt. Das heißt nicht, dass die verbleibenden qualitativ gleichwertig sind, aber die Streubreite ist stark geschrumpft.

Der einzige wirklich verbleibende Differenzierungsfaktor ist die Innovation. Hochpreisige Produkte oder Dienstleistungen rechtfertigen ihre Prämie durch Innovation und

Kundenzentriertheit. Das Thema Kundenzentriertheit hatten wir bereits beim *Umgang mit mehreren großen Gruppen* adressiert, jetzt wollen wir uns der Innovation widmen. Mehr als 500 Jahre lang ging es um Standardisierung, seit 1990 hat sich der Trend gedreht und die Diversifizierung ist der entscheidende Werttreiber. Jeder kann gute Qualität produzieren, aber nicht jeder bietet kundenzentrierte, innovative Produkte an. Apple und Tesla erhalten für ihre Produkte eine signifikante Prämie, weil sie sich in diesen Bereichen auszeichnen.

Was macht Unternehmen innovativ? Der erste Faktor ist die Erhöhung des Anteils der kreativen Mitarbeiter, der zweite die Beseitigung negativer Sanktionen für schlechte Ideen. Falls Sie in einem Umfeld arbeiten, in dem ein schlechter Vorschlag erhebliche nachteilige Folgen für Sie haben kann, werden Sie wahrscheinlich keine Vorschläge machen, selbst wenn Sie vor Kreativität strotzen. Es ist kein Zufall, dass Brainstorming-Sitzungen in der Phase der Ideenfindungen strikt dem Mantra ‚Keine Kritik' folgen. Der dritte Faktor ist die Vielfalt. 100 männliche, deutschsprachige Christen in ihren 30ern, die alle das gleiche Fach an deutschen Universitäten studiert haben, werden wahrscheinlich nicht 100 mal so viele Ideen hervorbringen wie ein einziger dieser Teilnehmer. Für die Erhöhung des dritten Faktors ist die geeignete Auswahl neuer Mitarbeiter entscheidend. Unterschiedliche Geschlechter, Nationalitäten, Ausbildungen, Altersstufen, Persönlichkeitsstrukturen und Berufserfahrungen helfen enorm, wenn es darum geht die Kreativität jeden einzelnen Mitarbeiters zu beflügeln, aber auch den Ideenreichtum des Gesamtunternehmens exponentiell zu steigern. Als einstellende Vorgesetzte, haben wir eine natürliche Tendenz, Mitarbeiter zu bevorzugen, die uns in vieler Hinsicht ähneln. Dies als Führungskraft zu realisieren und die Einstellungsprozesse entsprechend zu adaptieren ist eine der bedeutendsten Managementaufgaben dieses Jahrhunderts. Die zunehmende

Globalisierung der Belegschaft erleichtert die Erhöhung des kreativen Potenzials; an uns liegt es, das zu nützen.

Mit einer Belegschaft, deren persönliche Hintergründe, Fähigkeiten und Erfahrungen einander ergänzen und in der jeder Mitarbeiter aufgrund seiner Kreativität ausgewählt wurde und ermächtigt ist, seine spezifischen Gaben voll einzusetzen, wird Millennium SE in der Lage sein, selbst die komplexesten multilateralen Aufgaben erfolgreich zu bewältigen. Multilaterales Denken erfordert das Entdecken von Verbindungen zwischen sehr unterschiedlichen Themenbereichen. Multilateral gestärkten Unternehmen fällt es viel leichter, die Auswirkungen höherer Sturmfrequenzen durch die globale Erwärmung auf den Markt für Regenschirme und Bekleidungsmode zu verstehen und in ihre Planung einzubeziehen. Hätte Millennium SE die Titanic gebaut, wäre sie nicht berühmt geworden, weil sie nie gesunken wäre.

Native Nutzung fortschrittlicher Technologien

Durch dieses Buch zieht sich wie ein roter Faden die Aussage, dass die Geschichte des Menschen gleichbedeutend mit der Geschichte der Techniknutzung sei. Traditionell wird die Grenze zwischen Mensch und Tier so gezogen: Wir beherrschen die Technologie und bauen komplexe Werkzeuge, Affen und andere Tiere benutzen primär existierende Gegenstände als Werkzeuge. Das galt für die letzten zwei Millionen Jahren seit unserer Entstehung, was sollte sich also in den letzten Jahrzehnten verändert haben, das eine neue menschliche Spezies erfordern würde? Übertreibe ich schamlos? Lassen Sie mich einen alten Trick anwenden und mit einer Gegenfrage antworten: Welche Branche wird Ihres Erachtens in den nächsten Jahrzehnten nicht von Technologieunternehmen dominiert werden?

Dienstleistungen, könnte man argumentieren; besonders das Gesundheitswesen. Krankenschwestern mit ihrer menschlichen Wärme könnten unmöglich durch gefühllose Maschinen ersetzt werden, oder? Das klingt äußerst plausibel und ist äußerst falsch. Unsere Lebenserwartung steigt, was prinzipiell eine gute Nachricht ist. Wir werden immer besser im Umgang mit Herz-Kreislauf-Erkrankungen und zahlreichen Krebsarten. In der Folge sind Krankheiten wie Demenz und allgemeine Schwäche, an denen besonders Menschen im hohen Alter leiden, in den letzten Jahren die neue Norm geworden, während sie früher selten waren. Der Zeitraum zwischen dem Ausbruch dieser Krankheiten und dem Tod des Patienten nimmt zu und wird in Jahren und nicht mehr in Monaten gemessen. Die Sterblichkeit als großes Problem der Gesellschaft wird zunehmend durch die Morbidität ersetzt, die Unfähigkeit, ohne professionelle Hilfe zu leben. Angesichts der veränderten Altersstruktur der Bevölkerung werden wir nach 2035 mit einem gravierenden Pflegemangel konfrontiert sein, wenn die Babyboomer bettlägerig werden. Bis zu einem gewissen Grad kann das demografische Problem durch Einwanderung gemildert werden. Die explodierenden Kosten erfordern jedoch einen völlig neuen Ansatz in der Pflege. Es ist daher kein Zufall, dass erhebliche Summen in den Bau von Pflege-Robotern investiert werden. Der Betrieb eines Seniorenheims wird in Zukunft erfordern, dass Sie als Technologieunternehmen agieren müssen, wenn Sie im Geschäft bleiben wollen.

Wenn Sie Ihre nächste Taxifahrt nehmen, merken Sie sich das Erlebnis genau, damit Sie Ihren Enkeln von den Zeiten erzählen können, zu denen Taxis einen Chauffeur brauchten. Sie sind anderer Meinung? Wann haben Sie zuletzt einen Liftführer gesehen oder mit dem Fräulein vom Amt geschäkert? Im Dienstleistungsbereich sind die jährlichen Produktivitätssteigerungen seit langem sehr gering. Das Potenzial für Produktivitätssteigerungen ist daher enorm, und

Tausende von Risikokapital-finanzierten Technologieunternehmen sind entstanden, um die Erträge dieser überfälligen Revolution einzukassieren.

Der wichtigste Treiber für diese Entwicklung ist das Moore'sche Gesetz, das unsere Gewohnheiten gnadenlos zerstört. Es besagt vereinfacht, dass Computer ihre Kapazität alle zwei Jahre verdoppeln, während sich die Kosten halbieren. Das Gesetz wurde in den 1960ern postuliert und trifft seitdem recht genau zu. Was daran so besonders ist? Nun was schätzen Sie, wie hoch das allgemeine Produktivitätswachstum pro Jahr ist? Mathematisch gesehen ist es die reale Zunahme des Bruttoinlandsprodukts pro Kopf. In einem grandiosen Jahr können einzelne Länder ihre Produktivität um 7 % oder mehr steigern, langfristig sind 2–3 % p.a. wirklich gut.

Nehmen wir an, Sie sind der Leiter einer Risikokapitalgesellschaft, die in neue Technologien investiert. Ein Unternehmer, der nach Geld sucht, kommt zu Ihnen und sagt, er könne seine Produktion jedes Jahr um 3 % steigern. Sie fragen ihn nach seinen Konkurrenten und er erklärt verlegen, es gäbe dieses eine Unternehmen, das im Moment viel kleiner wäre als seines, das aber in der Lage sei, seine Produktion alle zwei Jahre zu verdoppeln und sogar die Kosten zu halbieren. Erinnern Sie sich an den weisen Mann und das Schachbrett? Dann werden Sie sicherlich in den kleinen, wachstumsstarken Wettbewerber investieren, denn es ist nur eine Frage von wenigen Jahren, bis er seinen traditionellen Konkurrenten überholt haben wird. Die Kraft der geometrischen Progression wird einmal mehr als Sieger hervorgehen.

Gegen Computer mit ihren 40 % Produktivitätszuwachs p.a. (denn das bedeutet die Verdoppelung alle zwei Jahre) kommen wir Menschen mit unseren 2–3 % oder 7 %, wenn wir super sind, niemals an. Unseren siliziumbasierten Konkurrenten gehört die Zukunft der Arbeitswelt. Vielleicht entgegnen Sie, dass Computer niemals Anwälte, Ärzte, Geschäftsleute oder Wissenschaftler ersetzen können. Dass es Territorien der menschlichen Kernkompetenz gäbe, die vor diesen Angriffen geschützt wären. Diese Ansicht war bis 1997 plausibel, doch in dem Jahr wurde die menschliche Dominanz über Maschinen endgültig beendet. Der Computer Deep Blue besiegte Garry Kasparov, den wohl besten Schachspieler aller Zeiten. Der Sieg des Nachfolgers von Deep Blue, Watson, bei der Quizshow Jeopardy 2011 gegen die amtierenden Champions war der letzte Beweis dafür, dass der Künstlichen Intelligenz die Zukunft gehörte.

Aktuelle Computer konkurrieren noch nicht mit Albert Einstein, nicht einmal mit mir beim Schreiben dieses Buches. Aber das ist nur eine Frage der Zeit. Bereits jetzt sind Übersetzungsprogramme in der Lage, komplexe Texte wie diesen weitgehend fehlerfrei in andere Sprachen zu übertragen. Noch ist es erforderlich, diese zur Qualitätssicherung manuell nachzubearbeiten, doch der Fortschritt ist rasant. In spätestens 30 Jahren, vermutlich früher, werden die Fähigkeiten der Computer unsere eigenen in praktisch allen Bereichen übersteigen. Der Erfinder des modernen Computers, John von Neumann, prägte den Begriff der ‚Singularität', der aus der Physik entlehnt ist und der dort ein Schwarzes Loch beschreibt, das auf kleinstem Raum eine riesige Masse konzentriert. Im Zusammenhang mit Computern bezeichnet er den Moment, in dem Computer intelligenter als die Menschen sein werden. Danach werden sie uns mit zunehmender Geschwindigkeit enteilen. In Wirklichkeit haben die Computer das Rennen bereits gewonnen; Sie haben es vielleicht nur noch nicht bemerkt. Denn in allen Branchen sind Unternehmen ohne Nutzung modernster Computer-Technologien nicht mehr konkurrenzfähig. Jede Branche hat sich in ein Technologiespiel verwandelt. Wenn Sie nicht über die beste Technologie in Ihrer Branche verfügen, wird die zukünftige Existenz Ihres Unternehmens

„einsam, arm, übel, primitiv und kurz" sein, um es mit Thomas Hobbes zu sagen. Ziemlich gruselig, nicht wahr? Wie können uns die Homo millennials in dieser von Computern beherrschten Zukunft helfen?

Das Moore'sche Gesetz ist streng genommen kein Gesetz, sondern eine Beobachtung, denn es gibt keinen objektiv validierungsfähigen Grund für diese Entwicklung. Folglich ist unklar, wie lange das Moore'sche Gesetz noch gelten wird. Es ist möglich, dass es eine Grenze für weitere Verbesserungen der Rechenleistung gibt, auch wenn sich das derzeit nicht abzeichnet. Die Einführung von Quantencomputern könnte im Gegenteil sogar eine Beschleunigung der Entwicklung bewirken.

Zweitens sind Computer noch nicht als rechtlich selbstständige Personen akzeptiert. Das könnte sich ändern, mit Experten diskutierte ich bereits die kaufmännische Selbstständigkeit von Computern und Robotern als autonomen Einheiten.[1] Außer dem herrschenden Rechtssystem spricht nichts dagegen, dass diese in Zukunft Menschen für einfache physische Hilfstätigkeiten anstellen werden. Bis dahin sollten die Maschinen jedoch uns dienen, nicht umgekehrt.

Drittens, und das ist entscheidend, wird die Computerdominanz nicht in den nächsten Jahren erfolgen. Unternehmen werden in fünf, vermutlich sogar in zehn Jahren weiterhin von Menschen geführt werden. Die Entscheider verlassen sich bereits heute immer häufiger auf Künstliche Intelligenz, aber die Entscheidungsstrukturen werden sich in diesem Zeitraum nicht ändern. Das mag in 25 Jahren anders sein, doch um Keynes zu zitieren: „Langfristig sind wir alle tot". Bis dahin wird das Spiel von demjenigen gewonnen werden, der die besten menschlichen Spieler einstellen kann. Und eines sollte inzwischen klar geworden

---

[1] https://www.linkedin.com/pulse/machines-new-customer-segment-martin-fritsch/

sein: Die besten nativen Nutzer fortgeschrittener Technologien sind die Homo millennials. Sie mögen in naher Zukunft selbst nicht mehr auf dem Spielfeld wettbewerbsfähig sein, aber als Trainer und Manager werden sie die Supercomputer kaufen und trainieren, die es sein werden.

Wenn Ihr Unternehmen das beste Technologieunternehmen Ihrer Branche ist: Herzlichen Glückwunsch, Sie arbeiten für einen Gewinner. Falls dies nicht der Fall ist, sollten Sie sich auf Ihre langfristigen Firmenpensionen und Aktienpakete nicht verlassen. Sie könnten in naher Zukunft beträchtlich an Wert verlieren.

Gewöhnt an hohe Handlungsschnelligkeit

Wenn sie vor zwanzig Jahren ein Produkt über den Versandhandel bestellten, war die Lieferung eine Frage von Wochen. Derzeit arbeiten Händler an Lösungen, um ihre Produkte im gleichen Zeitrahmen wie eine Pizza zu liefern. Diese Geschwindigkeit verlangt IT-Systemen das Äußerste ab. Ohne die Fähigkeit, Echtzeitdaten auf Knopfdruck anzubieten, sind Sie kommerziell tot, ein Hufschmied unter Formel-1-Mechanikern.

Sollten Sie kein Technologieunternehmen sein, stellt Geschwindigkeit kein großes Problem für Sie dar. Leider ist das kein Trost, da Nicht-Technologieunternehmen ohnehin zum baldigen Aussterben verurteilt sind, wie wir feststellten. Im Technikbereich sind Geschwindigkeit und Fortschritt allesentscheidend.

Sollte Ihr Unternehmen, diesen Anforderungen nicht genügen, besteht Ihre einzige Überlebenschance darin, eine Nische zu finden. Röhrenverstärker wurden in den 1960er-Jahren durch kleinere und billigere Transistoren ersetzt. Im audiophilen Segment existiert bis heute eine Nachfrage nach hochpreisigen Röhrenverstärkern, deren Umsatz jedoch nur einen Bruchteil des Verstärkermarktes ausmacht.

Die Dinosaurier AG muss drei Aufgaben lösen, wenn sie überleben will: 1) Sich zu einem Technologieunternehmen entwickeln, 2) Exzellente Qualität bieten, 3) Mit atemberaubender Geschwindigkeit agieren. Sollte sie alle drei Nüsse knacken, schafft sie den Sprung zur Millennium SE und wenn sie nicht gestorben ist, wird sie noch bei Eintritt der Singularität leben (dann werden die Karten neu gemischt werden). Ist sie bei Nummer Zwei erfolgreich, scheitert aber bei Eins oder Drei, hat sie eine Chance, als winziger Betreiber in einem immer kleiner werdenden Nischenmarkt zu überleben. Ein Fehlschlag bei Nummer Zwei ist leider das Todesurteil.

Die einzige Chance, Technologie in atemberaubender Geschwindigkeit und mit hervorragenden Ergebnissen einzusetzen, besteht darin, jemanden einzustellen, der das auf Videokonsolen, Tablets und Mobiltelefonen mehr als 10.000 Stunden lang getan hat, bevor er 20 Jahre alt wurde. Sie brauchen einen Profi, Sie brauchen den Homo millennial. Und nicht nur einen, nehmen Sie so viele, wie Sie bekommen können; der Kampf hat schon lange begonnen und Ihre Konkurrenten füllen bereits ihre Arsenale auf.

Ständige Online-Verbindung mit weniger Bedürfnis nach Privatsphäre

Ständig erreichbar zu sein, ist in Teilen der Bevölkerung verpönt. Gleichzeitig ist dieser Trend eine Realität des modernen Lebens. Wenn überhaupt, wird er sich weiter verstärken. Derzeit genießen die meisten von uns Rückzugsräume mit geringer Aktivität, in denen niemand überprüfen kann, was wir gerade machen. Sobald diese restlos beseitigt sind, hat unsere Produktivität keine andere Wahl, als zu steigen.

11 Wird die Millennium SE die Dinosaurier AG verdrängen?

Ein zweiter Faktor ist das Internet der Dinge und die damit verbundene hohe Handlungsgeschwindigkeit. Jedes Unternehmen wird mit Milliarden von Echtzeitdaten überschwemmt werden. Eine Firma, die in Echtzeit reagieren kann, hat einen großen Wettbewerbsvorteil. Dafür müssen die Mitarbeiter ständig online verbunden sein, unabhängig davon, was sie gerade machen.

Ein Kunde ruft an, um zu erfahren, was mit seinem Vertragsangebot passiert ist. Der Angestellte, der daran arbeitet, hat einen freien Tag. In der alten Dinosaurierwelt würden Sie dem Kunden versprechen, zurückzurufen, sobald der Mitarbeiter wieder im Büro sei, am nächsten Tag oder in der nächsten Woche. In der modernen Welt der Millennial SE skypen Sie den Urlauber an, fragen ihn kurz nach dem Vertrag und lösen das Thema, während der Kunde noch am Telefon ist.

Wenn Sie einen Homo sapiens dinosauris einstellen, wird sich dieser möglicherweise darüber beschweren, dass eine ständige Online-Verbindung ohne Rücksicht auf die Privatsphäre inakzeptabel sei. Sie werden über den Verlust an Bürgerrechten und die Beobachtung durch Big Brother klagen, ihre Gewerkschaften anrufen und zumindest höhere Gehälter als Ausgleich für Bereitschaftszeiten fordern. Wenn Sie einen Homo millennial einstellen und ihm ein wirklich cooles Diensthandy geben, werden sie das vermutlich als Belohnung ansehen und nicht weiter darüber nachdenken, da sie seit ihren Kleinkindertagen konstant online verbunden waren. Die Vorstellung, von den Anderen zeitweilig abgeschnitten zu sein, macht ihnen Angst.

Je höher der Anteil des Homo sapiens dinosauris an Ihrer Belegschaft, desto geringer ist Ihre Produktivität und Wettbewerbsfähigkeit. Das Unternehmen mit dem höchsten Anteil an Homo millennials unter den Mitarbeitern wird Marktanteile hinzugewinnen. Dies wird leider den Anteil des Homo sapiens dinosauris an der Erwerbsbevölkerung weiter verringern, da deren Arbeitslosenquote die der Homo millennials bei weitem übertreffen dürfte.

Zusammenfassung

Zu Beginn des Kapitels besprachen wir Situationen in der Vergangenheit, bei denen die Dinosaurier AG der Millennial SE überlegen gewesen wäre. In einem Umfeld, in dem keine zuverlässigen Lieferanten existieren, können Sie Ihre Produktion nicht auslagern. Aber die Zeiten änderten sich und damit auch die Wettbewerbslandschaft. In unserem aktuellen Umfeld besiegen Unternehmen mit einem hohen Millenniums Quotienten Konkurrenten mit einem niedrigeren Quotienten. Das könnte sich in der Zukunft ändern, falls Kriege, Handelsembargos oder eine globale Depression eine neue Logik bedingen. Aber bis dahin gehört die Welt der Millennial SE.

Die Millennial SE ist besser gerüstet, um mit mehreren großen Gruppen umzugehen, multilaterale Probleme kreativ zu lösen, Technologien zu entwickeln und anzuwenden, rasend schnell zu handeln und von der ständigen Verfügbarkeit ihrer Mitarbeiter zu profitieren.

Leider mussten wir auch feststellen, dass der Millenniums Quotient eines jeden Unternehmens positiv mit dem Anteil der Homo millennials an ihrer Belegschaft korreliert. Je mehr Homo millennials für ein Unternehmen arbeiten, desto erfolgreicher wird es tendenziell sein. Das sind schlechte Nachrichten für uns Homo sapiens dinosauris, denn wir müssen mit Massenentlassungen rechnen.

Die Dinosaurier AG steht vor der Wahl, sich zur Millennial SE zu entwickeln oder drastisch zu schrumpfen und zu hoffen, in einer antiquierten Nische als Hufschmied des neuen Jahrtausends zu überleben. Schließlich entwickelten sich die unumschränkten Herrscher der Vergangenheit zu den Chicken Nuggets der Gegenwart. In den meisten Fällen wird die Dinosaurier AG jedoch einfach aussterben, vermutlich eher früher als später.

Literatur

1. Dotlich, D. L. / Cairo, P. C. / Rhinesmith, S. H. / Scherer, J.: Kopf, Herz und Mut zum Risiko: Das Komplett-Programm zur Entwicklung Ihrer besten Mitarbeiter; Campus (12. März 2007). Exzellentes Management Handbuch.
2. Helms-Liesenhoff, K. H.: Krupp & Krause; Paulus Verlag (1965). Anschauliche, wenngleich einseitige Schilderung des Lebens im Herzen der deutschen Stahlindustrie im 19. Jahrhundert.
3. Kurzweil, R.; Menschheit 2.0: Die Singularität naht; Lola Books – 2. durchgesehene Auflage (1. Oktober 2014). Ein Muss-Buch für die letzte Generation von Menschen, welche die Erde beherrschen.
4. Waterman R. H. Jr. / Peters, T.: Auf der Suche nach Spitzenleistungen; Redline Sonderausgabe (1. Januar 2004). Ein Klassiker, an dem kein MBA-Student vorbei kommt.
5. Yoshihara H. / McCarthy, M. P.: Designed to Win: Strategies for Building a Thriving Global Business; McGraw Hill Book Co (December 2005). Guter konventioneller Management Ratgeber.

12
Kann die Dinosaurier AG das Aussterben vermeiden?

In den letzten Kapiteln konnten Sie den Millennium Quotienten Ihres Unternehmens ermitteln und erfuhren, unter welchen Umständen die Millennial SE die Dinosaurier AG besiegen kann. In diesem Kapitel werden wir die verschiedenen Kategorien von Unternehmen näher betrachten und deren Überlebenschancen abhängig von ihrem Millenniums Quotienten erläutern. Sollten Sie den MQ Ihres Unternehmens noch nicht berechnet haben, machen Sie dies bitte jetzt, bevor Sie weiterlesen.

Antiquierte und traditionelle Unternehmen (MQ 0–50)

Illusionen zu hegen ist keine gute Überlebensstrategie, also lassen Sie es mich offen sagen: Geben Sie die Hoffnung auf, ein solches Unternehmen in eine Millennial SE zu verwandeln. Die einzige Ausnahme könnte eine Situation sein, in der Sie gerade ein Unternehmen geerbt oder erworben haben und frei sind, alles zu ändern. Sollten Sie kurz vor dem Ruhestand stehen und sich nicht die Mühe machen wollen, neu anzufangen, schließen Sie die Augen, beten Sie zu Ihrem Gott und hoffen Sie, dass das Unternehmen die nächsten Jahre überlebt. Wenn Sie Geschäftsführer(in) sind und proaktiver sein wollen, suchen Sie nach einer hoffentlich stabilen Nische. Vielleicht gelingt es Ihrem Unternehmen ja, sein Dasein zu fristen. Aber die Chancen sind groß, dass Ihr Unternehmen eher früher als später untergehen wird. Bei weitem der beste Rat an Angestellte dieser Unternehmen lautet: Laufen Sie so schnell Sie können weg und suchen Sie sich einen vielversprechenderen Arbeitgeber. Sie stecken auf der Titanic fest, nachdem sie mit dem Eisberg kollidierte. Es ist nur eine Frage der Zeit, bis Panik ausbricht. Das Ergebnis dieser Geschichte ist leider sehr vorhersehbar.

Manch ein Leser wird argumentieren, dass es in seiner Branche, seinem Bundesland, seinem Staat anders ist. Wenn es Ihnen hilft, besser zu schlafen: Sicher, Ihr Unternehmen ist ganz anders. Wenn Sie die Wahrheit hören wollen: Es macht überhaupt keinen Unterschied, Ihre Firma ist verloren. Eines der erstaunlichsten und wirklich revolutionären Merkmale von Technologie ist ihre globale Natur. Software funktioniert in den USA genauso wie in Indien, der Schweiz, Kenia oder Finnland. Die Anpassung der Schnittstellen an verschiedene Sprachen ist kostengünstig und weitgehend automatisiert. Sie schreiben ein gutes Programm in Vietnam, es wird die USA ebenso leicht erobern wie seinen Heimatmarkt. Und denken Sie daran: Jede Branche verwandelt sich in einen Wettkampf der Technologien, bei dem der Gewinner den ganzen Kuchen bekommt. Die Auseinandersetzung ist gnadenlos, es werden keine Gefangenen gemacht.

Das Ergebnis ist ziemlich sicher, nur der Zeitpunkt, zu dem Ihr Unternehmen alle viere von sich strecken wird, kann unterschiedlich sein. Als einfache Faustregel gilt: Je höher das durchschnittliche Pro-Kopf-Einkommen Ihres Landes ist, desto schneller sind Sie betroffen. Sollten Sie in einem Land leben, das zu den 30 reichsten Ländern der Welt gehört, stecken Sie bereits mitten im Schlamassel. Dazu gehören Süd-Korea am unteren Ende, Japan, Australien, Nordamerika und ganz Westeuropa. Sie alle verwenden weitgehend die gleichen Technologien und sind relativ offene Volkswirtschaften. In ärmeren Ländern gibt es oft noch große, geschützte Sektoren, die von ineffizienten Antiquierten und Traditionellen Akteuren dominiert werden. Es gibt einen Grund, warum diese Länder ein geringeres Einkommen haben: Geschützte Märkte haben ihren Preis. Leider hilft das den Angestellten dieser Unternehmen nur bedingt. Die meisten Regierungen sind sich der Ineffizienzen bewusst, die durch geschützte Sektoren verursacht werden, und verstehen, dass der schnellste Weg zur Steigerung des Wohlstands ihres Landes darin besteht, diese abzuschaffen. Oft sind die Regierungen nicht mächtig genug, um die erforderlichen Reformen durchzusetzen, aber Sie laufen immer Gefahr, dass der IWF Ihre Regierung zwingt, die Schutzmaßnahmen zu kassieren, die Ihr Unternehmen am Leben erhalten. Dies könnte Ihr Unternehmen innerhalb kürzester Zeit umbringen. Ihre Branche muss sich nicht einmal in ein Technologiespiel verwandeln, die guten, alten Wettbewerbsfähigen Unternehmen werden Sie mit Haut und Haar verschlingen.

Zusammenfassend lässt sich sagen, dass Ihr Antiquiertes oder Traditionelles Unternehmen entweder in einer wettbewerbsorientierten Branche tätig ist, die bald von globalen Oligopolisten dominiert werden wird, oder sich in einem geschützten Sektor versteckt und Gefahr läuft, von effizienteren

Wettbewerbern zerstört zu werden, sobald Ihr Markt liberalisiert wird. Wie Sie es auch drehen und wenden, Ihr Unternehmen wird vermutlich den Kürzeren ziehen. Falls Sie in einem Unternehmen mit einem Millennium Quotienten von unter 50 arbeiten, steigen Sie aus, sobald Sie eine gute Stelle finden.

Wettbewerbsfähige Unternehmen (MQ 51–100)

Die meisten Leser arbeiten vermutlich für Wettbewerbsfähige (Groß-)Unternehmen, wie schaut es bei diesen aus? Hier ist die Antwort vielschichtiger. Grundsätzlich haben diese Unternehmen das Potenzial, die nächste Evolutionsstufe zum Avantgardistischen Unternehmen zu erklimmen, sofern sie in der Lage sind, ihren MQ ausreichend zu steigern. Theoretisch wäre das einfach zu bewerkstelligen. Dem traditionellen Top-Down-Organisationskulturansatz folgend, würde der CEO die Richtung festlegen, in welche sich das Unternehmen entwickeln sollte. Die Mitarbeiter würden gehorsam seinen Worten und seinem guten Beispiel folgen. Wie wir alle wissen, ist das viel einfacher gesagt als getan. Es ist kein Zufall, dass Großunternehmen häufig als Ozeantanker bezeichnet werden. Die Änderung ihres Kurses erfordert so viel Zeit, dass sie normalerweise in Jahrzehnten und nicht in Wochen gemessen wird. Nehmen Sie das Beispiel von General Electric. Zum Zeitpunkt der Amtseinführung von Jack Welch als CEO im Jahr 1981 wurde das Unternehmen als Anachronismus belächelt, als Überbleibsel einer vergangenen Epoche. Während seiner zwanzigjährigen Amtszeit an der Spitze dieses Industrieriesens predigte er kontinuierlich fast das gleiche Mantra. Konsistenz und Beharrlichkeit ermöglichten es dem Unternehmen, seinen Aktienpreis in dieser

Periode um das 35-fache zu steigern. Jack Welch selbst betonte die Bedeutung der kontinuierlichen Wiederholung der gleichen Botschaften, die erforderlich wäre, um ein multinationales Großunternehmen wie GE in seinen Grundfesten zu verändern. Als er das Unternehmen, in dem ich selbst bis Ende 2000 arbeitete, im Jahr 2001 verließ, wurde es oft als am meisten respektiertes Unternehmen der Erde bezeichnet.[1] Welche Hindernisse hat ein wettbewerbsfähiges Unternehmen bei der Verbesserung der fünf Hauptfaktoren des MQ zu umschiffen?

Umgang mit mehreren großen Gruppen

Wie Sie sich vielleicht erinnern, bestand der Faktor U_{mgang} aus zwei Komponenten: a) einer komplexen Organisation mit vielen Interessengruppen und b) der vollen Konzentration auf den Kunden. Wie jeder, der jemals für ein großes Unternehmen gearbeitet hat, bestätigen kann, stehen diese beiden Komponenten häufig im Konflikt zueinander. Kleine Unternehmen beginnen mit wenigen Interessengruppen und einer potenziell starken Kundenorientierung. Wenn ein solches Unternehmen wächst, zergliedert es sich in Abteilungen, Bereiche und Divisionen, wodurch sich zahlreiche Managementebenen zwischen den CEO und die Kunden schieben. Kurzgesagt: das Unternehmen wird bürokratisch. Trotz der negativen Konnotationen des Begriffs ‚Bürokratie' ist dies nicht unbedingt eine schlechte Sache. Große Unternehmen benötigen klar definierte Regeln, um effizient zu funktionieren. Ein großes Unternehmen ohne jegliche Bürokratie ist dysfunktional, da jeder Prozess konstant neu entwickelt werden würde.

---

[1] Ich weiß, der Aktienpreis fiel seitdem zeitweise um rund 80 %, aber das ist eine andere Geschichte, die belegt, dass Kursänderungen nicht immer zum gewünschten Ziel führen.

Das Problem ist nicht die Existenz von Bürokratie innerhalb eines Unternehmens an sich, sondern ihre Größe. Bürokratische Strukturen neigen dazu, schnell zu wuchern und was noch schlimmer ist, sie verschieben den Fokus nach innen, weg vom Kunden. In einer dysfunktionalen Bürokratie ist es nicht mehr wichtig, dass Sie auf die Wünsche Ihres Kunden hören, es geht nur noch darum, dass Sie sich an die bürokratischen Regeln halten, die oft ein Bürohengst festgelegt hat, der noch nie direkten Kundenkontakt hatte.

In Monopolsituationen sind Bürokratien weit verbreitet. Je besser der Sektor geschützt ist, desto bürokratischer sind seine Akteure. Die Sowjetunion war das perfekte Beispiel für eine parasitäre Bürokratie, die ihren Wirtsorganismus letztlich erstickte. In der westlichen Welt erhöht jede Zugangsbeschränkung zu den Märkten, wie z. B. Lizenzen oder Patente, den Grad der Bürokratie und verringert den Fokus auf die Kunden. Obwohl die überwiegende Mehrheit der Großunternehmen hauptsächlich in wettbewerbsintensiven Märkten tätig ist, verfügen sie über hochkomplexe interne Strukturen und erreichen daher zumeist sehr hohe Werte für diese Komponente. Ihr typisches Problem ist die mangelnde Aufmerksamkeit für Präferenzen und Wünsche ihrer Kunden. Ein Manager eines Maschinenherstellers drückte es mir gegenüber so aus: „Unsere Produkte haben die schlechtestmögliche Qualität, die unsere Kunden gerade noch akzeptieren."

Wenn Großunternehmen ihre Punktzahl maximieren wollen, müssen Sie ihre bürokratisch geprägte Nabelschau beenden und ihr Hauptaugenmerk wieder dem Kunden zuwenden. Ihr natürlicher Feind ist der bürokratische Apparat, der Manager belohnt, die für das Befolgen interner Regeln belohnt werden, statt für den Erfolg beim Kunden. Der einfachste Weg, dieses Hindernis zu überwinden, besteht darin, das Kundenfeedback zum wichtigsten Treiber für Bonuszahlungen und Beförderungen zu machen. Feedback kann sowohl durch Umsatzsteigerungen als auch durch Kundenbefragungen eingeholt werden. Wenn Sie als Vorgesetzter Anreizstrukturen einführen, durch die Ihr Kunde das Verhalten Ihres Unternehmens bestimmt, wird die Bürokratie Ihnen auf diesem Pfad folgen und Ihnen helfen, die Kundenbefragungen und Folgemaßnahmen zu organisieren. In den meisten Fällen ist es erforderlich, die Bürokratie weiter zu reduzieren, aber die überlebenden Bürokraten werden Ihre Verbündeten bei Ihren Bemühungen um eine maximale Kundenzufriedenheit sein.

Wenn Sie für ein wettbewerbsfähiges Klein- oder Mittelunternehmen arbeiten, ist sein Kundenfokus vermutlich stark ausgeprägt, sonst wäre es bereits pleite. Wie aber sollen Sie die Komplexität Ihrer Organisation erhöhen, ohne die Kostenstrukturen nachteilig zu verändern? Die reine Erhöhung der Komplexität ist nur eine Frage der Zeit, die Bürokratie gewinnt immer, früher oder später. Allerdings gibt es auch effizientere Möglichkeiten, die jedoch eine erhebliche Änderung der Unternehmenskultur erforderlich machen. Erfolgreiche KMUs sind oft durch eine Einzelperson geprägt, vielfach den Eigentümer der Firma. Begabung sowie die eigentumsbedingte Verfügungsmacht verleihen dieser Person eine Machtposition, die in Großunternehmen selten ist. In einem Kleinunternehmen ist es durchaus möglich, dass ein Einzelner praktisch alle Entscheidungen, ob wichtig oder nicht, trifft, während dies in einem Großunternehmen eine physische Unmöglichkeit darstellt.

Folglich reicht es in diesem Fall aus, andere Personen ernsthaft und regelmäßig in die Entscheidungen miteinzubeziehen oder an diese zu delegieren, um den Faktor der internen Komplexität zu steigern. Darunter kann das Unternehmen auch leiden, da die anderen Entscheider möglicherweise eigene Interessen verfolgen oder schlichtweg weniger befähigt sind, als der (M)Patriarch. Die Steigerungsmöglichkeiten in diesem Bereich sollten zudem nicht überbewertet werden, da der innerbetriebliche Umgang mit mehreren großen Gruppen die Existenz eben dieser Gruppen erfordert, was für ein Kleinunternehmen eine mathematische Unmöglichkeit darstellt.

Multilaterales Denken

Multilaterales Denken erfordert kreative Mitarbeiter, eine diversifizierte Belegschaft, sowie ein Umfeld, das schlechte Ideen nicht bestraft. Die Umsetzung einer Kultur des multilateralen Denkens ist eine gewaltige Aufgabe für ein Wettbewerbsfähiges Unternehmen mit einem niedrigen Faktor $M_{ultilateral}$. Zur Erhöhung dieses Faktors bedarf es eines entschlossenen und engagierten Top-Managements, das die folgenden Botschaften konsequent kommuniziert und lebt:

- Stellen Sie ausschließlich Mitarbeiter ein, die kreativer sind als ihre Vorgänger.
- Erhöhen Sie die Vielfalt Ihrer Mitarbeiter in jeder Hinsicht
- Es ist in Ordnung, bei neuen Sachen Fehler zu machen

Wenn eine Fußballmannschaft eine Pechsträhne hat, feuern Sie den Trainer oder alle Spieler? Natürlich den Trainer, denn es ist einfacher und billiger, eine Person zu ersetzen, als ein ganzes Team. Multilaterales Denken erfordert jedoch Veränderungen in Ihrem gesamten Unternehmen, schließlich benötigen Sie ganz unterschiedliche neue Mitarbeiter, die sich nur in einer Hinsicht ähneln sollen: ihrer Kreativität. Um es ganz klar zu sagen: Das betrifft wirklich die gesamte Belegschaft. Ideen entstehen auf allen Ebenen und moderne, innovative Unternehmen verlangen von allen Mitarbeitern, dass sie so kreativ wie möglich sind. Sie wollen, dass die Empfangsdame, der Sachbearbeiter, der Lagerarbeiter und die Geschäftsführerin ständig neue Ideen zur kontinuierlichen Verbesserung von Produkten und Verfahren entwickeln, denn genau das machen Ihre Wettbewerber. Der Austausch Ihrer gesamten Belegschaft ist sowohl auf der finanziellen als auch auf der emotionalen und PR-Ebene zu kostenintensiv. Falls sich bestehende Mitarbeiter selbst neu erfinden können, ist es umso besser für alle Beteiligten. Eine entsprechende Schulung Ihrer Belegschaft kann hierbei helfen.

Historische Erfahrungen zwingen uns jedoch dazu, in dieser Hinsicht eher pessimistisch zu sein. Als die kommunistische Welt 1990 zusammenbrach, standen die Käufer der ehemaligen Staatsbetriebe in den Folgejahren vor dem gleichen Dilemma. Die betreffenden Mitarbeiter waren westliche Produktionsmethoden nicht gewöhnt und hatten oft große Probleme, sich anzupassen. Am Anfang führten die meisten westlichen Unternehmen Trainingsmaßnahmen durch und zogen Experten für Organisationsentwicklung hinzu. Nach einiger Zeit wurden die meisten Personalentscheidungen jedoch primär auf der Grundlage des Alters getroffen. Bei Mitarbeitern unter 30 Jahren erwarteten die neuen Bosse, dass diese sich hoffentlich erfolgreich anpassen würden. Zwischen 30 und 40 Jahren hing es vom Individuum ab. Alle über 40-jährigen wurden tendenziell entlassen (oft durch vorzeitige Pensionierung). Als deutlichst über 40-jähriger möchte ich nicht behaupten, dass es unmöglich ist, sich in dieser Lebensphase neu zu erfinden. Ich traf zahlreiche Menschen dieser Altersgruppe, denen dies hervorragend gelang. Die Chancen stehen jedoch schlecht, und das hat dieses eher grobe Triage-Prinzip vorangetrieben.

Die Bedeutung der Stärkung Ihrer gesamten Belegschaft kann gar nicht genug betont werden; sie ist der Erfolgsfaktor schlechthin. Falls Ihre derzeitigen Wettbewerber und Sie dieses Ziel nicht erreichen sollten, wird jemand anderes eher früher als später in Ihre Branche eintreten und Sie überrollen. Die Veränderung der Belegschaft eines großen Global Players dauert mehr als zehn Jahre, ist aber möglich und entscheidend für das Überleben. Bei Klein- und Mittelunternehmen ist dieser Wandel bedeutend schneller durchzusetzen, aber genauso wichtig. Sollten persönliche Besitzstände des Managements geschmälert werden und sollten die Betreffenden sich daher diesem Wandel entgegen stellen, nehmen Sie eine – nicht wörtliche – Anleihe bei der anderen politischen Seite und halten Sie sich an die Empfehlung des Großen Vorsitzenden Mao Tse-tung: „Töte einen und erziehe damit Millionen".

Wenn es um die zweite Komponente, Vielfalt, geht, ist die Zeit auf Ihrer Seite. Der demografische Wandel diversifiziert Ihre Mitarbeiter für Sie. Vor 400 Jahren war der Nachfolger eines Schuhmachers mit ziemlicher Sicherheit ein anderer Mann, der im selben Dorf mit dem gleichen ethnischen und sozialen Hintergrund wie der derzeitige Stelleninhaber geboren wurde, vermutlich sogar sein ältester Sohn. Die Vielfalt war auf ihrem Tiefpunkt angelangt. Das erhöhte die Stabilität der Gesellschaft, was ihre Mitglieder schätzten und beabsichtigten, aber es reduzierte auch den kreativen Wandel.

Der Kolonialismus des 17. Jahrhunderts änderte dies dauerhaft. Waren die kolonialen Interessen zuerst auf die Ausbeutung lokaler Gold- und Silbervorkommen gerichtet, verstärkten sich im Merkantilismus Colbert'scher Prägung zunehmend die Handelsaktivitäten. Die Spanier waren die Ersten, die einen weiteren Nutzen der vorhandenen Kolonien entdeckten. Ganz Europa litt unter einer Bevölkerungsexplosion und die Spanier unterstützten aktiv eine Ansiedlung ihrer Bevölkerung in den Kolonien, wodurch der innenpolitische Druck der Überbevölkerung und damit einhergehenden Arbeitslosigkeit auf ein tolerables Maß gesenkt wurde. Die Portugiesen, Engländer und die Franzosen folgten diesem Beispiel und besiedelten die Amerikas, die Karibik, Nord- und Südafrika sowie Indochina. Im 18., vor allem aber im 19. Jahrhundert führte der Bevölkerungsdruck zu einer wahrhaft epidemischen Migrationswelle aus ganz Europa, die besonders auf den amerikanischen Doppelkontinent gerichtet war.

Diese Auswanderungswelle endete weitgehend mit Beginn des Zweiten Weltkriegs und der Kolonialismus wurde offiziell nach dessen Ende zu Grabe getragen. Die nächste große interkontinentale Migrationswelle – zumeist aus den ehemaligen Kolonien nach Europa führend – begann kurz danach und hält bis heute an. Als Konsequenz davon sehen wir eine nahezu standortunabhängige Diversifizierung und Globalisierung der Arbeitskräfte in Europa. In jeder beliebigen Stadt in West- und Nordeuropa finden Sie eine ethnisch stark diversifizierte Belegschaft. Dies führt einerseits zu sozialen und politischen Spannungen, ermöglicht aber andererseits Unternehmen eine große Chance zur Steigerung ihrer Wettbewerbsfähigkeit. Es bilden sich neue Marktsegmente, die bedient werden können (z. B. Halal Tiefkühl-Pizza), und zudem erhöht dies die Vielfalt und damit Kreativität der Belegschaft auf allen hierarchischen Ebenen. In der Vergangenheit war es oft schwierig, nichteuropäische Experten zu Standorten in der Provinz zu locken, da dort die multikulturelle Infrastruktur fehlte. Dies stellt mittlerweile oft kein Problem mehr dar, wodurch die Migration weiter beschleunigt wird.

Auch das Geschlecht ist kein Teilungsfaktor mehr, da Mütter nach einer mehr oder weniger langen Auszeit regelmäßig beschäftigt bleiben. Dies ist ein globaler Trend in den meisten Gesellschaften, dem überall die gleichen Gründe zugrunde liegen. Die meisten Männer arbeiten in den westlichen Gesellschaften (von Industrieländern zu sprechen, macht kaum noch Sinn) mittlerweile im Dienstleistungsbereich. In der Landwirtschaft und in der Industrie gelang es in der Zeit des Wirtschaftswunders, Produktivitätssteigerungen von bis zu 10 % pro Mitarbeiter und Jahr zu erzielen, wodurch die Anzahl der erforderlichen Arbeitskräfte in diesen Sektoren zunehmend absank. Beschäftigung fanden sie stattdessen im Dienstleistungsbereich, der bis heute durch niedrige Produktivitätssteigerungen gekennzeichnet ist. Damit einhergehend sanken bzw. stagnierten die realen Pro-Kopf-Einkommen der ursprünglich vorwiegend männlichen Belegschaft in weiten Teilen der Bevölkerung. Um das Familieneinkommen zu erhöhen wurden zunehmend mehr Frauen dauerhaft berufstätig. Per Definition erhöht dies die Vielfalt und führt dazu, dass immer mehr Frauen auf höheren Hierarchieebenen anzutreffen sind, wenngleich sie immer noch unterrepräsentiert sind und tendenziell niedrigere Einkommen beziehen. Aber bereits jetzt haben sie eine Stimme in den Entscheidungsprozessen und erhöhen die Diversität Ihres Unternehmens. Wie gesagt: hinsichtlich Vielfalt ist die Zeit auf Ihrer Seite. Unternehmen können es heute praktisch nicht vermeiden, erheblich vielfältiger zu sein als noch vor zwanzig Jahren.

Was ist mit der letzten Komponente, dem Akzeptieren von Fehlern? Wenn Sie in einer Branche mit dünnen Margen und klar definierten Arbeitsabläufen arbeiten, sind Experimente meist eine schlechte Idee. Angenommen, Sie generieren mit Ihrer Produktion eine Marge von 2 %. Wenn Ihr Experiment bewirkt, dass eine einzige Charge unbrauchbar wird, müssen Sie 50 Chargen mehr produzieren und verkaufen, nur um diesen einen Fehler auszugleichen. In Anbetracht der Komplexität moderner Produktionsverfahren sind Ihre Chancen, eine bessere Lösung zu finden, indem Sie einige Faktoren nach dem Zufallsprinzip ändern, fast null. Die Kombination von geringer Erfolgswahrscheinlichkeit mit hohen potenziellen Schäden resultiert zumeist in katastrophalen Ergebnissen. Wenn Sie sehr kleine Chargen produzieren können, ist Innovation eine Option. Im Fall von großen Minimalchargen ist Innovation nur bei hohen Margen realisierbar. Branchen mit niedrigen Margen und stabilen Produktionsmethoden haben folglich eine natürliche Tendenz zur Vermeidung von Experimenten und zur Abwanderung in Niedriglohnländer, da dadurch die letzten variablen Kosten gesenkt werden können. Die Alternative ist der radikale Wechsel der Produktionstechnologie, nicht die graduelle Verbesserung. Im ersten Fall sind Sie ihren Job los, weil Ihr Unternehmen seinen Sitz in ein Niedriglohnland verlagert,[2] im zweiten Fall ist es wahrscheinlich ein (neu eintretender) Konkurrent, der Ihre Firma aus dem Markt drängt.

In einer Branche mit hohen Margen und unklar definierten Betriebsabläufen sind Experimente grundsätzlich eine gute Idee. Die Materialkosten eines Künstlers für ein neues Gemälde sind gering und der Erlös ist vergleichsweise hoch. Betriebsabläufe in der Kunst ändern sich folglich schnell und Wiederholungen mindern den Wert des neuen Produkts ebenso wie den der zuvor bereits hergestellten. Hohe Margen und die hohe Erfolgswahrscheinlichkeit neuer Produktionsverfahren im Vergleich zu unveränderten Techniken machen Experimente für Künstler kommerziell attraktiv.

Nur wenige von uns verdienen ihren Lebensunterhalt als Künstler, wie weit treffen diese Konzepte auf die zeitgenössische Wirtschaft zu? Wie wir bereits feststellen, verändern sich alle Branchen und Kreativität ist daher ein zukünftiges

---

[2] Sollten Sie in einem Dienstleistungsunternehmen arbeiten, schützt Sie das nicht grundsätzlich, da viele Funktionen ebenfalls automatisiert oder in Niedriglohnländer ausgelagert werden.

Muss, um im Geschäft zu bleiben. Sie persönlich werden entweder kreativ oder arbeitslos sein. Unternehmen sind gleichermaßen zur Kreativität verdammt. Wenn das Top-Management nicht dieser Meinung ist, sind seine Tage gezählt, so oder so. Entweder wird das Unternehmen aus dem Markt gedrängt werden oder die Führungsebene zur Vermeidung dieses Schicksals ausgetauscht.

Es stellt sich daher nicht die Frage, ob es einen Bedarf an Kreativität gibt, sondern wie er erfüllt werden kann. Die Antwort ist ziemlich offensichtlich. In wessen Macht liegt es, Sie für einen Fehler zu bestrafen? In den vorherrschenden Unternehmensstrukturen kennen negative Sanktionen nur eine Richtung: von oben nach unten. Ihr Chef wird Sie für Ihre schlechten Ergebnisse bestrafen, weil er von seinem Chef bestraft wird, der von seinem Chef bestraft wird und so weiter. Es ist ein klassischer Fall für eine Top-Down-Revolution. Die Unternehmensführung muss dieses Mantra über viele Jahre hinweg tagein, tagaus wiederholen und vorleben. Jack Welch predigte Six Sigma jahrzehntelang wie eine zerbrochene Schallplatte bei jeder Gelegenheit. Das war kein Zeichen seiner mangelnden Kreativität, sondern seines Verständnisses des Erfordernisses, wichtige Botschaften auf allen Konzernebenen langfristig zu kommunizieren, um den Kurs des Riesentankers nachhaltig zu verändern. Die unzureichende Wiederholung der Botschaft ist die erste der beiden Todsünden moderner Unternehmensführer.

Die zweite Todsünde besteht darin, die Botschaft nicht zu leben und es bei Lippenbekenntnissen zu belassen. Wenn die Unternehmensführung die Inhalte der erwünschten Veränderungen nicht exemplarisch vorlebt, verliert die Botschaft an Glaubwürdigkeit. Aber selbst das reicht nicht aus. Die Unternehmensspitze muss darauf achten, dass alle ihre direkten Mitarbeiter diese Maxime genauso beherzigen wie sie selbst Als nächster Schritt muss die nächste Führungsebene darauf achten, dass auch ihre eigenen direkten Mitarbeiter zu Missionaren der neuen Konzepte werden, um diese bis auf die untersten Hierarchieebenen zu kaskadieren. Die Umsetzung dieser Veränderung ist besonders in Großunternehmen eine gewaltige Aufgabe und erfordert Disziplin und Ausdauer. Symbole, Wiederholungen und Beförderungen bzw. Entlassungen sind entscheidend für den Erfolg. Jeder Mitarbeiter wird genau beobachten, was mit dem ersten hochkarätigen, gescheiterten Experiment passiert. Werden die Betroffenen entlassen, degradiert oder erhalten sie eine weitere Chance. Falls die Konzernführung zu ihren Aussagen steht, dass Fehler bei Experimenten akzeptabel sind, erhöht dies die Erfolgsaussichten der strategischen Neuausrichtung erheblich.

Eine solche Akzeptanz von Fehlern kann im Kontext eines profitablen Unternehmens nur funktionieren, wenn die Kosten misslungener Experimente minimiert werden. In Traditionellen Unternehmen sind Fehlschläge oft gleichbedeutend mit dem Karriereende der Betreffenden. In Anbetracht der Tragweite dieser Entscheidung versuchen alle Betroffenen, den Fehlschlag so lange wie möglich zu verheimlichen. Dadurch können Sie entweder selbst einen neuen Job suchen oder aber durch Einsatz zusätzlicher Geldmittel doch noch ein brauchbares Produkt entwickeln. In Summe gibt es in Traditionellen Unternehmen weniger Experimente, die misslingen könnten, aber diese Fehlschläge sind dafür umso teurer.

Das Konzept eines innovativen, Fehler verzeihenden Unternehmens bedingt die Existenz eines viel früher ansprechenden Misserfolgswarnsystems, das dem fehlgeschlagenen Experiment die Mittel entzieht. Typischerweise soll dies durch häufig tagende Investitionskomitees unterschiedlicher Zusammensetzung realisiert werden. Wenn die Implementierung dieser Strategie gelingt, steigt die Anzahl der gelungenen Experimente, während die Kosten der misslungenen gleich bleiben oder sinken. Zwar scheitern mehr Ideen als früher, aber die erfolglosen Versuche werden früher eingestellt und verbrauchen daher weniger Geld.

Native Nutzung fortschrittlicher Technologien

Um Ihr Unternehmen hinsichtlich Nutzung nativer Spitzentechnologien voranzubringen, müssen Sie das technisch versierteste Unternehmen Ihrer Branche sein und Ihre Technologien alle paar Jahre vollständig ersetzen. Die erste Bedingung ist am schwierigsten zu erfüllen, denn nur ein Spieler kann der technisch versierteste sein. Bedeutet das, dass alle anderen dem Untergang geweiht sind? In vielen – und zunehmend mehr – Fällen ist die Antwort ein klares Ja. Konzentrieren Sie sich also besser auf das Erzielen der Technologieführerschaft innerhalb der nächsten fünf bis sieben Jahre. Kürzere Zeitspannen sind für Großunternehmen unrealistisch. Es dauert eine Weile, bis die Betriebsabläufe in allen Geschäftsbereichen und Tochtergesellschaften für alle bedeutenden Funktionen (zur Einteilung nutzen Sie am besten die 80:20 Regel) optimiert sind. Das ist auch die – optimistisch berechnete – Lebensdauer einer Generation von Top-Managern. In den meisten Branchen ist alles, was länger als sieben Jahre dauert, zu lang (langlebige Industriegüter wie Kraftwerke und Flugzeuge sind die Ausnahme). Sollten Sie in einem mittelgroßen Unternehmen arbeiten, sollten Sie drei bis fünf Jahre avisieren. Bei Kleinunternehmen fehlt zumeist die planerische Kapazität zur bewussten Umgestaltung von Prozessen, doch sind diese auch der Konkurrenz viel härter ausgesetzt. 24 Monate sind in diesem Fall für die Optimierung eine sinnvolle Ambition, wobei dies in vielen Fällen das Outsourcing an geeignete Betreiber bedeuten wird.

12 Kann die Dinosaurier AG das Aussterben vermeiden?

Der einzige Weg für mehrere Unternehmen, ohne Technologieführerschaft langfristig zu überleben, ist eine in kurzen Zyklen rotierende Führungsposition. Ein Jahr lang liegt Unternehmen A an der Spitze, nächstes Jahr Firma B und so weiter. Das ist ein wenig theoretisch, denn das Vertrauen in diesen ‚natürlichen' Führungswechsel ist mit ziemlicher Sicherheit ein Weg in das Verderben. Rotation ist nicht ‚natürlich' und findet normalerweise nicht dauerhaft statt. Wenn Sie sich an die Mobiltelefonindustrie der 90er-Jahre erinnern, wurde sie damals von Spielern wie Ericsson, Motorola, Nokia, Sony, Panasonic, Alcatel und Siemens dominiert, deren technische Führung in der Tat wechselte. Die Betriebsdauer der Akkus war damals ein entscheidendes Kriterium und jedes neue Modell reklamierte die Führung in diesem Bereich. Keiner der oben genannten Hersteller hat es geschafft, in diesem Geschäftssegment ohne massive Umstrukturierung zu überleben, und keiner von ihnen gehört zu den derzeit umsatzstärksten Herstellern von Mobiltelefonen. Irgendwann in ihrer Geschichte verpassten sie den technologischen Anschluss und der ‚natürliche' Führungswechsel zwischen Ihnen endete.

Das Beibehalten der technologischen Führerschaft ähnelt dem Reiten eines Rodeo-Pferdes. Wenn Sie im Sattel bleiben wollen, müssen Sie den nächsten Zug des Tieres erraten, nicht nur ein- oder zweimal, sondern immer und immer wieder. Ein einzelner schwerwiegender Fehler führt zu Ihrem Ausscheiden aus dem Wettbewerb. Andy Warhol prägte in den späten 1960ern den Ausspruch, dass in der Zukunft jeder für 15 Minuten in seinem Leben berühmt sein würde. Ähnliches gilt für Technologieunternehmen. Vielen Spielern gelingt ein Sprung an die technologische Spitze, aber typischerweise haben Sie diese Spitzenposition für eine begrenzte Zeitspanne inne, länger als 15 Minuten, aber fast immer kürzer als 15 Jahre. Langlebige Unternehmen werden in Zukunft die rare Ausnahme darstellen.

Aus der zunehmend kürzeren Lebensdauer von Unternehmen resultieren mehrere Konsequenzen. Hinsichtlich der Organisation dieser Firmen ist eine projektartige Struktur zu erwarten, die in traditionellen Unternehmen zunehmend an Bedeutung gewinnt. Verschiedene Ansätze zur Erhöhung der ‚Agility', der Beweglichkeit der Unternehmen, sind nichts anderes als eine umbenannte Verwendung zeitlich begrenzter, flexibler Projektstrukturen, um permanente, starre Konzernstrukturen zu ersetzen. Eine zweite Veränderung steht derzeit noch aus: die Bewertung von Aktien. Traditionell gehen Analysten für die Bewertung eines Unternehmens davon aus, dass der Gewinn eines Unternehmens mit gewissen Wachstumsannahmen in die Ewigkeit fortgeschrieben werden kann. Schon lange ist dieser Ansatz anachronistisch, denn Unternehmen sollten als eine Vielzahl von Projekten, d. h. Produkten, verstanden werden, die jeweils über eine relativ kurze Lebensdauer verfügen. Die durch diese Projekte generierten Gewinne fallen bedeutend niedriger aus als der Wert der ewigen Rente in traditionellen Ansätzen. Alle über diese Projekteeinnahmen hinausgehenden zukünftigen Gewinnannahmen beruhen auf ungewissen Handlungen zukünftiger Managergenerationen und sind seriös schwer belegbar, weshalb sie erheblich diskontiert werden sollten. Würde sich dieser skeptische Ansatz durchsetzen, wäre die Bewertung der meisten Technologieunternehmen erheblich nach unten zu korrigieren.

Für junge Homo millennials bedeutet die kürzere Lebensdauer von Unternehmen, dass sie gezwungen sein werden, öfter als ihre Eltern den Arbeitgeber zu wechseln. Nicht, weil sie unstet sind und das wollen, sondern weil sie keine Wahl haben werden. Sie müssen damit rechnen, mehrmals in ihrem Leben entlassen zu werden. Nicht, weil sie schlechte Arbeit leisten, sondern weil ihre Division geschlossen oder an einen Wettbewerber verkauft werden wird. Der Beitritt zu einem technisch versierten Unternehmen ist die beste persönliche Versicherungspolice für Homo sapiens dinosauris und Homo millennials gleichermaßen.

Während nur ein Spieler die Nummer eins sein kann, kann jeder alle drei Jahre alle Technologien wechseln. Wenn es jeder tut, warum sich die Mühe machen, was ist dann der Vorteil? Die Antwort ist ebenso einfach: Es handelt sich um eine Schutzmaßnahme, die verhindert, dass externe Akteure erfolgreich in Ihren Markt eintreten.

Der Wechsel aller Schlüsseltechnologien innerhalb von drei Jahren war bis vor kurzem in vielen Branchen vermutlich zu ambitioniert und in vielen Fällen mögen fünf Jahre ausreichend sein. Allerdings ist auch hier eine Beschleunigung zu beobachten und es ist absehbar, dass im Lauf der 2020er ein Zyklus von drei Jahren das akzeptable Minimum werden wird und ambitionierte Unternehmen eher auf zwei Jahre abzielen werden.

Weshalb ist dieser Schutz vor neuen Markteintritten erforderlich? Die Automobilhersteller vertrauten lange Zeit auf ihr Know-how im Produktionsprozess und boten ihren Kunden Autos an, die sich im Wesentlichen 80 Jahre lang nicht wesentlich verändert hatten. Ein in den 1930ern konstruiertes Auto wies einen Verbrennungsmotor, Getriebe, Lenkrad, vier Reifen, Passagierraum, Kofferraum, Fenster, Scheinwerfer und eine selbsttragende Karosserie auf; genau wie moderne Autos. Es ist kein Zufall, dass technologiebasierte Akteure wie Tesla, Apple und Google in dieser umsatzstarken Branche, die für Neueinsteiger reif ist, zunehmend aktiv werden. Die traditionellen Autounternehmen stehen vor dem Risiko, die neuen Kodaks, Polaroids und Xerox zu werden. Wenn Sie Ihre Technologie nicht regelmäßig neu erfinden, werden neue Wettbewerber dies für Sie tun.

Was wäre, wenn Sie der technisch versierteste Betreiber in Ihrer Branche sind, aber Ihre Technologien nicht alle drei Jahre ersetzten? In Bezug auf den Wettbewerb innerhalb Ihrer Branche werden Sie vermutlich kein Problem haben, aber neue Marktteilnehmer mit besseren Technologien werden Ihnen irgendwann Ihren Platz mit Erfolg streitig machen. Für traditionelle Platzhirsche besteht das Problem mit diesen neu eintretenden Unternehmen darin, dass sie lange Zeit im Verborgenen agieren und dann innerhalb weniger Jahre ihren Durchbruch schaffen können. Nutzen Sie also besser Ihre bestehende Führung und beginnen Sie jetzt, sich neu zu erfinden.

Was, wenn Sie nicht Technologie-, sondern Kosten- oder Qualitätsführer sind? Wenn Sie kein natürliches Monopol mit enormen Skaleneffekten betreiben, macht das keinen Unterschied mehr. Früher gab es eine Zeit, in der Kosten und Technologie wichtige Unterscheidungsmerkmale waren. Preis versus Qualität. Diese Tage sind vorbei. Michael Porters Buch „Wettbewerbsvorteile" [5] war die Management-Bibel für Wettbewerbsorientierte Unternehmen, die jahrzehntelang im Wettstreit mit anderen Firmen der gleichen Kategorie lagen. Avantgardistische Unternehmen sehen das jedoch vollkommen anders.

Die meisten Kostenvorteile sind mittlerweile leicht reproduzierbar geworden. Früher wurden billige Produkte aus Schwellenländern importiert, und es bedurfte besonderer Expertise und Beziehungen, um sich dort niederzulassen. Heutzutage ist Offshoring zur Standardprozedur geworden, die jedes Großunternehmen beherrscht. NGOs beobachten die Arbeitsbedingungen aufmerksam und schließen jede zweifelhafte Hintertüre, um die Produktionskosten weiter zu senken. Billigere Rohstoffe? Rohstoffe sind heute zumeist global gehandelte Standardgüter mit börsennotierten Preisen. Das letzte gültige Unterscheidungsmerkmal sind Produktdesign (dazu gehört auch Kundendienst) und Technologien. ‚Gute

Technologien' heißt effiziente Technologien, die Abfall und Ressourceneinsatz minimieren. Qualitätssteigerungsprozesse senken fast immer die Produktionskosten. Kostenführerschaft ist in der Regel gleichbedeutend mit Qualitätsführerschaft. Warum ist das so? Hohe Qualität bedeutet geringe Varianz. Wenn ein Führer in Produktionstechnologien 1.000.000 hochwertige Telefone produziert, werden alle funktionieren. Die Kosten dieses Herstellers für die Rücksendung sind Null. Falls die Produktionsqualität niedrig ist, werden 50.000 Stück zurückgegeben und die Bearbeitungs- und Ersatzkosten sind beträchtlich, zudem senken die negativen Kundenrezensionen zukünftige Verkäufe oder Sie werden sogar ausgelistet. Preisführerschaft ohne Technologieführerschaft ist keine gangbare Zukunftsstrategie.

Im dritten Jahrtausend bestimmt das Design die Kosten, nicht die Qualität des Produkts. Das Design legt fest, welche Einzelkomponenten verwendet werden müssen, was wiederum die Produktionskosten steuert. Wir dürfen High-End nicht mit hoher Qualität verwechseln. Wenn Sie ein Auto um eine Million Euro erwerben, ist das gute Stück mit an Sicherheit grenzender Wahrscheinlichkeit viel fehleranfälliger als ein Wagen der unteren Mittelklasse um 25.000 Euro. Der teure Schlitten ist High-End, aber nicht zwingend High Quality. Der Hersteller des Luxuswagens produziert nur ganz geringe Stückzahlen und die großzügige Reparatur eines Konstruktions- oder Produktionsfehlers kommt den Hersteller viel günstiger als die Beschäftigung von Heerscharen von Konstrukteuren, um jeden etwaigen Fehler auszumerzen, was für Hersteller von Großserienfahrzeugen unumgänglich ist. Sie können sowohl ein qualitativ hochwertiges Low-End-Produkt als auch ein qualitativ hochwertiges High-End-Produkt herstellen. Die Qualität und der Preis des Produktes sind zunehmend voneinander abgekoppelt.

Auch die Produktdifferenzierung hilft Ihnen nur noch bedingt. Vor nicht allzu langer Zeit mussten Sie Millionen von Einheiten produzieren, um das Kostenminimum zu erreichen. Diese Tage sind vorbei. In nahezu allen Branchen ist die für die Erreichung des Kostenoptimums erforderliche Mindeststückzahl drastisch gesunken, nicht zuletzt deswegen, weil hochautomatisierte Produktionsprozesse kleine Produktionschargen zu niedrigen Kosten ermöglichen.

Produktdesign und Marketing sind die letzten funktionierenden Differenzierungsmechanismen. Aber trotz aller Bemühungen ist es sehr schwierig, das Produktdesign über einen längeren Zeitraum effektiv vor Nachahmungen zu schützen. Im Jahr 2006 unterschieden sich Mobiltelefone erheblich voneinander. Einige hatten eingebaute Kameras, einige hatten Touchscreens, alle hatten zumindest einige Tasten oder ganze Tastaturen, viele konnten aufgeklappt werden. 2007 revolutionierte das iPhone diesen Markt und gut 10 Jahre später sehen alle populären Mobiltelefone dem Ur-iPhone sehr ähnlich. Die Innovation war bahnbrechend, aber es gelang Apple nicht, das Produktdesign wirkungsvoll zu schützen. Die einzige Möglichkeit zur dauerhaften Differenzierung ist die Aufrechterhaltung der Technologieführerschaft, die es dem Unternehmen erlaubt, spektakuläre Designelemente exklusiv anzubieten.

Zusammenfassend lässt sich unabhängig davon, in welcher Branche Sie arbeiten und was Ihre Wettbewerbsstrategie ist, sagen: Sollten Sie für ein Großunternehmen arbeiten, werden Sie die nächsten zwanzig Jahre als unabhängiges Unternehmen nicht überstehen, sollte es Ihnen nicht gelingen, innerhalb der nächsten fünf bis sieben Jahre die Technologieführerschaft zu erreichen und Ihre Schlüsseltechnologien regelmäßig alle drei Jahre zu ersetzen. Sollten Sie in einem Klein- oder Mittelunternehmen arbeiten, fehlen Ihnen zumeist die erforderlichen Produktivitätspolster und Sie werden gezwungen sein, sich noch schneller umzustellen.

Gewöhnt an hohe Handlungsschnelligkeit

Unsere Geschäftswelt ähnelt einem Karussell ohne Schutzbegrenzungen, das sich immer schneller dreht. Wem schwindlig wird, der verliert seinen Halt und früher oder später auch seinen Platz. Als Leistungskennzahl für diese Dimension verwendeten wir die für die Veröffentlichung der Quartalsergebnisse benötigte Zeit. Wenn Ihre einzige Maßnahme zur Steigerung Ihrer Handlungsgeschwindigkeit darin besteht, ihre Finanzabteilung zu drangsalieren, die Quartalsergebnisse früher zu publizieren, befürchte ich, dass dies Ihrem Unternehmen nicht viel helfen wird. Der Publikationstermin ist nur ein Indikator, allein ist er nicht viel wert. Entscheidend ist die Fähigkeit Ihres Unternehmens, schnell und qualitativ hochwertig zu agieren und zu reagieren. Zu diesem Zweck muss Ihr Unternehmen in der Lage sein, alle relevanten Aspekte schnell und ausreichend detailliert zu analysieren und die entsprechenden Schlüsse zu ziehen und umzusetzen.

Das klingt einfach, aber wie Sie vermutlich bemerkt haben, sieht die betriebliche Realität zumeist anders aus. Erste Aufgabe: Schnelle Analyse aller relevanten Aspekte. Welche Aspekte sind relevant und sind Sie kompetent, sie angemessen detailliert zu analysieren? Beide Fragen betreffen den Kern des Kompetenzportfolios Ihres Unternehmens. Falls Sie nicht in der Lage wären, die richtigen Fragen zu stellen und ausreichend gute Antworten zu finden, wie konnten Sie dann bis heute im Geschäft bleiben? Als Ausgangsposition können Sie folglich davon ausgehen, dass Sie derzeit fähig sind, alle relevanten Aspekte ausreichend detailliert zu analysieren. Sollten Sie schrumpfen und/oder unter unzureichenden Gewinnspannen leiden, könnte die Antwort jedoch anders lauten. Möglicherweise sind Sie in diesem Fall derzeit nicht in der Lage, alle relevanten Aspekte zu analysieren. Bevor Sie Ihren MQ erhöhen können, müssen

Sie zuerst dieses Problem lösen. Sollte Ihnen das nicht gelingen, stellt sich die Frage nach Ihrem MQ bald nicht mehr. Es gibt zwei typische bürokratische Erkrankungen, unter denen auch erfolgreiche Unternehmen leiden können: die Analyse irrelevanter Aspekte und die mangelnde Fähigkeit, alle relevanten Aspekte *schnell* zu analysieren. Große Unternehmen haben zumeist Abteilungen für jeden möglichen zu analysierenden Aspekt eingerichtet. Ob Nachhaltigkeit, Sicherheit, Personal, PR, IT, Organisation, Geschäftsentwicklung, Strategie, Treasury oder Controlling: immer gibt es Experten, die das betreffende Thema aus dieser spezifischen Fachperspektive betrachten. Oft kommt es dabei zu Überanalysen, die durch den Wunsch des übergeordneten Managements getrieben werden, sich persönlich abzusichern. Aus ihrer Sicht kann es nicht schaden, das Thema aus noch einem anderen und noch einem anderen Blickwinkel zu betrachten, um diese Analyse bei Bedarf einem internen oder externen Prüfer vorlegen zu können, wenn etwas mit dem Projekt schiefgehen sollte. Das ist nicht so unvernünftig, wie es klingt; diese Sonderanalysen haben tatsächlich einen Wert als Versicherungspolizze. Aber sie verursachen auch Kosten durch die Aufrechterhaltung riesiger Verwaltungsapparate und durch Zeitverschwendung des Managements. Es liegt an der obersten und mittleren Führungsebene, die richtigen Prioritäten zu setzen. Wenn das Management einen Projektleiter dafür tadelt, dass er keine weitere detaillierte Analyse sämtlicher Sonderaspekte durchgeführt hat, versteht jeder im Team die Botschaft und bezieht in Zukunft alle diese Spezialabteilungen immer ein, egal ob dies erforderlich ist oder nicht. Sollte das Management hingegen genaue Richtlinien erlassen, wann welche Analysen notwendig oder nicht sind, kann es den Prozess enorm straffen. Bei Klein- und Mittelunternehmen sind persönliche Besitzstände zusätzliche Hindernisse im Entschlacken der erforderlichen Analysen.

Die meisten Traditionellen Großunternehmen benötigen dringend einen Kulturwandel, der ihre Prozessgeschwindigkeit erhöht. Häufig wird Geschwindigkeit nicht einmal als Erfolgsfaktor gemessen. Traditionell sind Unternehmen an den Ergebnissen ihrer Überlegungen interessiert, nicht an der Zeit, die sie benötigen, um dorthin zu gelangen. Es überrascht nicht, dass Projekte oft fünfmal so lange dauern wie nötig, da sich niemand auf die Geschwindigkeit als eigenständigen Werttreiber konzentriert. Klein- und Mittelunternehmen sind hier im Vorteil, da sie weniger Interessengruppen einbeziehen müssen. Nachteilig wirkt sich bei ihnen zumeist das Fehlen dedizierter Fachabteilungen aus, deren primärer Existenzzweck die Prozessoptimierung ist. Oft müssen sich die fachlich Zuständigen die Expertise zum Optimieren der Prozesse neben dem Tagesgeschäft aneignen und ausüben, wodurch Änderungsprozesse verlangsamt werden.

Sobald Sie alle relevanten Aspekte zeitnahe analysiert haben, müssen Sie nur noch entsprechend reagieren. Was für ein kleines Unternehmen einfach klingt, kann für ein großes Unternehmen eine echte Herausforderung sein. Entsprechend zu reagieren erfordert zwei Elemente: eine Entscheidung zu treffen und sie umzusetzen. Viele gelernte Bücher wurden über Entscheidungsprozesse in großen Unternehmen geschrieben und um es auf den Punkt zu bringen: Willkommen auf dem Basar! Die endgültige Entscheidung wird oft nur am Rande durch die zugrunde liegenden Fakten getrieben. Abhängig von der unternehmenspolitischen Wetterlage kann die Entscheidungsfindung auf verwinkelten Pfaden zu unerwarteten Ergebnissen führen. Besonders wenn die Verantwortlichkeitsstrukturen unscharf definiert und die Konsequenzen potenziell riskant sind, scheuen viele nominelle Entscheidungsträger oft davor zurück, überhaupt eine Richtung vorzugeben. Das Ergebnis ist in diesem Fall die Forderung nach einer weiteren

Analyse, die das Management vor dem Zwang bewahren soll, eine Entscheidung treffen zu müssen. Nach mehrfacher Wiederholung dieser Prozedur neigen Projekte dazu, einzuschlafen und verschwinden schließlich von der Agenda der Unternehmen. Niemand sagte jemals ‚Nein' zu dem Projekt, aber das Ergebnis war das gleiche.

Die andere Gefahr ist die Gummientscheidung. Ja, eine Entscheidung wurde getroffen, aber im Nachhinein kann niemand mit Sicherheit sagen, was genau diese Entscheidung war. Abhängig von den persönlichen Erinnerungen und den teilweise bewusst unklaren Formulierungen der Sitzungsprotokolle sind zahlreiche Interpretationen der getroffenen Entscheidungen möglich. Wie bei einem Gummispielzeug kann die Entscheidung so gequetscht werden, dass sie sich vielen Formen anpassen kann.

Die Ursache sowie die Lösung beider Probleme sind beim Top-Management zu finden. Für das Top-Management ist es relativ einfach, die Unternehmensstrukturen dahingehend zu ändern, dass klare Entscheidungen schnell getroffen werden können. Es wird einige Zeit dauern, bis dieser neue Stil alle Unternehmensebenen durchdringt, aber innerhalb von zwei Jahren sollte der Großteil des Unternehmens die neuen Richtlinien befolgen.

Sobald eine Entscheidung getroffen und klar dokumentiert ist, muss sie umgesetzt werden. In der Praxis ist dies der schwierigste Aspekt; dies ist der Bereich, in dem die meisten Probleme auftreten. Wettbewerbsorientierte Unternehmen sind in der Regel sehr gut bei der Umsetzung von Entscheidungen, da sie sonst nicht wettbewerbsfähig sein könnten. Selbst die Geschwindigkeit der Umsetzung ist in der Regel wenig problematisch, da Wettbewerbsorientierte Unternehmen in der Regel einen disziplinierten und strukturierten Ansatz verfolgen.

Zusammenfassend lässt sich sagen, dass Sie an zwei Themen arbeiten müssen, um Ihr Unternehmen an die hohe Handlungsfähigkeit zu gewöhnen: Vermeiden Sie irrelevante Analysen und messen Sie immer die Geschwindigkeit aller Ihrer Prozesse, wobei Sie die Belohnungsstrukturen des Managements entsprechend adjustieren.

Ständige Online-Verbindung mit weniger Bedürfnis nach Privatsphäre

Wir sind fast am Ende angekommen, nur noch ein MQ-Treiber bleibt übrig, den Sie optimieren müssen um zu einer Millennial SE zu werden: Ständige Online-Verbindung mit weniger Bedürfnis nach Privatsphäre, gemessen an der tatsächlichen Verfügbarkeit Ihrer Mitarbeiter inner- und außerhalb der Arbeitszeit sowie Ihrem permanenten Wissen über deren aktuelle Tätigkeiten. Ethische und rechtliche Aspekte haben wir bereits berücksichtigt. In diesem Kapitel werden wir uns nur auf die praktischen Aspekte konzentrieren.

Technisch verfügen Sie bereits über alle Werkzeuge. Während es in Orwells „1984" [2] immer noch blinde Flecken gibt, die dem Zugriff des Großen Bruders entzogen sind, lässt sich das über unsere Welt nicht mehr sagen. Der gläserne Mensch ist längst Realität geworden. Sobald Sie einen Online-Kalender nutzen, was Sie mit ziemlicher Sicherheit tun, beginnt Ihre berufliche Transparenz. Wenn diese Informationen mit Live-Daten von Ihrem Handy und Computer verbunden werden, ist jeder Berechtigte in Ihrem Unternehmen technisch in der Lage, zu sehen, was Sie jetzt machen und kann Sie sofort erreichen. Da Sie vermutlich Ihr Diensthandy privat nutzen, erstreckt sich dieses Wissen über die Arbeitszeit hinaus. Das Ergebnis ist eine ständige Online-Verbindung aller Ihrer Mitarbeiter mit möglicherweise vollständigen Details darüber, was diese im Moment tun. Einige der verfügbaren Funktionen werden noch nicht allgemein genutzt. Ihr Chef wird wahrscheinlich nicht benachrichtigt, wenn Sie privat im Internet surfen oder Ihren Partner anrufen. Das ist keine technische Einschränkung, das einzige wirkliche Hindernis sind Fragen des Datenschutzes, des betrieblichen Mitbestimmungsrechtes und der Ethik. Wenn Sie den Wissensstand, den Sie heute über das Handeln Ihrer Mitarbeiter in anderen Büros in anderen Ländern haben mit dem vergleichen, den Sie vor fünf Jahren hatten, ist der Unterschied sehr groß. Der Trend ist klar und im Allgemeinen wird alles, was technisch machbar ist, irgendwann realisiert. Das Unternehmen, welches die Rechte seiner Mitarbeiter am stärksten einschränkt, wird einen Wettbewerbsvorteil gegenüber seinen Wettbewerbern haben. In diesem Fall haben die anderen Unternehmen die Wahl, diesem Beispiel zu folgen oder das Risiko einzugehen, vom Markt gedrängt zu werden. Gleiches gilt für die rechtlichen Rahmenbedingungen. Länder in denen der persönliche Datenschutz eliminiert wird, sind wettbewerbsfähiger als Länder, in denen der persönliche Datenschutz aufrechterhalten wird. Das gefällt Ihnen vielleicht nicht, und mir gefällt es definitiv ganz und gar nicht, aber das Faktum ist nicht wegzuleugnen und wir müssen uns dieser Realität stellen.

Dies ist ein Faktor, bei dem die meisten Großunternehmen bereits jetzt über 5 Punkte erreichen und sich vermutlich schnell der 10 nähern werden. Es ist eine ziemlich sichere Prognose, zu behaupten, dass wir in den 2020er-Jahren fast immer erreichbar sein werden und unsere Vorgesetzten und ausgewählte Kollegen die meiste Zeit wissen werden, was wir getan haben, auch außerhalb unserer Arbeitszeit. 1984 ist schon sehr lange her.

Avantgarde Unternehmen (MQ 101–150)

Zuerst will ich Ihnen Glückwünsche aussprechen. Außerhalb des Silicon Valleys gibt es nicht viele Unternehmen, die zu dieser Elite gehören. Wenn Sie für ein traditionelles Großunternehmen arbeiten und diesen Status reklamieren, würde ich Sie zuerst bitten, Ihre Testergebnisse auf einen optimistischen Bias hin zu überprüfen. Es ist wirklich schwierig, einen MQ von über 100 zu erreichen. Die meisten Avantgarde-Unternehmen sind jung (<20 Jahre) und wachsen rasant.

Wenn Sie für so ein junges, erfolgreiches Unternehmen arbeiten, sollten Sie das genießen, aber auf Menschenalter umgelegt stehen Sie kurz davor, volljährig zu werden. Fraglos eine tolle Zeit, aber noch ist alles sehr spontan himmelhoch jauchzend zu Tode betrübt. Diese Stimmungs- und Geschäftsschwankungen haben schon vielen Ihrer Vorgänger ein vorzeitiges, unrühmliches Ende beschert. Die weitere Expansion Ihres Unternehmens wird vermutlich zu unvermeidlichen Wachstumsschmerzen führen und in einem gesunkenen MQ resultieren. Wenige Firmen sind in der Lage, Wachstum erfolgreich zu vermeiden, folglich müssen Sie sich vermutlich mit dessen Konsequenzen auseinander setzen. Am Wichtigsten in diesem Zusammenhang ist es, aus den Fehlern anderer zu lernen. Werden Sie sich über ihre eigenen Stärken klar, die größenunabhängig sind und bauen Sie sich zudem ein Feindbild auf, wie sie später einmal nicht werden wollen, wenn Sie ein Großunternehmen sind. Positive Beispiele für diese Strategien sind Google und Amazon, denen es gelang, ihre Kernstärken als Startup zu bewahren und die sich als veritable Großunternehmen weiterhin signifikant von Traditionellen Firmen unterscheiden.

Um in die nächste Kategorie, Futuristische Unternehmen, aufzusteigen, ist es erforderlich, in allen Bereichen nahezu perfekt zu sein. Während es bei Wettbewerbsfähigen Unternehmen ziemlich klare generische Richtlinien zur Verbesserung des Status gibt, ist dies bei Avantgarde-Unternehmen abgesehen von den obigen Ratschlägen nicht der Fall, zu spezifisch ist die Situation der einzelnen Firmen, zu gering ist die Grundgesamtheit. Grundsätzlich lässt sich jedoch sagen, dass der Faktor U_{mgang} für ein Startup am schwierigsten aktiv zu steigern ist, da er eine gewisse Unternehmensgröße erfordert und daher die Betonung der anderen Faktoren zweckdienlicher ist.

Bei etablierten Unternehmen, die den Sprung in die Kategorie der Avantgarde-Unternehmen avisieren, sind aufgrund ihrer Entstehungsgeschichte oft die Faktoren $G_{eschwindigkeit}$ und $T_{echnologie}$ niedriger ausgeprägt. Mangelnde Geschwindigkeit ist ein typisches Problem reifer Unternehmen und muss aggressiv adressiert werden. Zudem existieren zumeist viele Applikationen und Prozesse, die vor langer Zeit eingeführt wurden und so stark auf die Bedürfnisse des Unternehmens angepasst wurden, dass deren Ersatz potenziell kostspielig ist (z. B. Legacy-IT Systeme). Hier ist ein Kahlschlag bei passender Gelegenheit, zum Beispiel nach einer Fusion, ideal.

Futuristische Unternehmen (MQ 151–200)

Wenn Sie für ein Unternehmen arbeiten, das nach ehrlicher Prüfung einen so hohen MQ hat, gehören Sie zu einer seltenen Elite. Gerne würde ich unter martin-fritsch.com mehr über Ihre Firma erfahren. Ihr Unternehmen stellt den Stand der Forschung dar, es gibt derzeit niemanden, der erkennbar besser wäre als Sie. Das stellt allerdings auch Ihr größtes Problem dar: der schönste, stärkste, gescheiteste oder reichste Mensch der Welt zu sein, ist eine ernsthafte Belastung für unser Selbstwertgefühl. Zu leicht kann es passieren, dass wir uns in diesem Fall im Glanz unseres momentanen Ruhmes sonnen und selbstgefällig werden. Vielleicht haben Sie es noch nicht gemerkt, aber Sie nehmen die Wünsche Ihrer Kunden möglicherweise nicht mehr so ernst wie früher, weil Sie besser als diese zu wissen glauben, was sie eigentlich wollen. Sie sind gescheiter als jeder als jeder andere im Raum und das kann dazu führen, dass Sie zu einem arroganten, eingebildeten Widerling degenerieren, mit dem niemand Geschäfte machen möchte. Gerade weil Sie so einzigartig und fortgeschritten sind, ist es wichtig, dass Sie sich konstant in Bescheidenheit üben, um diesen Status beizubehalten.

Zusammenfassung

Wenn Ihr Unternehmen einen Millennium Quotienten von weniger als 50 hat, ist die Schlacht verloren. Packen Sie Ihre Sachen zusammen und laufen Sie weg, so schnell Sie können. Wenn der MQ diesen kritischen Grenzwert übersteigt, lohnt es sich, zu kämpfen, um Ihr Unternehmen zur Millennial SE umzuformen. Sie mögen meinen, dass Ihre Branche oder Ihr Land anders ist, aber in Wirklichkeit entwickelt sich die ganze Welt zu einem Technologie-Spiel, das früher oder später auf globaler Ebene ausgetragen wird. Ihr Feind mag noch hinter den Bergen verborgen sein, aber er wird kommen, das ist sicher. Daher sollten Sie darauf achten, für den Kampf gut vorbereitet zu sein. In diesem

Kapitel wurden Sie über die fünf wichtigsten Waffen unterrichtet, deren Handhabung Ihre Auseinandersetzungen entscheiden werden:

1) Umgang mit mehreren großen Gruppen
2) Multilaterales Denken.
3) Native Nutzung fortschrittlicher Technologien
4) Gewöhnt an hohe Handlungsschnelligkeit
5) Ständige Online-Verbindung mit weniger Bedürfnis nach Privatsphäre

Jeder Bereich, in dem Ihre Punktzahl unter dem Maximum liegt, ist eine Gelegenheit für Sie, Ihre allgemeine Wettbewerbsfähigkeit zu steigern. In diesem Kapitel erhielten Sie einen detaillierten Trainingsplan, um abhängig von Ihrem MQ ihre einzelnen Wettbewerbsfaktoren zu trainieren und Ihren MQ zu maximieren. Sie können gewinnen, aber nur, wenn Sie sich von heute an kontinuierlich darauf konzentrieren, die Fitness Ihres Unternehmens zu steigern. Sollte Ihr Unternehmen sich dem nicht aussetzen wollen, werden Ihre Konkurrenten Ihren fehlenden Aufwand zu schätzen wissen. Es ist Ihre Entscheidung, ob Sie das Buch beiseitelegen und es vergessen, oder ob Sie jetzt, in diesem Moment, mit echten Aktionen starten werden.

Literatur

1. Hofmann, M. / List, M.: Psychoanalysis and Management; Physica-Verlag (1994). Gute Analyse der Auswirkungen (psychopathologischer) psychischer Prozesse auf die Entscheidungsfindung. Zugleich stellvertretend für etliche nicht-publizierte Vorlesungsunterlagen meines Doktorvaters Univ. Prof. Michael Hofmann, die sich insbesondere auf die historische Entwicklung der Firma Ford bezogen, auf die ich mehrfach Bezug

nehme. In diesem Zusammenhang sei auch auf die diesbezüglichen Arbeiten von Univ. Prof. Helmut Kasper hingewiesen.
2. Orwell, G.: 1984; Ullstein Taschenbuch (1. Juni 1994). Wenn Stalin Sieger des Kalten Kriegs gewesen wäre, hätte das Internet of Things möglicherweise so ausgesehen.
3. Mandelbrot, B. / Hudson R.L. / Reuter, H.: Fraktale und Finanzen: Märkte zwischen Risiko, Rendite und Ruin; Piper Taschenbuch (1. Januar 2007). Schwer lesbar, aber empfehlenswerte Analyse von Marktbewegungen durch den Vater der Fraktaltheorie.
4. McKinsey & Company Inc. / Koller, T. / Goedhart, M. / Wessels, D.: Valuation: Measuring and Managing the Value of Companies; 6 edition (4. September 2015). Die Bibel der Investmentbank-Analysten.
5. Porter, M.: Wettbewerbsvorteile: Spitzenleistungen erreichen und behaupten; Campus (13. Februar 2014). Klassiker der Marketingtheorie aus den 80ern, der immer noch aktuell ist.
6. Sandner, K.: Politische Prozesse in Unternehmen (German Edition); Physica; 2. Auflage (21. Mai 1992). Beschreibung der Entscheidungsprozesse in Großunternehmen.
7. Surowiecki. J.: Die Weisheit der Vielen: Warum Gruppen klüger sind als Einzelne und wie wir das kollektive Wissen für unser wirtschaftliches, soziales und politisches Handeln nutzen können; Börsenbuchverlag (7. September 2017). Belegt anschaulich, warum Demoskopen durch Buchmacher ersetzt werden sollten.

13

Zusammenfassung

Der letzte große Paradigmenwechsel in unserer Geschichte begann vor 500 Jahren. Die Entwicklung des Buchdrucks und die erneute Entdeckung der Neuen Welt lösten in weiterer Folge die Industrielle Revolution aus. Das veränderte unsere Welt so radikal, dass ein deutschsprachiger Bauer des 15. Jahrhunderts sich im vollständig modifizierten Umfeld unserer Zeit nicht mehr zurechtfinden würde, und das gilt nicht nur für die technologischen Neuerungen. Jetzt sind wir an einem ähnlichen historischen Wendepunkt angelangt, der durch die Ankunft einer neuen Generation verursacht wurde, die sich so radikal von der vorherigen unterscheidet (das sind Sie und ich, nicht ganz schmeichelhaft *Homo sapiens dinosauris* genannt), dass wir sie wie eine neue Spezies behandeln müssen, *den Homo millennial.*

Der erste Teil des Buches beschrieb den Dinosaurier in uns und schilderte die Bedrohung durch eine neue, deutlich andere Generation von Führungskräften, die in das Berufsleben eintritt. Wenn Sie Ihr Verhalten nicht aktiv ändern, ist Ihr berufliches Aussterben in den nächsten Jahren eine realistische Option. Der zweite Abschnitt behandelte die Frage, ob Sie für eine Dinosaurier AG arbeiten, die aller Wahrscheinlichkeit nach zum Aussterben verurteilt ist und wie Sie das ändern können.

Warum sollten Sie sich überhaupt um die Frage kümmern, ob Sie ein Dinosaurier, ein Homo sapiens dinosauris, sind? Kurz gesagt: der Homo sapiens dinosauris ist ein Relikt der Vergangenheit, er kapiert es einfach nicht. Dinosaurier hatten keine Überlebenschance, als vor etwa 65 Millionen Jahren ein großer Himmelskörper auf der Erde einschlug. Ein neuer Asteroid hat uns bereits getroffen: es ist die Ankunft moderner Technologien, die sämtliche Branchen bis zur Unkenntlichkeit verwandeln wird. Die resultierende Schockwelle breitet sich konzentrisch in der Weltwirtschaft aus und wird Sie bald erreichen, falls das nicht ohnehin schon der Fall ist. Der Homo sapiens dinosauris kann moderne Technologien leidlich einsetzen, ist aber kein Experte, der diese mit der Muttermilch aufgesaugt hätte. Im Vergleich zu seinen neuen Konkurrenten fehlt es ihm (und ihr) an Grundkenntnissen. Um es auf den Punkt zu bringen: Er ist ein moderner Analphabet. Und was noch schlimmer ist: Er ist sich genau wie die ursprünglichen Dinosaurier, die den Einschlag des Asteroiden beobachtet hatten, dieser Gefahr nicht einmal bewusst. Ohne Verständnis setzten sie einfach ihr Leben fort, knabberten an ihren Sumpfgräsern und jagten ihre Beutetiere, als ob nichts passiert wäre, bis die Druckwelle und ihre Folgen sie gnadenlos töteten.

Wer sind diese Neuankömmlinge, über die wir reden? Nach 1990, vor allem aber nach 2000 geborene Kinder unterscheiden sich stark von früheren Generationen. Sie waren schon im Kleinkindalter Technologien wie Online-Computerspielen mit vielen Teilnehmern (MMO[1]) und Smartphones ausgesetzt. So konnten sie beeindruckende

---

[1] *massive multiplayer online games.*

Fähigkeiten im Umgang mit einer großen Anzahl von Menschen entwickeln, während sich die Expertise ihrer Eltern in diesem Alter in der Regel auf Gruppen mit bis zu acht Mitgliedern beschränkte. Wir nennen Kinder, die nach 1990 geboren wurden, Homo millennials, ähnlich, aber nicht identisch mit dem Begriff ‚Millennials', der sich auf zwischen 1982 und 2000 geborene Kinder bezieht, die zumeist erst verspätet mit digitalen Technologien intensiv in Berührung kamen. Was ist so besonders am Homo millennial? Der Homo millennial kann komplexe, multilaterale Systeme viel besser verstehen als der Homo sapiens dinosauris. Wenn Kinder multilaterale Technologien wie Smartphones nutzen, bevor sie sechs Jahre alt sind, werden sie zu nativen Nutzern, so wie die sprachlichen Fähigkeiten von Muttersprachlern (fast) immer die Sprachkenntnisse ihrer Kollegen übersteigen, welche diese Sprache erst nach dem sechsten Lebensjahr erlernen. Das neurologische Zeitfenster in unserem Gehirn schließt sich in diesem Alter. Alles, was wir vorher gelernt haben, wird von unseren Neuronen vorrangig behandelt; danach erlerntes Wissen wird von unserem Gehirn als Luxus angesehen. Ab dem sechsten Geburtstag sinkt die tägliche Gedächtnisleistung und diese frisch erlernten Inhalte können in weiterer Folge von anderen Informationen überschrieben werden (bzw. wird die Anzahl der Verknüpfungen zu diesen Informationen reduziert). Daher übertreffen die geistigen Leistungen der Homo millennials frühere Generationen in zahlreichen Dimensionen, wie z. B. beim multilateralen Denken.

Seit der Steinzeit bewies der Homo sapiens dinosauris bemerkenswerte Fähigkeiten zur Analyse des Einflusses einzelner Faktoren auf seine Umwelt. Die Komplexität unserer Welt erhöht sich jedoch mit zunehmender Geschwindigkeit und heutzutage bestimmen zumeist mehrere interagierende Faktoren unser Leben. In diesem Zusammenhang ist das Konzept des Schmetterlingseffekts populär geworden. Es basiert auf der Vorstellung, dass ein geringfügiger einzel-

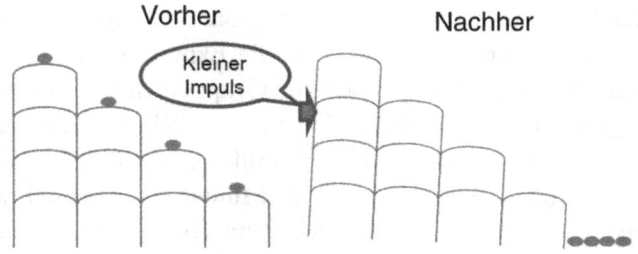

Abb. 13.1 Schmetterlingseffekt – Theorie

ner Faktor (das Flattern eines Schmetterlingsflügels) weitreichende Auswirkungen auf scheinbar unverbundene andere Systeme haben kann (Abb. 13.1).

Das Konzept des Schmetterlingseffekts leidet unter einem grundsätzlichen Problem: Jedes System, das so leicht zu destabilisieren ist, könnte nicht über einen längeren Zeitraum hinweg existieren. Es lässt sich mit einem extrem schweren, künstlich erzeugten, radioaktiven Atom vergleichen, dessen Lebensdauer (Halbwertszeit) in Bruchteilen einer Sekunde gemessen wird. Unsere Umgebung existiert jedoch schon seit langer Zeit und lässt sich folglich viel besser als eine große Anzahl selbststabilisierender Systeme beschreiben. Dennoch besteht die Möglichkeit, dass eine einzige massiv destabilisierende Wirkung in einem der Systeme unvorhergesehene Auswirkungen auf scheinbar nicht verbundene andere Systeme hervorruft. Wir prägten dafür die Bezeichnung ‚Titanic Effekt'. Der Titanic-Effekt kann als katastrophaler Impuls beschrieben werden, dessen Wirkung durch mehrere Hauptfaktoren verstärkt wird, von denen jeder für das Eintreten der Gesamtkatastrophe notwendig ist (Abb. 13.2).

Nach dem entscheidenden Moment, als der erste menschliche Vorfahre seinen Baum verließ, um am Boden zu leben, hat die Menschheit zahlreiche existenzielle Krisen

13 Zusammenfassung

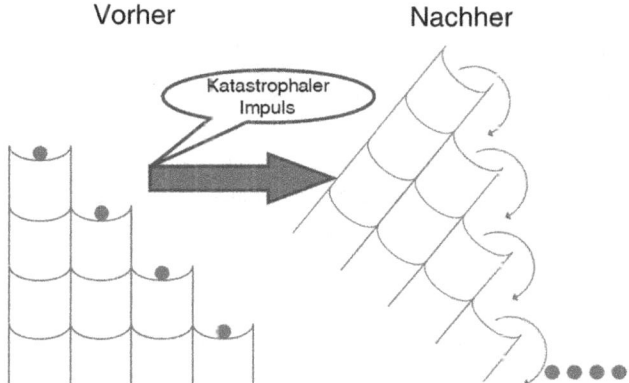

Abb. 13.2 Titanic-Effekt – Katastrophaler Impuls

erfolgreich gemeistert und regiert heute die Erde ohne wahrscheinliche äußere Bedrohungen am Horizont. Gleichzeitig stehen wir vor zahlreichen selbstverursachten Herausforderungen:

1) *Privatsphäre ist ein Anachronismus:* Die Ankunft des digitalen Dorfes führt die dörflichen Datenschutzstandards wieder ein – jeder weiß alles über jeden.
2) *Erhöhte Arbeitsgeschwindigkeit und Beschleunigung des Wandels:* Wir müssen zunehmend schneller auf Probleme reagieren, die unser Leben grundlegend verändern.
3) *Fehlende Abschottung:* Ihr Leben könnte durch Ereignisse in einem entlegenen Winkel der Welt, von dem Sie noch nie gehört haben, massiv beeinträchtigt werden. (siehe Titanic-Effekt).
4) *Globale Entwicklung:* Wenn jeder Mensch auf unserer Erde den US-Lebensstandard genießen sollte, wird dies in absehbarer Zeit 15-mal mehr Ressourcen und Infrastruktur erfordern als heute, vorausgesetzt, dass sich die Weltbevölkerung nur verdoppelt.

5) *Innovation vs. Hunger:* Die Lebensmittelproduktion muss auf einer schrumpfenden Anbaufläche verdoppelt werden, um die steigende Weltbevölkerung zu ernähren.

Die Homo millennials sind viel besser als wir Dinos darin, das Zusammenspiel mehrerer Faktoren zu verstehen, da sie moderne, digitale Technologien vor dem Alter von sechs Jahren intensiv verwendeten, komplexen Gruppenstrukturen ausgesetzt waren und multilaterale Herausforderungen bewältigten. Insgesamt übertreffen sie die Generation ihrer Eltern in mehreren entscheidenden Dimensionen:

1) Umgang mit mehreren großen Gruppen
2) Multilaterales Denken.
3) Native Nutzung fortgeschrittener Technologien
4) Gewöhnung an schnelles Handeln
5) Wunsch nach ständiger Online-Verbindung mit wenig Bedürfnis nach Privatsphäre

Angesichts dieser Stärken können wir zuversichtlich erwarten, dass sie die zuvor angeführten Probleme erfolgreich lösen werden:

1) *Privatsphäre ist ein Anachronismus:* Homo millennials scheinen kein Problem damit zu haben, die meisten ihrer Aktivitäten mit praktisch allen zu teilen.
2) *Beschleunigung der Arbeitsgeschwindigkeit und des Wandels:* Dank der Nutzung von Smartphones und Tablets als Kleinkind ist der Homo millennial ein Profi bei der Durchführung von Aufgaben mit höchster Geschwindigkeit.
3) *Fehlende Abschottung:* Homo millennials verstehen intuitiv die Auswirkungen ihres Handelns auf damit scheinbar nicht zusammenhängende Bereiche.

13 Zusammenfassung

4) *Globales Wirtschaftswachstum:* Dank ihres vertieften Verständnisses für vernetzte Systeme verfügen die Homo millennials über denkbar günstige Voraussetzungen, um die globale Produktion bis zu ihrem Lebensende auf das Sechzehnfache des derzeitigen Niveaus zu steigern, ohne die Erde für ihre Nachkommen unbewohnbar zu machen.

5) *Innovation versus Hungersnot:* Die Homo millennials sollten in der Lage sein, die Nahrungsmittelproduktion ausreichend zu erhöhen, aber es bleibt abzuwarten, ob sie das globale Bevölkerungswachstum stoppen können.

Das Aufkommen der Homo millennials ist gut für das Überleben unserer Spezies und schlecht für die Beschäftigungschancen der derzeitigen Belegschaft, die sich aus Homo sapiens dinosauris zusammensetzt. In Anbetracht ihrer Stärken müssen wir davon ausgehen, dass die Homo millennials den Homo sapiens dinosauris schnell verdrängen werden, d. h. die meisten Arbeitgeber werden ihre Homo sapiens dinosauris feuern und durch Homo millennials ersetzen, sobald diese auf den Arbeitsmarkt kommen.

Ist es für uns Homo sapiens dinosauris an der Zeit, demütig hinzuknien und uns in Zukunft von Almosen zu ernähren? Nicht ganz. Schließlich ist der Homo sapiens dinosauris die erfolgreichste Spezies, die je auf diesem Planeten lebte und übt eine spektakuläre Kontrolle über seine Umwelt aus. Diese Erfolge haben wir durch Exzellenz in drei Bereichen erreicht:

1) Funktions- und Branchenwissen
2) Managementfähigkeiten
3) Politische Fähigkeiten

Wir haben das Konzept des Dinosaurier-Quotienten entwickelt, um zu messen, wie leistungsstark wir in diesen drei Dimensionen sind. Der erste Faktor W_{issen} wird wie folgt berechnet:

a) Wie viele Jahre formaler Ausbildung haben Sie absolviert, einschließlich Schule, Hochschule, Universität, Praktika und Berufsausbildung (verwenden Sie bitte die Mindeststudienzeit, nicht die tatsächlich verbrachte Zeit). Bitte multiplizieren Sie diese Zahl mit 2 (Maximales Ergebnis = 40).
b) Wie viele Jahre haben Sie in Ihrer heutigen Branche gearbeitet? (Maximales Ergebnis = 10)

$$\textit{Formale Ausbildungsjahre} * 2 + \textit{Branchenjahre} = \textit{Faktor } W_{issen}$$

Um den zweiten Faktor $F_{ähigkeiten}$ zu berechnen, fassen Sie Ihre Managementzeit (Zeit, die Sie mit Ihnen unterstellten Personen verbringen, um Ihnen Anweisungen zu geben oder Entscheidungen zu treffen) plus politische Zeit (Zeit, die Sie für Verhandlungen und Networking aufwenden) zusammen und teilen Sie sie durch die gesamte Arbeitszeit, die Sie für produktive Aufgaben aufwenden (Managementzeit plus Politische plus Expertenzeit, unter der wir alle anderen beruflichen Aktivitäten verstehen). Multiplizieren Sie das Ergebnis mit 50, dann erhalten Sie den Wert für Ihren Faktor $F_{ähigkeiten}$.

$$\frac{\textit{Management Zeit} + \textit{Politische Zeit}}{\left(\textit{Management Zeit} + \textit{Politische Zeit} + \textit{Expertenzeit}\right)} * 50 = \textit{Faktor } F_{ähigkeiten}$$

Für den dritten Faktor E$_{inkommen}$ multiplizieren Sie den Prozentsatz der Bevölkerung in Ihrem Land, der weniger verdient als Sie mit 50

Prozentsatz der Bevölkerung mit einem niedrigeren Einkommen * 50 = Faktor **E**$_{inkommen}$

Ihr Dinosaurierquotient (DQ) wird berechnet, indem man einfach die Faktoren W$_{issen}$, F$_{ähigkeiten}$ und E$_{inkommen}$ addiert. Das Maximum liegt bei 150.

*Faktor **W**$_{issen}$ + Faktor **F**$_{ähigkeiten}$ + Faktor **E**$_{inkommen}$ = **DQ***

Was bedeutet das Ergebnis? Je höher der DQ, desto besser sind Sie an Ihr Leben als Homo sapiens dinosauris angepasst und desto schwieriger wird es für den Homo millennial sein, Sie zu entthronen.

DQ 0–25: Homo millennial-Spion oder Karriereveränderer

Wenn Sie kein Student mehr sind, ist Ihre derzeitige berufliche Existenz stark gefährdet. Sie sollten sich bei der Planung Ihrer zukünftigen Karriere professionell beraten lassen.
Beispiele: Student, Job Hopper.

DQ 25–50: Stille Mehrheit

Sie haben eine begrenzte formale Ausbildung, einige Erfahrung und verdienen ein moderates, aber wahrscheinlich ausreichendes Einkommen. Leider sind Sie hochgradig durch Automatisierungsmaßnahmen gefährdet und werden wahrscheinlich zu den ersten Opfern der Digitalisierung und Auslagerung zählen. Ihre beste Verteidigung ist die Erhöhung Ihrer Managementverantwortung.
Beispiele: ungelernte und angelernte Berufe.

DQ 50–75: Erfolgreiche(r) Fachmann/-frau

Sie sind ein angesehener Experte in Ihrem Job, verfügen über eine formale Ausbildung und verdienen ein durchschnittliches Einkommen oder besser. Kurzfristig sind Sie vermutlich sicher, mittelfristig wird Sie jedoch der technologische Wandel direkt oder indirekt gefährden. Halten Sie Ausschau nach Entwicklungsmöglichkeiten und versuchen Sie, einen Plan B bereit zu halten.

Beispiele: die meisten qualifizierten Berufe ohne Hochschulabschluss; frisch gebackene Hochschulabsolventen.

DQ 75–100: Typischer Uni-Absolvent

Sie haben eine Hochschule absolviert, werden respektiert und tragen vermutlich Managementverantwortung. Sie sind so lange weitgehend ungefährdet, bis Ihr Unternehmen durch die Digitalisierungsrevolution in Gefahr gerät, seine Wettbewerbsfähigkeit zu verlieren. Bei sorgfältiger Planung können Sie von den tektonischen Veränderungen der Weltwirtschaft erheblich profitieren.

Beispiel: Unteres Management, die meisten Anwälte und Inhaber von Kleinunternehmen.

DQ 100–125: Überflieger

Sie waren bisher höchst erfolgreich. Sie sind sehr gut in Ihrem Job, zählen zu den höchsten Einkommensbeziehern und haben nach langjähriger akademischer Ausbildung auch viel Erfahrung in Ihrer Branche gesammelt. Sie sind leicht zu beschäftigen und fallen wahrscheinlich auf ein weiches Kissen, selbst wenn der Motor Ihres Unternehmens ins Stottern gerät.

Beispiele: Mittleres Management.

DQ 125–150: Master of the Universe

Chapeau! Sie verfügen vermutlich nicht nur über einen Postgraduate Abschluss, sondern verbringen fast Ihre ganze

Zeit damit, eine große Anzahl von Mitarbeitern zu führen und beziehen dafür ein sehr hohes Einkommen. Die Verteidigung Ihres Unternehmens gegen die kommenden Angriffe der Homo millennials wird Ihre größte Herausforderung sein.

Beispiele: Top-Management; Fortune 500 Oberes und mittleres Management.

Nicht jede Veränderung des Homo millennials ist positiv zu bewerten und wir erkennen erste Anzeichen von Schwächen, obwohl die meisten ihrer Vertreter zu jung für eine zuverlässige Analyse sind. Betrachtet man die engsten Verwandten der Homo millennials, die zwischen 1982 und 1990 geborenen Millennials, so sind einige Problemzonen zu erkennen:

1) *Work-Life-Balance in Richtung Leben verschoben:* Sie arbeiten, um zu leben, im Gegensatz zu ihren Eltern, die lebten, um zu arbeiten.
2) *Geringer beruflicher Ehrgeiz:* Sie zeigten bisher bescheidene Karrierefortschritte.
3) *Risikoscheue:* Sie gestalten ihr Leben tendenziell lieber gemütlich und risikofrei.

Wie können Sie Ihre eigene Karriere auch in Zukunft erfolgreich gestalten, obwohl Sie kein Homo millennial sind? Als ersten Schritt müssen Sie Ihre eigenen Stärken als Homo sapiens dinosauris verstehen:

1) Funktions- und Branchenwissen (je jünger Sie sind, desto wichtiger)
2) Managementfähigkeiten (Motivation Ihrer Teams)
3) Politische Fähigkeiten (Management der Erwartungen sämtlicher interner und externer Ansprechpartner)

Als zweiter Schritt ist schonungslose Ehrlichkeit erforderlich, um zu akzeptieren, dass Ihnen die Homo millennials in etlichen bereits erwähnten Bereichen tendenziell überlegen sind:

1) Umgang mit mehreren großen Gruppen
2) Multilaterales Denken.
3) Native Nutzung fortgeschrittener Technologien
4) Gewöhnung an schnelles Handeln
5) Wunsch nach ständiger Online-Verbindung mit wenig Bedürfnis nach Privatsphäre

Wenn Sie intensiv daran arbeiten, Ihre Unterlegenheit in diesen Bereichen zu minimieren, können Sie die Gegenattacke starten und von den Schwächen der Homo millennials profitieren:

1) Work-Life-Balance in Richtung Leben verschoben
2) Geringer beruflicher Ehrgeiz
3) Risikoscheue

Sollten Sie diese Richtlinien befolgen, werden Sie in der Lage sein, Ihre Karriere nicht nur fortzusetzen, sondern sogar eine neue Sprosse der Karriereleiter zu erklimmen.

Der zweite Abschnitt des Buches befasst sich mit den Veränderungen, welche das Erscheinen der Homo millennials innerhalb der Unternehmenslandschaft auslöst. Dies ist keine akademische Frage. Die Wahl des richtigen Arbeitgebers ist nach der Wahl der Ausbildung Ihr wichtigster Karrieretreiber. Der bedeutendste Faktor für die Selektion des besten Arbeitgebers ist dessen Wachstum, insbesondere dessen Umsatzwachstum, da ein wachsendes Unternehmen mehr Karrieremöglichkeiten als ein stagnierendes bietet. Falls das Unternehmen schrumpft, ist die Wahrscheinlichkeit einer Beförderung geringer und Sie könnten sogar Ihre aktuelle Position verlieren. Wachsende Unternehmen nutzen hingegen Ihrer Position auf dem Arbeitsmarkt. Headhunter und Manager stellen gerne Gewinner ein, die für erfolgreiche Unternehmen arbeiten. Um Ihr Lebenseinkommen zu optimieren, sollten Sie jedoch nicht das Einkommen des nächsten Jahres, sondern die in fünf Jahren zu erwartenden Einnahmen maximieren.

Der Einstieg in Startups oder in verlustbringende Unternehmen ist für Sie nur dann sinnvoll, wenn Sie Teil des Top-Management-Teams sind oder wenn das Unternehmen bereits seinen Durchbruch geschafft hat. Falls Sie derzeit für so ein Unternehmen arbeiten, sollten Sie Ihren Arbeitgeber schnellstens wechseln, es sei denn Sie hätten objektiv beweisbare Gründe, der zukünftigen Entwicklung des Unternehmens zu vertrauen oder könnten einfach keinen anderen Job finden.

Wie wird sich das Erscheinen des Homo millennials auf Ihren Arbeitgeber auswirken? Unternehmen existieren seit vielen Jahrhunderten und im Laufe der Zeit entwickelten sie sich erheblich weiter. Die drei traditionellen Stärken des Homo sapiens dinosauris bilden auch die Grundlage für den Erfolg eines traditionellen Unternehmens, einer *Dinosaurier AG*:

1) Funktions- und Branchenwissen
2) Managementfähigkeiten
3) Politische Fähigkeiten

Obwohl traditionelle Unternehmen seit mehr als 500 Jahren erfolgreich sind, stößt die Dinosaurier AG derzeit an ihre Grenzen. Es bedarf zusätzlicher Kompetenzen, die der Dinosaurier AG fehlen, um auf die folgenden Herausforderungen zu reagieren:

1) *Innovation*: Wissen und technologische Veränderungen nehmen exponentiell zu

2) *Multilaterale Komplexität:* Viele interagierende Faktoren müssen bei der Beurteilung einer Situation einbezogen werden
3) *Externe Wahrnehmung:* Da Erscheinungsbild nach außen hat mittlerweile das gleiche Gewicht wie die zugrunde liegenden Fakten und es wird von zahlreichen, sich teilweise überschneidenden Bezugsgruppen entscheidend mitgeprägt
4) *Großer Bruder:* Wir wissen potenziell alles über jeden zu jedem Zeitpunkt

Analog zu den verbesserten Fähigkeiten des Homo millennial müssen Unternehmen ebenfalls fünf Schlüsselerfolgsfaktoren weiterentwickeln, um den evolutionären Schritt von der Dinosaurier AG zur *Millennial SE* zu vollziehen. Die Messung des aktuellen Status dieser fünf Faktoren ermöglicht es uns, den Millennium Quotienten (MQ) eines Unternehmens zu berechnen, das Unternehmen auf einer kontinuierlichen Skala von Dinosaurier AG bis Millennial SE klassifiziert. Die fünf Faktoren sind:

1. Umgang mit mehreren großen Gruppen
Auf einer Skala von 1 bis 10 mit 1 für ‚überhaupt nicht' und 10 für ‚absolut einverstanden', wie würden Sie Ihr Unternehmen bewerten:

a) Wir sind ein sehr komplexes Unternehmen mit vielen Interessengruppen, deren Meinungen bei der Entscheidungsfindung berücksichtigt werden müssen.
b) Wir konzentrieren unsere ganze Aufmerksamkeit auf externe Angelegenheiten und versuchen immer, die Präferenzen und Wünsche unserer Kunden zu verstehen.

$$\frac{\text{Resultat a} + \text{Resultat b}}{2} = \text{Faktor } U_{mgang}$$

2. Multilaterales Denken

Auf einer Skala von 1 bis 10 mit 1 für ‚überhaupt nicht' und 10 für ‚absolut einverstanden', wie würden Sie Ihr Unternehmen bewerten:

a) Kreativität ist eine karrierefördernde Eigenschaft in unserem Unternehmen. Das Top-Management zeichnet sich durch Kreativität aus, betont immer seine Bedeutung und motiviert die Mitarbeiter mit substanziellen Anreizen.
b) Bei der Belegschaft und dem Management sind alle Altersgruppen, Geschlechter, Nationalitäten, Ausbildungsrichtungen und Nationalitäten gleichmäßig vertreten.
c) Bei der Problemlösung äußern alle Mitarbeiter ihre Ideen frei, ohne Angst vor Bestrafung haben zu müssen.

$$\frac{\text{Resultat a} - \text{Resultat b} + \text{Resultat c}}{3} = \text{Faktor } M_{ultilateral}$$

3. Native Nutzung fortschrittlicher Technologien

Auf einer Skala von 1 bis 10 mit 1 für ‚überhaupt nicht' und 10 für ‚absolut einverstanden', wie würden Sie Ihr Unternehmen bewerten:

a) Halten Ihre Kunden, Lieferanten und Mitarbeiter Sie für das technologisch fortschrittlichste Unternehmen in Ihrer Branche?

b) Wie viele Prozent der von Ihnen verwendeten Technologien wurden in den letzten drei Jahren dramatisch verändert oder komplett ersetzt?

$$\frac{\text{Resultat a} + \text{Resultat b}}{2} = \text{Faktor } T_{echnologie}$$

4. Gewöhnt an hohe Handlungsschnelligkeit

Zählen Sie die Anzahl der Kalendertage (nicht Arbeitstage) seit dem Quartalsende bis zur Veröffentlichung Ihrer finanziellen Quartalsberichte. Sollten Sie innerhalb von 10 Tagen veröffentlichen, geben Sie Ihrem Unternehmen 10 Punkte. Wenn Sie nach genau 90 Tagen veröffentlichen, 1 Punkt, danach 0 Punkte. 9 Tage sind immer 1 Punkt wert.

$$\frac{100 - \text{\# Kalendertage seit Quartalsende}}{9} = \text{Faktor } G_{eschwindigkeit}$$

5. Ständige Online-Verbindung mit weniger Bedürfnis nach Privatsphäre

a) Wie viele Stunden lang können Sie Ihnen direkt unterstellte Mitarbeiter und Kollegen außer den Kernschlafzeiten durchschnittlich erreichen?

$$\frac{\text{\# der durchschnittlich verfügbaren Stunden pro Woche} * 10}{112} = \text{Faktor } P_{rivatsphäre}$$

b) Für wie viele Prozent Ihrer Kollegen können Sie sagen, was genau sie gerade jetzt tun (Verbundene Personen)

c) Detailwissen über die aktuellen Aktivitäten dieser Kollegen. Wissenswerte Informationen sind: wann, wer, was, wo. Sie erhalten 25 % für jede Komponente.

Verbundene Personen $(in\%) *$ Detailwissen $(in\%) * 10$
$= \text{Faktor } K_{enntnis}$

$$\frac{\text{Faktor } P_{rivatsphäre} * \text{Faktor } K_{enntnis}}{10} = \text{Faktor } V_{erbunden}$$

Sobald Sie alle fünf Faktoren kennen (jeder von ihnen darf nicht kleiner als 0 und nicht größer als 10 sein), können Sie den Millennium Quotienten (MQ) berechnen:

$$(U_{mgang} + M_{ultilateral} + T_{echnologie} + G_{eschwindigkeit} + V_{erbunden}) * 4$$
$= \textbf{Millennium Quotient (MQ)}$

Abhängig von ihrem Millennium Quotienten (MQ) können Unternehmen klassifiziert werden als:

Antiquiert (0–20 Punkte): 150 % Dinosaurier AG
Traditionell (21–50 Punkte): 100 % Dinosaurier AG
Wettbewerbsfähig (51–100 Punkte): die meisten modernen Großunternehmen
Avantgarde (101–150 Punkte): fast Millennial SE
Futuristisch (151–200 Punkte): pure Millennial SE

Bis vor etwa 50 Jahren hätte die Dinosaurier AG die Millennial SE leicht besiegt. Damals waren Technologien stabil, die Belegschaft immobil und neue Produkte stellten eher die Ausnahme als die Regel dar. „Wenn es nicht zerbrochen ist, braucht man es auch nicht zu kitten", war das Motto der Dinosaurier AG. Die Zeiten haben sich geändert und damit auch die Wettbewerbslandschaft. Bereits in den ersten Jahren der Digitalisierungsrevolution werden Unternehmen mit einem hohen Millenniums Quotienten ihre unterlegenen Konkurrenten mit einem niedrigen Millenniums Quotienten zum Frühstück verspeisen. Irgendwann in der Zukunft könnte sich das wieder ändern. Kriege, Handelsembargos oder eine globale Depression könnten eine neue Logik erforderlich machen. Aber so lange die Globalisierung regiert, gehört die Welt der Millennial SE.

Aufgrund der gerade beginnenden radikalen Digitalisierungsrevolution wird jede Branche in naher Zukunft technologiegetrieben sein, wenn sie es nicht schon heute ist. Im Gegensatz zur Dinosaurier AG ist die Millennial SE in der Lage, weltweit führende Technologien mit rasanter Geschwindigkeit zu vergleichsweise niedrigen Kosten auf einem sehr hohen Qualitätsniveau zu entwickeln und einzusetzen. Die Millennial SE kann zudem auf eine immer größer werdende Anzahl von externen Bezugsgruppen eingehen, die extrem komplexe und oft widersprüchliche Anforderungen an sie stellen. Es wird die ganze Kreativität eines Unternehmens erfordern, diesen konkurrierenden Ansprüchen wirtschaftlich erfolgreich gerecht zu werden. Traditionelle Unternehmen mit ihren Top-Down-Hierarchien scheitern an dieser Herausforderung, weil sie nicht in der Lage sind, die multilateralen Denkfähigkeiten ihrer Mitarbeiter zu nutzen. Die Dinosaurier AG tendiert zu Reaktionsgeschwindigkeiten, die in Monaten und Jahren gemessen werden, während bei der Millennium SE jeder immer online verbunden ist und darauf bedacht ist, auftretende Probleme in (Fast-)Echtzeit zu lösen.

Leider (für uns Homo millennial dinosauris) mussten wir auch feststellen, dass der Millenniums Quotient eines Unternehmens positiv mit dem Prozentsatz der Homo millennials in der Belegschaft korreliert. Einfacher ausgedrückt: Je mehr Homo millennials für ein Unternehmen arbeiten, desto höher ist sein MQ und desto erfolgreicher wird es sein. Die Folgen dieser Erkenntnis für den Homo sapiens dinosauris sind verheerend: Die Arbeitgeber werden versuchen, sie zu entlassen, sobald genügend Homo millennials auf dem Arbeitsmarkt verfügbar sind.

Die Dinosaurier AG hat die Wahl, sich entweder zu einer Millennial SE zu entwickeln oder drastisch zu schrumpfen und zu versuchen, in einer antiquierten Nische als Hufschmied des neuen Jahrtausends zu überleben. In den meisten Fällen wird die Dinosaurier AG einfach aus dem Markt gedrängt werden, eher früher als später. Darwins Gesetze gelten auch für die Geschäftswelt: Weiterentwicklung oder Aussterben lauten die Alternativen für die Dinosaurier AG.

Sollte Ihr Unternehmen einen Millennium Quotienten von unter 50 haben, ist der Kampf bereits verloren. Ja, es gibt Hufschmiede bis heute, aber seit der Einführung des Automobils haben nicht viele Weltkarrieren dort ihren Ausgang genommen, oder? Packen Sie ihre Sachen zusammen und laufen Sie dort weg, so schnell Sie können. Falls der MQ Ihres Arbeitgebers diese Wasserscheide überschreitet, lohnt es sich, zu kämpfen, um Ihr Unternehmen in eine Millennial SE zu verwandeln. Sie mögen denken, dass Ihre Branche oder Ihr Land anders ist, aber dieses Buch sollte Sie eines gelehrt haben: In jeder Branche ist die eingesetzte Technologie kriegsentscheidend und der Wettbewerb ist immer global. Ihr Feind ist vielleicht noch hinter den Bergen verborgen, aber seine Flugzeuge werden kommen. Sie sollten die Wartezeit nutzen, sich auf die Auseinandersetzung so gut vorzubereiten, wie möglich.

Jeder Faktor, bei dem Ihre Punktzahl unter dem Maximum liegt, bietet Ihnen die Möglichkeit, Ihre allgemeine Wettbewerbsfähigkeit zu verbessern. Sie können gewinnen, aber nur, wenn Sie alle Ihre Bemühungen darauf konzentrieren, Ihre Punktzahlen sofort zu erhöhen. Es wird lange dauern, vermutlich bis zu Ihrem Ruhestand und länger, unabhängig von Ihrem Alter. Ein neues Zeitalter ist angebrochen, ähnlich wie die Renaissance oder die Industrielle Revolution. Wenn dieser Aufwand zu viel für Sie ist, werden Ihre Konkurrenten das zu schätzen wissen. Es ist Ihre Entscheidung, ob Sie das Buch beiseitelegen und es vergessen, oder ob Sie jetzt, in diesem Moment, mit echten Aktionen beginnen.

Danksagungen
Zuerst einmal möchte ich mich bei Ihnen bedanken, liebe(r) Leser(in). Ich habe Ihre Aufmerksamkeit lange beansprucht und ich hoffe, es hat sich zumindest teilweise gelohnt. Sollte ich Sie oder Ihr Unternehmen gekränkt haben, sehen Sie es mir bitte nach. Wir stehen an einer spannenden Stelle unserer Entwicklung und die im Text verwendete Überspitzung hilft dabei, neue Konzepte klar darzustellen. Wenn Sie Kommentare haben, würde ich mich über Ihre Zuschrift sehr freuen: mf@martin-fritsch.com. Auf der ersten Seite hatte ich Ihnen versprochen, Sie an dieser Stelle nicht mit umfangreichen Dankadressen aufzuhalten. Das Buch ist zu Ende und damit ist mein Versprechen erloschen. Falls Sie dennoch weiterlesen, ich hatte Sie gewarnt!

Es wäre ungerecht, über die entsetzlichen Hindernisse zu schreiben, die sich mir in den Weg stellten und die ich nur durch die aufopfernde Unterstützung meiner Familie und meines ganzen sozialen und beruflichen Umfelds meistern konnte. In Wirklichkeit erfolgte die Niederschrift in meiner Freizeit in meinen eigenen vier Wänden und war schrecklich unspektakulär. Dennoch ist dies eine exzellente Gelegenheit, mich bei meiner geliebten Ehefrau zu bedanken, die mir jederzeit eine charmante Stütze war. Ohne meine Söhne wäre ich niemals auf die Idee gekommen, dieses Buch zu schreiben und ich verdanke ihnen viele Denkanstöße. Meine Mutter versetzte mich in meiner Kindheit in die dankenswerte Situation, dank der ungewöhnlich guten IT-Ausstattung, die sie mir zukommen ließ, zu einem der ersten Missing Link Homo millennials zu werden. Mit meinem Vater diskutierte ich eine frühe Version dieses Buches und es hätte ihn sehr gefreut, hätte er die Drucklegung noch miterlebt.

Günter Bulk danke ich für den Tipp, die Rohübersetzung der umfangreichen englischen Passagen in das Deutsche mit dem Programm DeepL durchzuführen. Die Verwendung von DeepL, das auf Künstlicher Intelligenz basiert, bewegte mich dazu, die von KI handelnden Passagen zu überarbeiten, so gut war das Programm. Die Singularität steht in Teilbereichen unmittelbar bevor, das Erlernen von Fremdsprachen wird bald eine exotische Beschäftigung sein. Thomas Ogilvie danke ich dafür, mir die Bedeutung der Digitalisierung im beruflichen Umfeld praktisch vor Augen geführt zu haben. Frau Christine Sheppard, Associate Editor, machte die Zusammenarbeit mit dem Springer-Verlag zu einem konstruktiven Vergnügen. Zu guter Letzt entschuldige ich mich bei meinem Hund Sunny in aller Form für die vielen, vielen Stunden, in denen ich ihn während des Schreibens mit Philipp Glass-Klavieretüden aus dem Lautsprecher quälte (der Rest der Familie war weise genug, in lautgedämpfter Entfernung zu verweilen).

Weiterführende Literatur

Nachfolgend finden Sie eine kommentierte Liste der in den Kapiteln angeführten Quellen, die per Definition nicht vollständig sein kann. Viele Daten und Konzepte erhielt ich durch Interviews, aber auch Zeitschriften und Websites wie Spektrum der Wissenschaft, Bild der Wissenschaft, The Economist, Bloomberg/Business Week sowie Fernsehdokumentationen, insbesondere auf arte. Ich habe diese nicht explizit angeführt, da sie schwer beziehbar sind, und mir teilweise auch die detaillierte Erinnerung fehlte. Bei den angeführten Büchern habe ich mich bemüht, nach Möglichkeit die neueste Taschenbuchversion in deutscher Sprache anzuführen. Persönlich habe ich in den meisten Fällen die englische Originalfassung (in manchen Fällen eine ältere Auflage) verwendet. Sollte ich vergessen haben, eine verwendete Quelle zu nennen, bitte ich um Vergebung und eine kurze E-Mail an mich, aber ich versuchte, die Anzahl der zitierten Publikationen zu begrenzen, um das Buch benutzerfreundlicher zu gestalten.

© Springer-Verlag GmbH Deutschland, ein Teil von Springer Nature 2019
M. Fritsch, *Dinosaurier AG*,
https://doi.org/10.1007/978-3-662-59372-1

Weiterführende Literatur

1. Allman, W.F. / Bosch, G.: Mammutjäger in der Metro: Wie das Erbe der Evolution unser Denken und Verhalten prägt; Spektrum Taschenbuch (23. März 1999). Gute Einführung in die Evolutionspsychologie.
2. Brown, R.: Group Processes: Dynamics Within and Between Groups; Wiley-Blackwell 2 edition (5. März 2001). Übersicht über die Soziologie der Gruppen.
3. Brusatte, S. / Pazieux, N.: Aufstieg und Fall der Dinosaurier: Eine neue Geschichte der Urzeitgiganten; Piper (2. Oktober 2018). Sollten Sie keine Kinder und die unvermeidlichen Dino-Bücher haben, können Sie hier leicht verständlich alles über Dinosaurier nachlesen.
4. Collins, J. / Baltes, M. / Böhler, F.: Der Weg zu den Besten: Die sieben Management-Prinzipien für dauerhaften Unternehmenserfolg; Campus (August 2011). Gute Anleitung für Wettbewerbsfähige Unternehmen, um ihre Konkurrenzfähigkeit beizubehalten.
5. Collins, J.: How the Mighty Fall: And Why Some Companies Never Give In; Random House Business (Juni 2009). Exzellente Lektüre für Unternehmen in der Krise.
6. Derman, E.: My Life as a Quant: Reflections on Physics and Finance; Wiley 1 edition (11. Januar 2016). Ehrlich geschriebene Analyse der Karrierechancen von Physikern und der gravierenden Unterschiede zwischen Einstein und ‚normalen' Genies.
7. Diamond, J. / Englich, V.: Der dritte Schimpanse: Evolution und Zukunft des Menschen; Fischer Taschenbuch (Juni 2006). Wie immer ist Jared Diamond erhellend und unterhaltsam und führt uns hier durch die Entwicklung und die Besonderheiten der menschlichen Spezies.
8. Diamond, J. / Vogel, S.: Kollaps: Warum Gesellschaften überleben oder untergehen; Fischer Taschenbuch (September 2011); Ein moderner Klassiker, der die multilaterale Komplexität moderner Gesellschaftsstrukturen beleuchtet.
9. Diamond, J. / Vogel, S.: Vermächtnis: Was wir von traditionellen Gesellschaften lernen können; Fischer (Oktober 2013). Vertiefende Analyse zu den Stärken und Schwächen sowie Wurzeln des Homo sapiens dinosauris.

10. Dotlich, D. L. / Cairo, P. C. / Rhinesmith, S. H. / Scherer, J.: Kopf, Herz und Mut zum Risiko: Das Komplett-Programm zur Entwicklung Ihrer besten Mitarbeiter; Campus (12. März 2007). Exzellentes Management Handbuch.
11. Edelenbos, P. / Johnstone, R. / Kubanek, A.: The main pedagogical principles underlying the teaching of languages to very young learners; Final Report of the EAC 89/04, Lot 1 study; (Oktober 2006). Beschreibung der Lehrmethoden zur Nutzung des nativen Sprachverständnisses von Kindern.
12. Eggers, D. / Wasel, U. / Timmermann, K.: Der Circle; KiWi Taschenbuch (8. Oktober 2015). Technisch gesehen ein Roman, liest es sich mehr wie eine Dokumentation über das Leben in Silicon Valley.
13. Flynn, J. R.: What Is Intelligence?: Beyond the Flynn Effect; Cambridge University Press Expanded edition (23. März 2009). Detaillierte Analyse des Flynn Effekts.
14. Gladwell, M. / Neubauer, J.: Überflieger: Warum manche Menschen erfolgreich sind – und andere nicht; Piper Taschenbuch (1. Oktober 2010). Von dem Mann, der die 10.000 Stunden Regel entdeckte.
15. Habermas, J.: Strukturwandel der Öffentlichkeit: Untersuchungen zu einer Kategorie der bürgerlichen Gesellschaft; Suhrkamp Taschenbuch (1990). Keine leichte Lektüre, aber die Anstrengung wert.
16. Harvey, R.: Clive: The Life and Death of a British Emperor; Thomas Dunne Books 1st edition (16. November 2000). Exzellente Beschreibung der East India Company, der ich mein diesbezügliches Wissen verdanke (außerdem lag Clives Wohnsitz am Berkeley Square in London ganz nahe bei meinem damaligen Büro, was mein Interesse weiter anfachte).
17. Healy, J.: Your Child's Growing Mind: Brain Development and Learning – From Birth to Adolescence; Harmony 3 edition (25 Mai 2004). Hintergrundinformationen zur Entwicklung des kindlichen Gehirns.
18. Helms-Liesenhoff, K. H.: Krupp & Krause; Paulus Verlag (1965). Anschauliche, wenngleich einseitige Schilderung des Lebens im Herzen der deutschen Stahlindustrie im 19. Jahrhundert.

19. Hofmann, M. / List, M.: Psychoanalysis and Management; Physica-Verlag (1994). Gute Analyse der Auswirkungen (psychopathologischer) psychischer Prozesse auf die Entscheidungsfindung. Zugleich stellvertretend für etliche nicht-publizierte Vorlesungsunterlagen meines Doktorvaters Univ. Prof. Michael Hofmann, die sich insbesondere auf die historische Entwicklung der Firma Ford bezogen, auf die ich mehrfach zurückgreife. In diesem Zusammenhang sei auch auf die diesbezüglichen Arbeiten von Univ. Prof. Helmut Kasper hingewiesen.
20. Huntington, S. P. / Fließbach, H.: Kampf der Kulturen: Die Neugestaltung der Weltpolitik im 21. Jahrhundert; Goldmann Taschenbuch (1. Mai 2002). Ein weiterer moderner Klassiker der mit visionärer Voraussicht bereits 1993 als Artikel und 1996 als englischsprachiges Buch die politische Großwetterlage des 21. Jahrhunderts prognostizierte. Huntington gelingt eine einzigartige Verschmelzung quantitativer und qualitativer Wissenschaftsmethoden, die er zur Beschreibung wahrhaft disruptiver Veränderungen einsetzt
21. Kennedy, P. / Jurisch C.: Aufstieg und Fall der großen Mächte: Ökonomischer Wandel und militärischer Konflikt von 1500 bis 2000; Fischer Taschenbuch (16. November 2000). Die nächste Pflichtlektüre. Scharfsinnige Analyse des Kollapses bedeutender Reiche und des Einflusses multilateraler Faktoren.
22. Klein, N. / Schlatterer, H. / Dierlamm, H.: No Logo!: Der Kampf der Global Players um Marktmacht – Ein Spiel mit vielen Verlierern und wenigen Gewinnern; Fischer Taschenbuch (23. April 2015). Kritische Analyse der Outsourcing-Praktiken und Arbeitsbedingungen der Zulieferbetriebe. Neuauflage.
23. Kurzweil, R.; Menschheit 2.0: Die Singularität naht; Lola Books – 2. durchgesehene Auflage (1. Oktober 2014). Ein Muss-Buch für die letzte Generation von Menschen, welche die Erde beherrschen.
24. Landes, D. / Enderwitz, U. / Noll, M., / Schubert, R.: Wohlstand und Armut der Nationen: Warum die einen reich und die anderen arm sind; Pantheon Taschenbuch (1. Dezember 2009). Die nächste Pflichtlektüre aus den 90ern, die nichts an Aktualität eingebüßt hat. Scharfsinnige Analyse multilateraler politischer und ökonomischer Entwicklungen.

Weiterführende Literatur 335

25. Leakey R. / Rennert, U.: Die ersten Spuren: Über den Ursprung des Menschen; Goldmann Taschenbuch (6. Juni 2000). In einigen Bereichen überholt (DNA Analysen, Denisovani), aber immer noch eine exzellente Einführung durch eine der großen Gestalten der Paläoanthropologie.
26. Levitt, S. D. / Dubner, S. J. / Kretzschmar, G.: Freakonomics: Überraschende Antworten auf alltägliche Lebensfragen – Warum wohnen Drogenhändler bei ihren Müttern? * Führt mehr Polizei zu weniger … Revolver? * Macht gute Erziehung glücklich? Goldmann Taschenbuch (1. September 2007). Wer sagt, dass Mikroökonomik nicht unterhaltend sein kann.
27. Lewis, M.: The new new thing: a Silicon Valley Story; W. W. Norton & Company First edition (Oktober 1999). Schilderung der dot.com Blase aus der Perspektive einer Venture Capital Firma.
28. Mandelbrot, B. / Hudson R.L. / Reuter, H.: Fraktale und Finanzen: Märkte zwischen Risiko, Rendite und Ruin; Piper Taschenbuch (1. Januar 2007). Schwer lesbar, aber empfehlenswerte Analyse von Marktbewegungen durch den Vater der Fraktaltheorie.
29. Matis, H. / Bauer L.: Geburt der Neuzeit. Vom Feudalsystem zur Marktgesellschaft (German); DTV Deutscher Taschenbuch Verlag (Februar 1992). Exzellente Übersicht der Entwicklung Traditioneller Unternehmen und der Proto-Industrialisierung.
30. McKinsey & Company Inc. / Koller, T. / Goedhart, M. / Wessels, D.: Valuation: Measuring and Managing the Value of Companies; 6 edition (4. September 2015). Die Bibel der Investmentbank-Analysten.
31. Moore, G. A.: Crossing the Chasm: Marketing and Selling Disruptive Products to Mainstream Customers; HarperBusiness 3 edition (28. Januar 2014). Pflichtliteratur für die Vertriebschefs von Startup-Unternehmen und Venture Capitalisten.
32. Morris, I. / Binder, K. / Götting, W. / Simon dos Santos, A.: Wer regiert die Welt?: Warum Zivilisationen herrschen oder beherrscht werden; Campus Sonderausgabe (16. August 2012). Eine weitere lesenswerte Analyse multilateraler Entwicklungen und ihrer Konsequenzen.

33. OECD: World Population Prospects: The 2015 Revision, Key Findings and Advance Tables; United Nations New York 2015. Es gibt fast mehr demographische Vorhersagen als Menschen auf der Erde, aber den OECD Zahlen haftet der Ruf der zuverlässigsten Kristallkugel an.
34. Orwell, G.: 1984; Ullstein Taschenbuch (1. Juni 1994). Wenn Stalin Sieger des Kalten Kriegs gewesen wäre, hätte das Internet of Things möglicherweise so ausgesehen.
35. Parker, S.: Dinosaurier; Weltbild (2004). Ich liebe Dino-Bücher seit meinen Kindertagen und dies ist einer der anschaulichsten in meinem Haushalt. Aber es gibt noch ein paar Tausend andere Übersichten, die für unsere Zwecke genauso geeignet sind.
36. Paulinyi, A. / Troitzsch, U.: Propyläen Technikgeschichte, Bd. 3: Mechanisierung und Maschinisierung. 1600 bis 1840; Propyläen (1995). Die fünfbändige Propyläen Technikgeschichte zählt zu meinen Lieblingswerken und ist gebraucht noch erhältlich. Die Anschaffung lohnt sich.
37. Perrow, C. / Traube, K. / Rennert, U.: Normale Katastrophen: Die unvermeidbaren Risiken der Großtechnik; Campus (Juli 1992). Exzellente Analyse und die Grundlage des Titanic-Effektes.
38. Piketty, T. / Utzm I, / Lorenzer, S,: Das Kapital im 21. Jahrhundert; C.H. Beck Taschenbuch (16. Mai 2018); Vermutlich das erste aus dem Französischen übersetzte Volkswirtschaftsbuch, das weltweit den Sprung auf die #1 der Buchcharts schaffte. Wenn Sie es lesen, wissen Sie, warum.
39. Porter, M.: Wettbewerbsvorteile: Spitzenleistungen erreichen und behaupten; Campus (13. Februar 2014). Klassiker der Marketingtheorie aus den 80ern, der immer noch aktuell ist.
40. Reuter, Peter: Disorganized Crime: Illegal Markets and the Mafia; The MIT Press (21. Oktober 1985). Nicht mehr im Druck, aber erhältlich. Mein Lieblingsbuch über die wirtschaftlichen Aspekte des Organisierten Verbrechens.
41. Sandner, K.: Politische Prozesse in Unternehmen (German Edition); Physica; 2. Auflage (21. Mai 1992). Beschreibung der Entscheidungsprozesse in Großunternehmen.
42. Shakespeare, W. / Schlegel, A. W.: Der Kaufmann von Venedig; Holzinger Taschenbuch (14. März 2015); Detailgetreue

Schilderung des Fernhandels der Renaissance, sowie der dafür genutzten Finanzierungsinstrumente und Besicherungen aus Geld, Waren und Menschenfleisch (letzteres wohl eher literarische Freiheit).
43. Snow, R.: I Invented the Modern Age: The Rise of Henry Ford; Scribner (13. Mai 2014). Vertiefende Studie über die Ikone des Traditionellen Unternehmertums.
44. Stross, R. E.: eBoys: The First Inside Account of Venture Capitalists at Work; Crown Business 1 edition (23. Mai 2000). Liest sich etwas wie eine PR-Publikation aber vermittelt ein detailliertes, wenn auch geschöntes Bild der Venture Capitalisten im Silicon Valley.
45. Surowiecki. J.: Die Weisheit der Vielen: Warum Gruppen klüger sind als Einzelne und wie wir das kollektive Wissen für unser wirtschaftliches, soziales und politisches Handeln nutzen können; Börsenbuchverlag (7. September 2017). Belegt anschaulich, warum Demoskopen durch Buchmacher ersetzt werden sollten.
46. Taleb, N. N. / Pross-Gill, I.: Der Schwarze Schwan: Die Macht höchst unwahrscheinlicher Ereignisse; Knaus (2. November 2015); Kaum vorstellbar, dass vor dem großen Crash noch niemand so ein Buch geschrieben hatte.
47. Tattersall, Ian: Masters of the Planet: The Search for Our Human Origins; St. Martin's Griffin Reprint edition (Mai 2013). Tattersall kombiniert wissenschaftliches Gewissen mit schriftstellerischen Fähigkeiten. Durch ihn verfiel ich der Paläoanthropologie, der Wissenschaft von der Abstammung und Entwicklung des Menschen.
48. U.S. Bureau of Labor Statistics; BLS reports, Report 1052; December 2014. Auf seine Art faszinierend.
49. U.S. Census Bureau: PINC-11. Income Distribution to $250,000 or More for Males and Females (2015).
50. Waterman R. H. Jr. / Peters, T.: Auf der Suche nach Spitzenleistungen; Redline Sonderausgabe (1. Januar 2004). Ein Klassiker, an dem kein MBA-Student vorbei kommt.
51. Yoshihara H. / McCarthy, M. P.: Designed to Win: Strategies for Building a Thriving Global Business; McGraw Hill Book Co (December 2005). Guter konventioneller Management Ratgeber.

GPSR Compliance
The European Union's (EU) General Product Safety Regulation (GPSR) is a set of rules that requires consumer products to be safe and our obligations to ensure this.

If you have any concerns about our products, you can contact us on

ProductSafety@springernature.com

In case Publisher is established outside the EU, the EU authorized representative is:

Springer Nature Customer Service Center GmbH
Europaplatz 3
69115 Heidelberg, Germany

www.ingramcontent.com/pod-product-compliance
Lightning Source LLC
LaVergne TN
LVHW020340260326
834688LV00045B/1462